Maltzahn · Mein

Dietrich von Maltzahn

Mein erstes Leben

oder

Sehnsucht nach Freiheit

mit einem Geleitwort
von Christoph Kleemann

belleville

Dritte, korrigierte Auflage 2010

Hormayrstraße 15, 80997 München

Umschlagmotiv u. -gestaltung, Satz: Jens Kretschmer, Rostock
Druck und Bindung: Elbe Druckerei Wittenberg

ISBN 978-3-933510-97-6

Zum Geleit

Wie lange braucht es, bis sich Menschen ihrer menschlichsten Fähigkeiten und tiefsten Sehnsüchte entwöhnen?

Vierzig Jahre SED-Diktatur haben im östlichen Teil Deutschlands ein Klima geschaffen, von dem sich viele bis heute noch nicht völlig erholt haben. Die natürlichsten menschlichen Bedürfnisse wie Vertrauen, Offenheit, Wahrhaftigkeit und Freiheit sind in diesen vier Jahrzehnten so missbraucht, so pervertiert worden, dass manche die inzwischen erworbene Freiheit noch immer nicht leben und genießen können. Wie ein Schatten lasten die alten Ängste und Verhaltensmuster auf ihnen. Die Fähigkeit, sich zwischen verschiedenen Wertesystemen und Handlungsoptionen zu entscheiden, ist ihnen nachhaltig abhanden gekommen. Statt die Spielräume der Demokratie zu nutzen, träumen sie sich zurück in die Zeit ihrer Entmündigung und vergessen, was sie selber entbehren mussten.

Eines der deutlichsten Zeichen, diesen Staat, der sich als humanistische Alternative zur Bundesrepublik gab, abzulehnen, war die Flucht. Drei Millionen Menschen haben bis 1989 dem sozialistischen Experiment sowjetischen Musters den Rücken gekehrt. Das hat nicht etwa zu Einsicht und Umkehr geführt, sondern die ideologische Verhärtung, Repression und Selbstisolierung verstärkt.

Dietrich von Maltzahn war kein Feind der DDR, wenn auch der Arbeiter- und Bauernstaat seine bürgerliche Herkunft beargwöhnte. Er wurde ein Feind der DDR durch Umstände, die man auch nicht als singulär ansehen kann. Eingriffe in die private Sphäre, geheimdienstliche Willkürmaßnahmen, Demütigungen und Denunziation begleiten seine persönliche und berufliche Entwicklung in der DDR. Und als er sich entschließt, mit seiner Familie diesen Staat ein für allemal zu verlassen, beginnt eine Leidenszeit, die phasenweise nur als seelische Hölle erlebt wird. Stasi-Untersuchungshäftling in Rostock – Strafgefangener in Cottbus – Strafgefangener und Gefängnisarzt in Bautzen, das sind die Stationen, die er vor seiner Ausreise 1977 absolvieren muss. Sie sind gespickt mit Erlebnissen, die nur ein starker Charakter und in sich gefestigter Mensch einigermaßen schadlos zu überstehen imstande ist. Nach der Trennung von den Töchtern und einer Farce von Gerichtsverhandlung muss seine Frau ihre Haftstrafe in Hoheneck verbüßen. Er lernt im Cottbuser Strafvollzug die Niederungen menschlicher Instinkte kennen, die hervorbrechen, wenn Recht und Moral, Glaube und Gewissen eliminiert sind. Und Bautzen wird für ihn zu einer Schule besonderer Art, bei der die Gratwanderung zwischen Loyalität und ärztlicher Verantwortung dem Leser den Atem nimmt. Aber er bleibt bei sich, mal ernüchtert und entmutigt, dann wieder stark und aufbegehrend, letztlich getragen von einer großen Hoffnung und der Kraft des Herzens, die Liebe heißt.

Wer nach diesem Erlebnisbericht noch immer daran zweifelt, dass die SED-Macht auf Unrecht und Willkür basierte, wer nach diesen Seiten noch immer behauptet, Folter und Unmenschlichkeit habe es in der DDR nicht gegeben, der ist nicht zu belehren.

Wer sich aber diesem Buch stellt, der erlebt etwas nach von den positiven Kräften, die einen Menschen durch Gefahren tragen können. Er erfährt mitten in der tiefsten Dunkelheit wunderbare Lichtblicke. Er gewinnt seine Lebenszeit als großen Schatz zurück. Und er lernt wieder, an den Wert der Freiheit zu glauben.

Christoph Kleemann

Auf der Flucht

Unter den Achseln war mein Hemd total durchgeschwitzt. Überhaupt klebten alle Kleidungsstücke auf meiner Haut wie nach einem Langstreckenlauf an heißen Sommertagen. Schweiß lief in Strömen an mir herab bis in die Schuhsohlen. Ich war klitschnass. Dabei hatte ich mich körperlich überhaupt nicht angestrengt. Was hatte mich so verändert? Was setzte mir so zu?

Es war Angst, die nackte Angst...

Dann diese verdammt glatten Straßen! Kopfsteinpflaster. Gefroren. Wir hatten jetzt, im November 1975, ungewöhnlich niedrige Temperaturen. Das Thermometer zeigte mehr als minus 20° Celsius an. Hätte wahrlich nicht schlimmer kommen können.

Konzentriert bis in die Haarspitzen saß ich hinter dem Steuerrad meines Wagens und raste durch die Straßen der fremden, großen Stadt. Ganz dicht bei mir waren die Menschen, die mir auf der Welt am meisten bedeuteten, Heide, meine Frau, und auf den hinteren Plätzen unsere beiden elfjährigen Zwillingstöchter. Die beiden Kleinen verstanden die Welt nicht mehr. Meine ungewöhnliche Fahrweise flößte ihnen Angst ein. Sie zitterten am ganzen Leib und fragten ängstlich: »Was ist los, wohin fahren wir so schnell?« Beide schmiegten sich ganz eng aneinander (so nah waren sie wahrscheinlich zuletzt im Mutterleib vor ihrer Geburt miteinander verbunden). Aber sie verhielten sich ruhig. Offensichtlich spürten sie, dass wir uns alle in einer Ausnahmesituation befanden. In dieser Hektik war von mir ohnehin keine vernünftige Antwort zu bekommen. Ich überfuhr rote Ampeln, die Reifen quietschten in den Kurven, und unser DACIA, eine rumänische Lizenzproduktion des RENAULT R12, drohte immer wieder hinten auszubrechen. In gewisser Weise war dieses Auto eine Fehlkonstruktion. Immer wenn es etwas mehr Gewicht geladen hatte und schnell durch Kurven fuhr, rieben sich an den Stoßdämpfern irgendwelche Gummiauflagen und erzeugten ein lästiges, quietschendes Geräusch, das einem die Illusion raubte, ein richtiges »Westauto« zu fahren. Aber schnell und wendig war er, der DACIA, das konnte ich an diesem Morgen mit Genugtuung feststellen. Immerhin wurden wir von drei fremden Fahrzeugen verfolgt, und ich konnte mich bisher gut behaupten und den Abstand halten.

Wenn ich Leipzig nur besser gekannt hätte! Vor 15 Jahren hatte ich hier auf der Durchreise in den Wintersport einmal einen Stop gemacht. Die flüchtigen Erinnerungen waren längst verblasst. Jetzt rasten wir durch Leipzigs Straßen, als ginge es um unser Leben. Genau genommen stimmte es fast, denn wir fuhren um den ersten Teil unseres Lebens, das ein abruptes Ende zu nehmen drohte…

Wir flitzten an grauen Häuserfassaden vorbei. Ich hatte diese Straßen noch nie gesehen. Mein rechter Fuß gab pausenlos Vollgas, und ich hoffte auf grüne Ampeln. Draußen war es bitterkalt, die Luft knochentrocken, ein fahler, grau-blauer Schleier hatte sich an diesem Morgen über die Stadt gelegt. Überall hingen Eiszapfen von Erkern und Laternen herab. Die wenigen Pfützen waren zu Eis gefroren. Man musste aufpassen, nicht ins Schleudern zu geraten. Ich lenkte unser Auto ziellos durch die schmutzigen Straßen, immer bemüht meine Verfolger abzuschütteln. Doch offensichtlich hatte man uns fest im Visier. Die drei schwarzen Karossen tauchten immer dann wieder auf, wenn ich mich in Sicherheit wähnte: Ein »Wolga«, ein »Wartburg« und ein »Polski-Fiat«.

»Verdammt, wo kommen die Idioten bloß immer wieder her«, sprudelte es aus mir heraus. Verzweifelt bog ich unvermittelt in eine Einbahnstraße ab und konnte so noch einmal entkommen. Frech überholte ich einen O-Bus auf der falschen Seite und preschte die Hauptstraße entlang. Ein überwältigendes Gefühl überkam mich, als ich mir wieder einmal sicher war, die unbekannten Gegner abgeschüttelt zu haben, in der Hoffnung, man würde uns aus den Augen verlieren.

Doch was war ich für ein Traumtänzer! Durch die gelungenen Attacken mutig geworden, wagte ich mich ins Netz der abseitigen Nebenstraßen vor.

»Hier bin ich anonym, hier vermutet mich keiner«, dachte ich und fand mich besonders schlau in dieser Situation. Doch weit gefehlt. Nach ein, zwei nervösen Zickzackfahrten landete ich in einer Sackgasse. Nachdem ich gewendet hatte und einen Ausweg suchte, stießen die drei Verfolgerlimousinen sternförmig auf uns zu und versperrten die Weiterfahrt in jegliche Richtung. Blitzschnell sprangen zwei Männer aus jedem Fahrzeug heraus. Sie steckten in langen, schwarzen Ledermänteln. Diese glatte, dunkle Kleidung gab ihnen etwas Finsteres, Unheimliches, Bedrohliches und flößte uns Angst ein. Drei von ihnen waren bewaffnet. Sie hielten ihre Pistolen im Anschlag auf uns gerichtet.

»Jetzt ist alles aus«, sagte ich zu Heide und den Mädchen, »Schicksal, nimm deinen Lauf!«

Während der letzten Stunden hatten wir immer wieder alle Varianten unseres Plans durchgespielt und uns auch darüber verständigt, was geschehen sollte, wenn unsere heimliche Aktion entdeckt würde. Es fällt schwer, solche Gedanken für den Ernstfall zu entwickeln. Doch die Realität zeigte uns, wie notwendig und richtig es gewesen war, sich auch darauf vorzubereiten.

Wenn sie uns schnappen sollten, darin waren wir uns einig, wollten wir keinen Hehl aus unserer Fluchtabsicht in den Westen machen. Wir wollten so schnell wie möglich die legale Ausreise über die Ausbürgerung aus der DDR anstreben, koste es, was es wolle. Es wäre ohnehin sinnlos gewesen, unser Vorhaben zu leugnen. Bei mir würde man alle wichtigen persönlichen Papiere finden, die uns drüben in der Bundesrepublik weiterhelfen sollten. Wer fährt schon mit seinen Approbations-, Dissertations- und Geburtsurkunden in einer Plastiktüte auf den Bauch gebunden in einen Wochenendurlaub…

Offene Autotüren der drei schwarzen Karossen, die lederbemäntelten Geheimpolizisten mit ihren Pistolen im Anschlag, und wir vier – eine aufgescheuchte, verzweifelte, kleine Familie – boten den inzwischen zusammengelaufenen Leipzigern ein chaotisches Bild des Jammers. Zwei der sechs Männer stürzten sich auf unsere beiden Mädchen, die noch völlig regungslos, wie paralysiert, auf der Rückbank in unserem Auto saßen. Ihre Gesichter hatten jeglichen Ausdruck verloren. Sie blickten ins Leere und ließen mit sich geschehen, was ohnehin nicht zu ändern war. Nachdem die Kerle sie aus dem Wagen gezerrt hatten, stopften die Banditen beide in eines der drei Fahrzeuge und fuhren mit ihnen davon.

Mir sind die großen, ängstlich-traurigen Kinderaugen mit den fragenden Blicken hinter den matten Autoscheiben in meine Seele gebrannt. Ich sah dieses erschütternde Bild in bangen Träumen später immer wieder vor meinem geistigen Auge, wenn ich erschreckt aus Alpträumen erwachte und mir die Frage nach Traum und Wirklichkeit stellte. Dabei behämmerte ich mit beiden Fäusten meinen Brustkorb und kniff mir in die Oberschenkel um zu testen, ob ich wach war oder schlief.

Doch hier in der blind endenden Straße in Leipzig erfuhren Heide und ich am eigenen Leibe, was wir bisher nur in Filmen gesehen hatten. Mit flinken, eingeübten Bewegungen ergriffen zwei der fremden Gestalten unsere Handgelenke, zwängten sie auf den Rücken und schlossen sie »ruck, zuck« in Eisenfesseln, der berüchtigten »Acht«, so eng zusammen, dass sie nicht mehr in der Lage waren, irgendeine sinnvolle Funktion auszuüben. Ein wahrhaft trostloser Zustand. Dann wurden wir endgültig getrennt und uns war klar, dass wir uns lange Zeit nicht wiedersehen würden, dass uns eine harte Bewährungsprobe bevorstand.

Durch die Fesseln gänzlich unschädlich gemacht und zur Passivität verurteilt, kauerte ich zwischen zwei Sicherheitsbeamten auf dem Rücksitz eines der Fahrzeuge, die uns zuvor gejagt hatten. Jetzt rollten die schwarzen Autos im Konvoi gemächlich durch Leipzigs Straßen, bis wir die Bezirksbehörde der Staatssicherheit erreicht hatten. Sie war in einem alten Bau aus roten Klinkern untergebracht. Jeder, der hier eingesperrt war, begriff angesichts der dicken Wände blitzschnell, wie hermetisch er von der Außenwelt abgeschnitten war. Doch konnten mich solche monströsen Gemäuer nicht mehr sonderlich beeindrucken.

Als ich mich in einer Wartezelle auf einen Holzschemel, das einzige Möbelstück, das es hier gab, hinhockte, erkannte ich, wie die »Zeit« methodisch mißbraucht wurde. Man benutzte sie hier, um Menschen mürbe zu machen, gerade solche wie mich, die immer geizig mit ihr waren, nie genug bekommen konnten, ihr immer hinterherliefen in der Angst etwas zu verpassen.

In dieser Zeitschleife verharrend erinnerte ich mich an eine viele Jahre zurückliegende Begebenheit...

Erster Kontakt zur Staatssicherheit

1963, vor zwölfeinhalb Jahren, ich studierte an der Universität in Rostock Medizin im fünften Semester, hatte ich ein einschneidendes Erlebnis. Damals war ich noch nicht verheiratet. Mich interessierten die verschiedensten Dinge, nur Politik war mir ziemlich egal. Meine Vorstellungen vom Leben waren praktischer Natur. Ich hatte ein klares Berufsziel vor Augen, das ich hartnäckig verfolgte.

Mein Elternhaus in Schwerin und die Menschen, mit denen ich aufgewachsen war, hatten mir ein gutes Fundament mitgegeben. In unserer Familie ging es seit Generationen sehr geradlinig zu. Man hielt zusammen wie Pech und Schwefel. Tugenden wie Ehrlichkeit, Toleranz, Hilfsbereitschaft, Großzügigkeit und Fleiß wurden uns vorgelebt. Warum sollten wir jungen Leute uns anders verhalten?

Sport war für mich ein Lebenselixier. Musikliebe und Kunstverständnis hatte man mir sozusagen in die Wiege gelegt. Ich besuchte regelmäßig Aufführungen des Schweriner Theaters, wo damals große Namen auf der Ensembleliste standen. Die berühmten Dirigenten Kurt Masur und Klaus Tennstedt wurden während ihrer Schweriner Zeit zu Generalmusikdirektoren ernannt. Hanne-Lore Kuhse, eine der bedeutendsten deutschsprachigen Sopranistinnen ihrer Zeit, sang in Schwerin alle berühmten Rollen der Musikliteratur.

Unbeschwert, vom Studium angetan, durchaus nicht überfordert, ließ ich kaum eine Festlichkeit an einer Fakultät aus. Besonders während der Faschingszeit war immer etwas los. Die Sportstudenten konnten am besten feiern, aber auch die Chemie- und

Physikstudenten, ja sogar die Theologen konnten wunderbare Feste organisieren.

Dann kam der 16. Mai 1963, ein schicksalhaftes Datum in meiner Biographie.

Am Vorabend war ich spät nach Hause gekommen. Ich wohnte in einer einfachen Studentenbude in einem Rostocker Altstadthaus bei einer 89-jährigen alten Dame im dritten Stock. Morgens um 6 Uhr 30 wurde an der Wohnungstür Sturm geklingelt. Ich war noch im Tiefschlaf. Meine Wirtin hatte geöffnet und wurde von drei Herren in schwarzen Ledermänteln ohne Rücksicht auf ihr hohes Alter einfach überrannt. So stürmten die Eindringlinge, nachdem sie sich bei meiner Vermieterin als geheime Staatspolizei zu erkennen gegeben und sich nach mir erkundigt hatten, ohne anzuklopfen in mein Zimmer. Die Drei standen in dem kleinen Raum vor mir. Ich lag noch im Bett. Dieses Bett war etwas ganz besonderes. Es hatte schon vielen Generationen vor mir als nächtliche Ruhestätte gedient. Ein massives Holzgestell trug eine harte, einteilige Matratze, die völlig durchgelegen war. Sie wies eine tiefe Kuhle auf, aus der man sich nur sehr schwer befreien konnte. Wenn man, wie ich, 1 Meter 88 groß ist, stoßen Kopf und Beine an die natürlichen Begrenzungen des viel zu kurzen Bettkastens. In diesem Bett lag ich eingezwängt wie in einem Sarg. Dies dürfte vielleicht auch die Erklärung dafür gewesen sein, warum ich darin wie ein Toter geschlafen hatte.

Zunächst glaubte ich zu träumen. Doch je munterer ich wurde, desto realer nahmen die drei dunklen Gesellen um mich herum Gestalt an. Einer von ihnen hatte einen Revolver in der Hand. Der zweite sicherte den Weg zwischen Fenster und Bett, während der dritte mit barschem Ton zu mir sprach: »Staatssicherheit. Ziehen Sie sich an und kommen Sie mit! Sie haben eine Minute Zeit.«

Ich fragte zurück: »Warum soll ich mitkommen, was habe ich verbrochen?«

»Das werden Sie schon noch früh genug erfahren.«

Bevor ich weiter widersprechen konnte, wurde der Wortführer der Eindringlinge handgreiflich und zog mir die Bettdecke weg.

Mir blieb gar nichts anderes übrig als zu parieren. Notgedrungen sprang ich auf. Niemals zuvor, da war ich mir ganz sicher, ist jemand aus diesem Bett in so affenartiger Geschwindigkeit herausgesprungen. Ohne die Zähne zu putzen, nicht einmal eine Katzenwäsche war zugelassen, schlüpfte ich in Hemd und Hose, die noch vom Vorabend unordentlich im Zimmer verstreut umher lagen.

In meinem Kopf arbeitete es fieberhaft. Was hatte ich bloß ausgefressen. Ich war nicht betrunken gewesen, hatte gewiss nicht unkontrolliert geredet. Ich konnte mich auch nicht erinnern, dumme, politische Witze erzählt zu haben, die immer in Umlauf waren und für die schon so mancher für Jahre hinter Gittern gelandet war. Weder war ich mit unzuverlässigen Leuten zusammen gewesen, noch hatte ich eine neue Freundin. Ganz im Gegenteil, in so festen Händen war ich nie zuvor gewesen. So sehr ich mein Hirn auch anstrengte, ich konnte für das gewaltsame Eindringen der fremden Gestalten in meine Studentenbude an jenem frühen Morgen keine Erklärung finden.

Dennoch musste ich gestehen, ohne es allerdings genauer beschreiben zu können, dass ich immerzu ein schlechtes Gewissen hatte.

Was aber ist das, ein »Gewissen«? Ist es ein Spiegel der inneren Balance? Verbirgt sich Unredliches hinter dem Begriff? Schwingt nicht immer etwas kritisch Hinterfragendes mit, wodurch die eigene Handlungs- und Denkweise reflektiert wird?

Der jeweilige Lebensbereich formt, abhängig von der Kulturzone und den jeweiligen politischen Verhältnissen, ein Gewissen als Lernprozess in der Wechselwirkung zur Umgebung. Das Gewissen fragt nach der Einstellung zu einer Sache und kann auf einer Skala zwischen Ablehnung und Zustimmung beliebig variieren. Ein schlechtes Gewissen ist deshalb ein schlechtes Ruhekissen, weil sich eine Disharmonie zum persönlichen Umfeld einstellt, die das Unterbewusstsein begleitet und Unruhe schafft.

Mein Umfeld war durch die traditionellen Strukturen einer bürgerlichen Familie geprägt. Da musste es zwangsläufig durch die veränderten gesellschaftlichen Verhältnisse einer sich entwickelnden sogenannten Sozialistischen Ordnung zu unterschiedlichen Auffassungen kommen. Meine Art zu denken und Dinge zu beurteilen entsprach nicht dem Denkmodell des neuen Staates. Mein Elternhaus hatte mich geprägt, nicht die Schule, nicht der Sportverein oder die FDJ, die »Freie Deutsche Jugend«. Von staatlich kontrollierten Organisationen hatte ich Enttäuschungen erfahren. Wie sollten sie dann meine Persönlichkeitsentwicklung in ihrem Sinne beeinflusst haben? Alles, was ich erreicht hatte, verdankte ich meiner eigenen Kraft, der Stärke und dem Zusammenhalt der Familie samt den dazugehörigen Freunden, und nicht der Hilfe und Förderung eines Staates, der mich wiederholt in entscheidenden Situationen hatte spüren lassen, dass er Menschen wie mich ablehnte.

Ehe ich mich besinnen oder auch nur eine plausible Erklärung für den frühmorgendlichen Überfall finden konnte, stieß man mich aus dem Zimmer. Ich spürte den Druck eines Revolverlaufes in meinem Rücken. Mit Stößen ins Gesäß schubste mein Hintermann mich die drei steilen Holztreppen des alten Hauses hinunter.

Da war immer noch dieses Gefühl: »Träum oder wach ich?« Durch das Gepolter waren alle anderen Mieter im Haus wach geworden. Spätestens, als ich an den Etagentüren die neugierigen, verschreckten, fragenden Gesichter der tuschelnden Mitbewohner sah, wusste ich, dass ich mich in der Wirklichkeit befand. Ich erlebte genau das, wovon ich bisher geglaubt hatte, es könne allen anderen passieren, nur nicht mir.

Am eigenen Leibe erfuhr ich jetzt, was ich kürzlich in der Vorlesung über die Physiologie des Gehirns und des Zentralen Nervensystems gelernt hatte: Der Mensch ist in der Lage, in Notfallsituationen unglaubliche Kräfte zu mobilisieren und Konzentrationsleistungen zu erbringen, die er unter normalen Bedingungen selbst bei größter Willensanstrengung nicht erreichen kann. Unser Gehirn arbeitet im Alltag mit einem Minimalaufwand, sozusagen auf Sparflamme. Ich spürte plötzlich, wie meine Antennen in Alarmbereitschaft versetzt wurden. Aus lethargischer Trägheit wurde hellwaches Bewusstsein. So eingestimmt, bugsierten mich meine Peiniger in das vor dem Haus parkende schwarze Auto und fuhren mit mir zur Bezirksbehörde der Staatssicherheit. Dieser Gebäudekomplex war uns Studenten durchaus bekannt. Täglich gingen wir auf dem Weg zur Mensa sorglos an diesem gigantischen Koloss aus Stein, Stahl und Beton vorbei, ohne zu ahnen, was sich hinter den dicken Wänden für Tragödien abspielten.

Untersuchungshaft in Rostock

Wir erreichten den ersten Sicherheitstrakt der Einrichtung. Das Tor öffnete sich wie von selbst. Der Wagen fuhr über den Asphalt durch die Einfahrt und erreichte ein weiteres Tor, dessen zwei Flügel wie von unsichtbarer Hand gesteuert auf- und zugingen und uns verschluckten.

»Das hat System«, dachte ich sichtlich beeindruckt, »das soll mich einschüchtern.« Und tatsächlich erfasste mich das frostige Gefühl von Einsamkeit, Kälte und Abgeschiedenheit. Ich war völlig hilflos und dachte nur: »Wer hier verschwindet, den sieht die Welt nicht mehr.«

Die drei Lederbemäntelten mit den glatten, nichtssagenden Gesichtern brachten mich schweigend in eine kleine, nackte Zelle. Später quälte ich mein Gedächtnis immer und immer wieder mit der Frage nach den Gesichtern dieser drei Gestalten. Mir fiel nichts, aber auch gar nichts zu ihnen ein. So ausdruckslos und nichtssagend hatten sie ausgesehen. Kein Pickel und kein Leberfleck, weder eine Glatze oder auffällige Haarfrisur, noch eine interessant gekrümmte Nase, buschige Augenbrauen, vorspringende Jochbeinknochen oder ein bemerkenswerter Geruch erschienen mir in meiner Erinnerung. Weder Zahnlücken noch einen Dialekt konnte ich in dem für Erinnerungen zuständigen Teil meines Gehirns ausfindig machen, erst recht nicht den markanten Blick eines intelligenten Auges. »Offenbar sind die drei wirklich ein *Nichts*«, stellte ich befriedigt fest. »Man muss schon ein *Nichts* sein, um sich für eine so niederträchtige Tätigkeit herzugeben.«

Da saß ich nun auf einer Pritsche in einer leeren, etwa acht Quadratmeter großen Zelle bei der Staatssicherheit in Rostock. Ich solle mich nackt ausziehen, war das letzte, was man mir gesagt hatte. Alle 30 Sekunden bewegte sich an der Tür der »Spion«, ein kleines Loch mit Sichtblende. Es war so groß, dass ein Auge davor Platz hatte. So wurde alles, was in diesem Raum passierte, sicher registriert.

»Sie sollen sich ausziehen«, brüllte jemand von draußen. Erschrocken zuckte ich zusammen und tat reflexartig, wie mir befohlen. Dann ging die Tür auf. Vor mir stand ein bewaffneter Soldat. Fröstelnd, splitternackt wie mich der liebe Gott geschaffen hat, stand ich ihm gegenüber. Der Soldat konnte nur brüllen.

»Ziehen Sie das da an«, herrschte er mich an und warf mir gleichzeitig ein Bündel Lumpen zu, das sich bei genauerem Hinsehen als abgenutzter, völlig zerschlissener Trainingsanzug erwies. Wehmütig dachte ich für Sekunden an die schicken Sportsachen, die ich tragen durfte, wenn ich mit meinem Sportklub bei Wettkämpfen im leichtathletischen Mehrkampf an den Start ging. Dieser Anzug hatte weder Reißverschluss noch Gummizug. Die Ärmel und Beine waren viel zu kurz und beide Knie so ausgebeult, dass mein Hintern hineingepasst hätte. Viel später begriff ich, dass mit dieser entwürdigenden Sackkleidung, zu der Schuhe ohne Schnürsenkel gehörten, jedem wahnwitzigen Versuch Selbstmord zu begehen vorgebeugt werden sollte.

Dann nahm die Routine ihren Lauf.

»Effekten« nannte sich die Abteilung, bei der Schmuck, Papiere, Geld, Uhr, eigene Kleidungsstücke, kurz alle persönlichen Dinge hinterlegt wurden. Das ging bei mir schnell. Zwei Strümpfe, eine Armbanduhr Marke »Glashütte«, ein Gürtel, ein Hemd, eine Hose, ein Paar Schuhbänder, eine Jacke und etwas Kleingeld waren alles, wofür ich unterschreiben musste. Den Personalausweis hatten die »Ledermäntel« mir schon zu Hause abgenommen. Offensichtlich war mein Begleitsoldat mit dem Verlauf seiner Arbeit zufrieden und schrie mich an: »Gehen wir«. Mit mir unbekanntem Ziel durchquerten wir endlose Gänge und stiegen Treppen empor. Schwere Metalltüren wurden geöffnet, um hinter uns mit Getöse wieder ins Schloss zu fallen. Vor einer solchen Tür musste ich stehen bleiben.

»Gesicht zur Wand«, blaffte mich mein Begleiter an.

Es dauerte eine geraume Zeit, bis sich die Tür öffnete und ich eintreten durfte. Hier agierte der Erkennungsdienst. Erkennungsdienstliche Aufgaben waren offensichtlich der militärischen Abteilung der Staatssicherheit zugeordnet. Damals wusste ich noch nicht, was das bedeutete. Ich sollte es schnell kennen lernen. Ein weiterer Soldat erfüllte hier seine staatsbürgerliche Pflicht, indem er mich mit barscher Stimme aufforderte: »Rechte Hand auf diese Fläche da«. Dabei zeigte er unmissverständlich auf ein überdimensionales Stempelkissen, das vor mir auf der Tischplatte lag. Ich tat wie mir befohlen. »Jetzt die Finger abrollen, jeden einzeln über die Platte dort.« Dabei führte er recht einfühlsam, fast sanft, behutsam alle meine zehn Finger über das große, geschwärzte Rechteck, um dann den Abdruck auf einem entsprechend vorbereiteten Formular zu fixieren. In meinem Schädel fantasierte ich und malte mir aus, dass ich von nun an in einer Verbrecherkartei erfasst und meine körperlichen Erkennungsmerkmale für die Ewigkeit festgehalten sein würden. »Mal sehen, wie das weitergeht, was die noch alles auf Lager haben«, dachte ich in unheilvoller Erwartung. Voll unruhiger Neugierde wartete ich gespannt darauf, was als Nächstes passieren sollte. Dabei überdachte ich meine prekäre Situation und konnte einfach nicht einsehen, weshalb dieser ganze Zauber mit mir angestellt wurde, zumal ich immer noch nicht wusste, was mir vorgeworfen wurde.

Zunächst durfte ich ungefähr eine Stunde wieder mit dem Gesicht zur Wand auf einem Flur herumstehen, bis ich in einen anderen Raum geführt wurde.

Ich betrat ein Kabinett ganz besonderer Art: Offensichtlich sollte ich fotografiert werden. Mitten im Raum wartete ein monströses Holzstativ mit aufmontierter Spiegelreflexkamera auf mich.

»Setzen Sie sich auf den Stuhl dort«, fuhr mich auch dieser Soldat im Kasernenhofton an, so, als habe er seine Stimme in seinem Leben bisher zu nichts anderem benutzt. Dabei wies er mit seiner rechten Hand auf einen derben Holzstuhl, den man auf ein hölzernes Podest geschraubt hatte. Ich setzte mich wortlos und ließ das Notwendige über mich ergehen.

»Kopf hoch, Blick gerade ... -aus«, dröhnte es mir entgegen. In die Silbe »aus« fiel ein Blitz, und dann folgte ein grässliches, ächzendes Geräusch, bei dem ich ruckartig, für mich völlig überraschend, um 90 Grad nach rechts gedreht wurde. Ich erschrak maßlos, zuckte unwillkürlich zusammen, wobei mein Pulsschlag in die Höhe schnellte.

Meiner Aufmerksamkeit war die mechanische Vorrichtung entgangen, mit welcher der Stuhl urplötzlich durch eine einfache Hebelbewegung rechtwinklig gedreht werden konnte.

»Auch das hat System, ist Methode«, dachte ich, als ich mich wieder unter Kontrolle hatte. Ein weiterer Blitz fing mein Konterfei im Profil ein und beendete diese Prozedur, die mich später in manchen meiner ungezählten Alpträume immer wieder einholen sollte.

Danach wartete ich erneut. Ich stand mit dem Gesicht zur Wand auf einem Flur. Zeit schien hier keine Rolle zu spielen. Doch dann baute sich plötzlich ein neuer Soldat neben mir auf und herrschte mich an:

»Vorwärts, vorwärts, wird's bald!«

»Diese Kerle müssen eine spezielle Ausbildung in schlechtem Benehmen und im Verstellen ihrer Stimmen absolviert haben«, dachte ich, »was machen die bloß im zivilen Leben, das ja auf jeden von ihnen wartet, sobald die Dienstzeit vorbei ist. So können sie jedenfalls nicht zurechtkommen«, sinnierte ich. »Ob die Familie haben, eine Frau oder vielleicht sogar Kinder?«

Wir marschierten weiter durch lange, nach Desinfektionsmitteln stinkende Korridore bis es hinter mir schrie: »Halt, stehen bleiben, Gesicht zur Wand!«

Ich hatte mich schon an den Jargon gewöhnt und erschrak fast darüber, wie selbstverständlich ich mich rechts neben der Tür aufbaute. Die Augen verloren sich dabei in dem kalkweißen, rauh verputzten Mörtel, wobei die Hirnwindungen ihren eigenen Gedanken folgten. Wenn man so viele Stunden den starren Blick auf eine solche Wand richten muss, ist man erstaunt, was es dort alles zu entdecken gibt. Das war vergleichbar mit dem Blick durch ein Mikroskop, dessen Objektive verschiedene Einstellungen zulassen.

Hier war die Zeit das Objektiv. Je länger man so eine Wand betrachtete, desto mehr gab es zu sehen. Wie scharf sich die Betonpartikel doch unterschieden! Einige waren glatt, andere plateauartig geformt. Es trennten sie Straßen von Staub. So bildeten sie die absonderlichsten Formen. Teilweise sahen sie aus wie bizarre Gesichter, andere wirkten girlandenförmig wie ein Kranz von Blumen. Auch die Alpen könnten so aussehen mit ihren Gletschern und dem ewigen Eis und Schnee, wenn man sie in 10000 m Höhe überfliegt, stellte ich mir vor. Ob ich das je würde überprüfen können? Nur Tiere konnte ich nicht entdecken. Daran war wohl das penetrant riechende, an Wofasept erinnernde, Keime abtötende Reinigungsmittel schuld.

Dann ging endlich die Tür auf. Der Uniformierte, der mich in den Raum bringen sollte, machte Meldung und drängte mich hineinzugehen, nicht ohne die Gelegenheit zu nutzen, mich noch einmal aus voller Manneskehle anzubrüllen.

Kampagne gegen den sozialistischen Staat

Ich war total überrascht, als ich sah, was für ein Gremium mich erwartete. In dem Zimmer saßen sechs Staatssicherheitsoffiziere, die offensichtlich auf mich warteten. Es mussten Offiziere sein. Ihre Uniformen sahen ganz anders aus als die der Soldaten, mit denen ich es bisher zu tun gehabt hatte. Sie saßen wie angegossen. Jacken und Hosen passten sich den Figuren wie Maßanzüge an. Die Schulterstücke waren mit etlichen Sternen oder geflochtenen Kordeln bestückt und glänzten prächtig. Einer der Männer deutete auf einen Stuhl und forderte mich auf, am länglichen Tisch in der Mitte des Raumes Platz zu nehmen. Nachdem ich mich gesetzt hatte, beobachtete ich, wie die Offiziere sich um mich herum postierten. Ich saß an der schmalen Seite des Tisches mit dem Rücken zur Tür. Je zwei der Offiziere nahmen rechts und links von mir an den langen Seiten Platz, einer mir gegenüber, ein weiterer direkt hinter mir vor der Ausgangstür.

Auffällig war, dass hier ein ganz anderer Ton vorherrschte. Niemand war laut oder schrie mich gar an. Man bemühte sich offensichtlich um eine sachliche Atmosphäre. Zwischendurch, wenn meine Antworten nicht zu ihrer Zufriedenheit ausfielen, wurde der Ton der STASI-Leute aggressiver.

Als eine Pause entstanden war brach ich das Schweigen und fragte vorschnell:

»Jetzt ist es wohl an der Zeit, dass mir jemand erklärt, warum man mich hierher gebracht hat.«

»Sie reden nur, wenn Sie gefragt werden. Haben Sie das verstanden?«, entgegnete scharf mein Gegenüber. »Ja, hab ich verstanden«, gab ich kleinlaut zurück und war mir in diesem Augenblick erneut meiner hilflosen Lage bewusst.

»Und Sie wollen wirklich keine Ahnung davon haben, warum wir Sie geholt haben?«, hakte der gleiche Offizier nach, der mir eben noch das Wort abgeschnitten hatte.

»Nein, das sagte ich doch bereits«, erwiderte ich.

»Durch Leugnen und Lügen machen Sie alles nur noch schlimmer. Wir bekommen sowieso alles heraus, was wir wissen wollen... und meistens noch ein bisschen mehr«, fügte mein Vis à vis zynisch grinsend hinzu und ergänzte sofort: »Und glauben Sie nur nicht, Sie wären hier, weil wir Langeweile haben. Nein. Die Anschuldigungen gegen Sie wiegen schwer, und natürlich haben wir stichhaltige Beweise.«

Nach kurzer Pause ertönte hinter mir die blecherne Stimme des an der Tür Sitzenden: »Wir wollen nicht lange um den heißen Brei herum reden. Ihnen wird vorgeworfen, in Ihrem Studienjahr eine Flugblattaktion mit staatsfeindlichen Parolen initiiert zu haben. Was haben Sie dazu zu sagen?«

Jetzt lagen die Karten auf dem Tisch. Ich erschrak angesichts dieser schweren Beschuldigung. Mein Herz raste und stolperte zugleich vor Erregung. Siedend heißes Blut rauschte durch meine Adern. Es fühlte sich an, als wollten sie zerplatzen. Ich war so aufgeregt, dass es mir schwer fiel, meine Gedanken zu ordnen. Man beschuldigte mich einer groß angelegten Kampagne gegen den sozialistischen Staat DDR, von der ich einmal beiläufig gehört hatte. Doch Einzelheiten waren mir nicht bekannt. Ein solches Flugblatt hatte ich nie in der Hand gehalten. Mir wurde sofort klar, dass diese Anschuldigung sehr ernst zu nehmen war und für mich lebensbestimmend sein konnte. Wie sollte ich als Unbeteiligter über den Inhalt von Texten aussagen, zu Vorgängen Stellung nehmen, die ich gar nicht kannte? Es war für mich sogar nachvollziehbar, dass solche Vorgänge auf der ganzen Welt verfolgt werden, dass sich jeder Staat mit seinen Sicherheitssystemen vor solchen Unruhestiftern zu schützen sucht, und mir war auch bewusst, dass die sozialistischen Staaten in panischer Angst vor westlichen Einflüssen und der Unterwanderung ihrer Macht besonders empfindlich auf solche Vorkommnisse reagierten.

Zu meiner Schande musste ich mir eingestehen, dass meine Studiendisziplin im laufenden Semester miserabel war. So mancher meiner Kommilitonen glaubte damals, ich hätte das Physikum nicht bestanden und sei nach verpatzter Prüfung exmatrikuliert worden, so rar hatte ich mich gemacht. Ich fand, dass die Fächer Hygiene, Sozialhygiene und Arbeitsmedizin, die in diesem Semester auf dem Lehrplan standen, auch nicht so spannend waren, dass man deshalb unbedingt jeden Morgen so früh aufstehen und zu den Vorlesungen gehen musste. Dabei hatte ich selbst ein Hygiene-Skript verfasst, es auf Matrize geschrieben, vervielfältigt und in Umlauf gebracht. Es gab in der DDR kein Lehrbuch für dieses medizinische Grundlagenfach, an dem sich die Studenten vor der Prüfung orientieren konnten. Das erklärt, warum mir das Skriptum gleich von mehreren Studienjahrgängen quasi aus den Händen gerissen wurde. Durch den Verkauf besaß ich zwar im Augenblick eine Menge Geld, doch half mir das in dieser fatalen Situation auch nicht weiter. Also erwiderte ich mit fester Stimme: »Weder habe ich ein Flugblatt verfasst, noch je gesehen oder gar gelesen. Was mir vorgeworfen wird, ist schlichtweg falsch. Da muss eine Verwechslung vorliegen.«

Es folgten ein allgemeines, nervöses Gelächter und dann eine kleine Pause bevor es weiterging. »Sie bestreiten also, von solcher Aktion Kenntnis zu haben? Sie haben keine staatsfeindlichen, antisozialistischen Parolen in Umlauf gebracht?«, tönte es bedrohlich von meinem Gegenüber rechts außen. »Wie soll ich Ihnen etwas beweisen, was für mich nie existent war, über Flugblätter aussagen, die ich niemals gesehen habe?«, steuerte ich hilflos bei und fügte hinzu: »Wie sollte ich Ihnen die Insel Bornholm beschreiben, wenn ich weder dort gewesen bin, noch etwas über sie gelesen oder von ihr gehört habe.«

Diesen Vergleich fand ich passend und dachte, dass diese Runde wohl an mich gegangen sei. Und wirklich, deutlich entnervt, wetterte der ältere Offizier, der mir direkt gegenüber saß: »Schluss jetzt, wir haben alle Zeit der Welt und geben Ihnen Gelegenheit darüber nachzudenken. Vielleicht fällt Ihnen ja doch noch etwas ein, und Sie können später Ihrer Aussage neue Fakten hinzufügen. Wir haben auch gewisse Möglichkeiten, bei einer solchen Korrektur nachzuhelfen.«

Bei diesen Worten drückte er auf einen Knopf. Sofort erschien der knöcherne Soldat, der mich an diesen Ort gebracht hatte, einer dieser Schreihälse ohne Kinderstube, in schlichter Uniform ohne Orden und Ehrenzeichen. Er nahm mich lauthals blökend mit. Wieder ging es über verschiedene Etagen, durch Türen, über Flure in einen Trakt, der mir noch unbekannt war und der aussah wie ein Gefängnis, das ich nur vom Film her kannte. Von einem langen ovalen Rundgang mit Metallfußboden gingen alle zwei, drei Meter Zellentüren ab. So waren etliche Etagen übereinander angeordnet. In der Mitte befand sich ein tiefer Schacht, in den dick geflochtene Netze eingehängt waren, die einen verzweifelten Springer vor dem sicheren Tode bewahren sollten.

»Wohl wieder die Angst und Sorge, es könne einer durchdrehen und ihnen so durch die Lappen gehen, sie quasi um den Lohn ihrer Arbeit bringen«, dachte ich sarkastisch und spürte die Trostlosigkeit meiner Situation.

Der Kopf tat mir weh, Hunger und Durst nagten an mir. Außerdem fehlte mir jegliche zeitliche Orientierung. Ich hatte keine Ahnung wie spät es war. Schrille, ängstliche Schreie drangen aus irgendwelchen Zellen und zerfetzten die Luft. »Jedes Geräusch in diesem Gemäuer bedeutet ein trauriges Menschenschicksal«, folgerte ich, als zum wiederholten Male grelle Schreie an mein Ohr drangen. Vor mancher Zelle war ein leises Wimmern zu hören. Die Geräusche waren räumlich schwer zuzuordnen. Der Widerhall in dieser gewölbeartigen, riesigen Halle war einfach zu groß und verzerrte alle Laute, vervielfältigte sie und mündete in ein hohles Echo, das kläglich an den kahlen Wänden abprallte und schließlich im Abgrund des Gefängnisschachtes verendete.

»Halt, rechts um«, kommandierte mich der hagere Soldat und holte mich aus meiner Gedankenwelt in die Gegenwart zurück. Sofort stand ich still, mit dem Gesicht zur Wand, durch die neue Umgebung sichtlich eingeschüchtert. Der Soldat schloss mit einem riesigen Schlüsselbund eine Tür auf und gab mir einen kräftigen Stoß in den Rücken, so dass ich in die Gefängniszelle hineinstolperte. Die schwere Metalltür knallte hinter mir ins Schloss. Da stand ich nun, mutterseelenallein, in einer Sechs-Quadratmeter-Zelle der STASI- Untersuchungshaft. Ich blickte auf die Stirnseite. Sie bestand aus einer Doppelreihe uralter Glasbausteine, die von außen durch Dieselabgase so verdreckt waren, dass kein Tageslicht hineindrang. Durch einen engen Schlitz gelangte etwas Luft auf Umwegen ins Zelleninnere.

Rechts stand eine schmale, harte Liege, viel zu kurz für Menschen mit meinen Ausmaßen, links sah ich ein fest installiertes Metallklosett und einen Holzhocker. Daneben ragte eine kleine Tischplatte aus der Wand heraus, die hoch und runter geklappt werden konnte. Als einzige Lichtquelle spendete eine düstere Funzel, die hinter Panzerglas über der eisenbeschlagenen Zellentür fest installiert war, dürftiges Licht. Restlos erschöpft, dazu hungrig und deprimiert legte ich mich sofort auf die Pritsche und wollte nur eins: schlafen.

Kaum lag ich, ging rasselnd die Tür auf. Ein hässlicher Kopf sah drohend auf mich herunter und schrie: »Hochkommen! Liegen ist erst nach 22 Uhr erlaubt, wenn das Licht ausgeht. Fünf Minuten vorher wird geklingelt.« Peng! Und die Tür war zu. So saß ich nun auf dem Holzschemel und zermarterte mir den Schädel: »Wie konntest du nur in solch eine Situation geraten? Was hast du falsch gemacht?«

Die Zeit wurde mir sehr lang. Schlecht und deprimiert fühlte ich mich, schon allein vor Hunger und Durst. Das Schlimmste war aber meine Verunsicherung und die Angst um meine Zukunft.

Vorwärts und rückwärts leierte ich die Zahlen von eins bis tausend herunter und suchte nach Reimwörtern. Um meinen Geist anzuregen, versuchte ich mich an vertraute Gedichte zu erinnern. Zwischen »Prometheus« und dem »Osterspaziergang« dachte ich wehmütig an mein Zuhause, an meine Mutter und unsere Freunde, die mir so fern, so unerreichbar fern und doch so nah erschienen. Natürlich hoffte ich, dass sie mit ihren Gedanken bei mir waren und zu mir stehen würden, was auch geschehen möge. Freunde? »Auf wie viele darfst du in der Not zählen? Wer kennt dich noch nach einer solchen Prozedur? Ist es nicht gefährlich für jeden, sich zu dir zu bekennen? Wer sind deine Freunde?«, zweifelte ich. »Hast du überhaupt welche?« Freundschaft heißt Ehrlichkeit, uneingeschränkte Treue, Schutz vor übler Nachrede, auch bei Meinungsverschiedenheiten und unterschiedlicher Betrachtungsweise der Dinge. Gerade strittige Diskussionen regen sie an, nähren den ganz persönlichen Reifungsprozess ohne Vorurteile durch Religion, Politik oder spekulative Vorteile und schaffen Vertrauen.

Unruhige, ängstliche Gedanken machten sich in mir breit: »Echte Freunde hintergehen dich nicht. Sie würden auch jetzt zu dir halten, dich niemals verraten, nein, sie würden dir eher den Rücken stärken und dich zu schützen suchen. Mit ein wenig Glück hast du vielleicht so viele Freunde, wie Finger an einer Hand. Mehr sind es gewiss nicht.«

Scheppernde Geräusche unterbrachen jäh meine Gedanken. Eine Klappe in der Tür öffnete sich. Ein Blechteller mit Hirsepampe und ein Becher mit Pfefferminztee wurden in der Öffnung abgestellt.

Ich trank den Tee, den Brei verweigerte ich. Er stank widerlich, von der pappigen Konsistenz ganz zu schweigen. Wortlos wurden die Reste abgeräumt.

Minuten später ratterte das Schloss erneut und unterbrach die Kaskade böser Gedanken, die sich meiner bemächtigt hatten. »Mitkommen«, grunzte mich ein Koloss von Soldat an. Fast erfreut sprang ich auf, denn bei jedem Geräusch hoffte ich darauf, dass jemand kommen und den ganzen Vorgang als Irrtum erklären würde. Die Wege ähnelten sich. Es ging zurück zum Verhör. Der selbe Raum, die gleichen Männer mit ihren finsteren Mienen, der schmale, karge Raum, der hölzerne Tisch, das obligatorische Walter-Ulbricht-Bild an der Stirnseite: es hatte sich nichts verändert.

»Nun, haben Sie sich besonnen, ist Ihnen noch etwas eingefallen, was haben Sie uns zu sagen?« Hilflos wiederholte ich, was ich bereits gesagt hatte, dass ich nichts zu einer Sache sagen könne, die für mich nie existent gewesen ist und ergänzte: »Wenn Sie meinen, Beweise gegen mich zu haben, so legen Sie diese offen auf den Tisch. Dann wird sich alles schnell aufklären.« »Sie wollen Beweise?«, fragte mit drohender Gebärde der Wortführer der Gruppe und konnte dabei einen sarkastischen Unterton nicht unterdrücken: »Gut, die sollen Sie haben.« Nach einer kurzen Pause fuhr er fort: »Sie haben mit Hilfe eines Stempelbaukastens für Kinder Flugblätter gedruckt und diese in Ihrem und den höheren Studienjahren in Umlauf gebracht. Das wissen wir, und das können wir beweisen«.

»Das kann nicht wahr sein«, regte ich mich auf und wurde laut und wütend. Ich war so voller Hass, dass ich in der Wahl meiner Worte nicht zimperlich war. Mir war in diesem Moment alles egal. In blinder Wut ließ ich mich zu einem Ausbruch hinreißen, den ich wenig später schon bereute: »Unschuldige Menschen zu nachtschlafender Zeit brutal verhaften, ohne schlüssige Beweise, das erinnert an eine Epoche deutscher Geschichte, von der ich bis heute geglaubt hatte, wir hätten sie überwunden, doch eine Diktatur gleicht wohl der anderen.«

»Abführen«, unterbrach eiskalt ein Kommando in meinem Rücken urplötzlich diese Begegnung. Ruppig brachte mich eine Gestalt aus der unerschöpflich erscheinenden Zahl Uniformierter in diesem ungastlichen Haus in Bewegung und rempelte mich dabei von der Seite an, dass ich stolperte und zu fallen drohte. Dieses Mal führte der Weg nach unten, weit hinab in tiefe Kellergeschosse. Ich staunte einmal mehr über diesen gigantischen Bau. Er war einfach riesengroß und führte tief in die Erde hinab. Davon ahnte man nichts, wenn man draußen auf der Straße arglos vorüber ging . Wir durchschritten Gänge und passierten Treppen und Türen. Alles sah gleich aus. Es wirkte trostlos und steril. Das Eingeschlossensein machte mutlos. Dann plötzlich hieß es: »Halt, rechts um!« Wir standen vor einem finsteren Betonkäfig, der mich an einen Besenschrank bei meiner Großmutter erinnerte, in dem wir uns als Kinder versteckt hatten, als wir zehn Jahre alt waren. »Dort hinein«, befahl mit schroffer, kalter Stimme mein Begleiter.

Ungläubig schaute ich ihn an. »Wie soll das gehen«, sagte ich, »der Kasten ist doch viel zu klein und auch zu eng für mich, da passe ich doch gar nicht rein.« Seine Gesichtszüge waren starr, so unbeweglich wie gelähmt, eisig und ohne jegliche Gefühlsregung. Eine Visage aus einem Horrorkabinett. In ihr war kein Platz für Spaß und Witz, für Mitgefühl, Verständnis oder irgendeine menschliche Regung. Die ganze Figur erinnerte an Pinocchio oder einen hölzernen Roboter. »Los, vorwärts, wird's bald«, drängte dieses Scheusal lauthals. Also zwängte ich mich durch die schmale Öffnung, hinein in diese Schreckenszelle. Sofort fiel das Schloss zu. Zehntausend Lichter über mir und um mich herum, so schien es mir, begannen mich grell anzuleuchten. Sie strahlten mich blind und erzeugten sehr viel Wärme. Erst jetzt bemerkte ich in der Decke und ganz unten zahlreiche Löcher. Ich erschrak, weil ich mir vorstellte, hier könne Giftgas eingeleitet werden. Doch mein Verstand siegte und vermutete zu Recht die natürliche Lüftung in dieser Folterkammer. »Oh, Gott, wie lange kann es ein Mensch auch ohne klaustrophobische Veranlagung in einer solchen Stellung aushalten?«, dachte ich ängstlich. Es war so eng, dass ich nicht in die Knie gehen konnte. Hier hätte ich schreien können, bis meine Stimmbänder zerfetzt, gegen die Wand hämmern, bis meine Knochen blutig gewesen wären. Niemand hätte es bemerkt. So alleine war ich, so weit weg von jeglicher Zivilisation, eingepfercht in diese Höhle, gefangen im ideologischen Schraubstock eines Systems, das Menschen, nur weil sie anders dachten, mit Methoden quälte, von denen ich geglaubt hatte, dass sich ihrer nur totalitäre Staaten bedienten. »Der Mensch hält vieles aus, das haben ganz andere schon bewiesen«, sprach ich mir Mut zu. Von Zeit zu Zeit klickte der Spion vor meinem Gesicht. Durch ihn glotzte mich das kalte, lieblose Auge eines Zyklopen an. Es überzeugte sich davon, dass ich noch stand, noch atmete, nicht in mich zusammengesunken war, dass ich noch lebte. Die Luft schien knapper zu werden, Schweißperlen rannen über mein Gesicht. Alle Abwehrmechanismen waren in mir aktiviert und brachten mich in einen tranceähnlichen Zustand.

In jungen Jahren hatte mein alter, guter Freund, Onkel Arno, sich zum Ziel gesetzt, mir autogenes Training beizubringen. Oft verlachte ich ihn, führte mich albern auf, wenn er mit seinen Formeln »die Arme werden bleiern schwer, Füße und Hände werden ganz warm, die Gedanken schwinden, der Schlaf kommt wie von selbst« loslegte und ich mir eine »grüne Wiese« oder den ruhigen »Meeresboden« vorstellen sollte. Jedenfalls wies er mich früh in die Kunst der Autosuggestion ein. Später erinnerte ich mich oft dankbar daran, wenn ich beispielsweise zwischen einzelnen Disziplinen im leichtathletischen Mehrkampf in zwei Trainingsanzüge gehüllt auf dem Rasen lag, um aktiv Entspannung zu praktizieren und neue Kräfte zu sammeln. Und jetzt, in dieser Not, bediente sich mein Körper fast automatisch dieser Schutzvorrichtung. Er schaltete einfach ab. »Wie viel Zeit mag wohl verstrichen sein?«, fragte ich mich, als ich wieder zu mir kam, »waren es ein oder gar zwei Stunden?« Ich wusste es nicht. Der wie aus deutscher Eiche geschnitzte Soldat riss die Tür auf und nahm mich ohne jede Regung in Empfang, als wäre nichts geschehen. Ich zwängte meinen erstarrten Körper aus dem Verlies. Die Beine schienen schwer wie Beton zu sein. Ich konnte mich kaum bewegen. Alles an mir fühlte sich dick und geschwollen an, meine Muskeln waren hart wie Stein, und ich fürchtete, das Blut würde in meinen Adern gerinnen.

»Tempo, gehen wir«, fauchte eine heisere Stimme mich an. Ich schleppte meinen Körper mühsam vorwärts und wurde das Gefühl nicht los, ich hätte schwere Ketten an den Beinen. Nach wenigen Minuten war ich wieder beim Verhör.

»Na, haben Sie noch einmal nachgedacht, und haben Sie uns jetzt etwas zu sagen?«, eröffnete betont freundlich der Offizier mir gegenüber, dessen Schultern besonders viel Lametta schmückte, die Vernehmung. »Ich habe dem Gesagten nichts hinzuzufügen«, war das einzige, was ich herausbrachte. »Der Stolz wird Ihnen noch vergehen«, dröhnte es unheilvoll von der Tür hinter mir. »Wenn es jemanden gibt, der bezeugen kann, was Sie behaupten, verlange ich eine Gegenüberstellung, Auge in Auge, und weiß dann endlich, wer was gegen mich vorzubringen hat«, hielt ich entgegen. »Wer hier wie vorgeht bestimmen wir«, höhnte der bisher stumm dasitzende Militär an meiner rechten Seite. Dabei schielte er so überheblich und arrogant über seine Brille und lächelte dazu derart verächtlich aus den Mundwinkeln, dass ich seine Visage bestimmt nicht vergessen werde. Dieses Gesicht, dessen war ich mir ganz sicher, würde ich unter Hunderttausenden wiedererkennen. Abrupter Schluss: Der Klingelknopf – die Uniform – der lange Gang – Gesicht zur Wand – das Schlüsselbund – die Zelle.

Jetzt sollst du erschossen werden…

Da saß ich nun wieder in meiner Zelle und brütete darüber, was wohl als nächstes geschehen würde. Es war beim besten Willen kein Silberstreifen am Horizont zu erkennen. Dass diese Demonstration von Macht ausgerechnet an meiner Person stattfinden musste! Ich fühlte mich ausgebrannt, leer und stellte in diesem Staat alles in Frage, besonders Recht und Gerechtigkeit.

»Recht? Was ist das? Kein Wort mehr ohne meinen Anwalt. Eine lächerliche Farce aus Kriminalfilmen, nichts anderes. Hier bei der STASI zählt das alles nicht. Die verkörpern die Macht im Staat«, sinnierte ich für mich. Und wieder schepperte das Schloss der Zellentür. Erneut hoffte ich in meinem grenzenlosen Optimismus auf Freiheit, auf Gerechtigkeit. Doch weit gefehlt. Der Mann in Uniform vor mir war zwar schon alt und grau, die Haut zerknittert, doch ungebrochen war die Stimmgewalt: »Rechts um und marsch und Tempo, vorwärts, vorwärts«, trieb er mich an. So landete ich an einer Wendeltreppe. Dann spürte ich den Stoß seines Gewehrkolbens in meinem Rücken und wurde die steile, sich um eine Metallachse abwärts windende Treppe hinuntergetrieben. Es mögen etwa vier Stockwerke gewesen sein. Jedenfalls mündete diese Treppe an einem schmalen Gang, von dem sechs Türen abgingen, drei auf der rechten und drei auf der linken Seite. Der alte STASI-Soldat stieß noch einmal kräftig zu, und ich stolperte, halb laufend, halb fallend, in einen nach oben offenen Betonbunker hinein.

Die Grundfläche dieses Käfigs aus Stein betrug vier mal fünf Meter. Die etwa sechs Meter hohen Wände waren mit Rauhputz beschichtet. Darüber konnte ich den Himmel sehen, doch nicht nur den Himmel… Da stand hoch über mir auf einem Rost ein

Soldat mit aufgepflanztem Bajonett. Ein Adrenalinausstoß beschleunigte meinen Herzschlag, Schweiß quoll mir aus allen Poren. Ich sah mich einem Erschießungskommando gegenüber. Die Szenerie ließ für mich keinen anderen Schluss zu. Über Sinn und Unsinn einer solchen Eingebung dachte ich im Moment bloßer Angst nicht weiter nach. Die Realität holte mich erst wieder ein, als nichts geschah. Das Herzklopfen ließ langsam nach und logisches Denken kehrte zurück. Ich stellte fest: »Auch dieses hier hat System. Sie wollen dich schocken, einschüchtern, dich weich und gefügig machen.« Später erfuhr ich, dass diese Betonbuchten in der Tiefe die sogenannten Freistundenhöfe waren, auf die Gefangene nach internationalem Recht Anspruch hatten, seit die DDR die Menschenrechtskonvention unterzeichnet hatte. Ich kam mir vor wie eine Mauerassel, die täglich für Minuten ans Licht krabbelt ohne zu wissen, ob sie vielleicht zertreten wird. Mit Frischluft hielt es sich ohnehin in Grenzen, denn die Mauerkäfige wurden aus dicken Rohren mit feuchten Dunstschwaden aus der Gefängniswäscherei gefüttert.

So war ich nach dieser aufwühlenden Erfahrung froh, wieder in meiner Zelle zu sein. Ich saß auf dem harten Holzschemel und erkannte deutlicher als je zuvor, wie sehr sich mein Lebensraum in so kurzer Zeit auf ein Minimum reduziert hatte. In diese düsteren Gedanken fiel krachend die Klappe in der Tür herunter. Trockenes Brot und eine Nudelsuppe standen in der Öffnung. Der Blechbehälter war nur noch lauwarm, und über der Suppe hatte sich eine zähe, dicke Haut gebildet. Sollte ich mich überwinden und den kargen Fraß verzehren? Magenkrämpfe krümmten meinen Körper. Er lechzte nach etwas Essbarem. Hunger bohrte in mir wie ein nagender, hohler Schmerz. Schließlich überwand ich mich und aß aus dem Blechnapf.

Es musste inzwischen schon sehr spät geworden sein. Das Rasseln eines Schlüsselbundes schreckte mich aus meinen Gedanken auf. Mit den Worten: »In zehn Minuten ist Nachtruhe«, schmiss mir der alte, seelenlose Soldat mit dem zerknitterten Gesicht eine Decke zu. Kurz darauf ertönte das Klingelzeichen zur Nachtruhe.

Jetzt erst durfte ich mich hinlegen. Die in die Wand eingelassene Lichtfunzel wurde heruntergedimmt und ließ nur noch gespenstische Schatten zurück. Immer, wenn ich kurz davor war einzuschlafen, schreckte mich ein ohrenbetäubender Lärm wieder auf. Es hörte sich an, als schlüge jemand mit einem Vorschlaghammer gegen meine Tür. Das wiederholte sich in rhythmischen Abständen, etwa im 30-Sekunden-Takt. »Ihr Schweine«, dachte ich bei mir, »Euch werd ich's zeigen!« In mir wuchs die Willenskraft, mich gegen all die Qualen zu behaupten. »Um diese Schlacht zu gewinnen, brauchst du einen klaren Kopf. Den hast du nur, wenn du einigermaßen ausgeschlafen bist«, sagte ich zu mir. So erinnerte ich mich wieder an Onkel Arnos Entspannungstechniken und konnte mit ihrer Hilfe, abgeschottet gegen alle äußeren Reize, rasch einschlafen.

Stunden später weckte mich ein schweres, metallenes Geräusch aus tiefem Schlaf. Der Schließer draußen in der Uniform hatte meine Tür geöffnet. »Mitkommen«, dröhnte es zu mir herein. Ich war bereit, sprang auf, rieb mir die Augen und folgte ihm in meinen senkellosen Schuhen. Der Schlaf hatte mir gut getan. Ich spürte wieder Zuversicht und Kraft in mir. Vermutlich sollte ich erneut zu einem Kreuzverhör gebracht werden. »Gesicht zur Wand und vorwärts, marsch«, die alte Leier kannte ich bereits. Ich war gespannt darauf zu erfahren, wie die Anschuldigungen gegen mich bewiesen werden sollten. Als ich mich umsah, war ich überrascht. Erschöpft, blass und unrasiert saß das Stasi-Sextett auf seinen angestammten Plätzen. Man sah mich an, war gespannt auf meine Reaktion angesichts der vielen Sachen, die auf dem Tisch ausgebreitet lagen. Ich erkannte sofort etliche Dinge aus unserer Schweriner Wohnung und solche aus meiner Studentenbude. Erschrocken stellte ich dabei fest, dass die Hunde nicht nur meine Rostocker Bleibe gefilzt hatten, nein, dass sie auch unser elterliches Domizil in Schwerin durchgeschnüffelt und dadurch meine arme Mutter belästigt und in Angst versetzt hatten. Wie ich sie alle hasste, diese Schergen des Regimes, Handlanger einer Diktatur, die Menschen quälten und folterten mit Methoden, die keine sichtbaren Spuren hinterließen.

Ich erkannte Bücher – Max Frisch, Dürrenmatt und Camus –, die auf dem Index standen, sah meine Briefmarkensammlung, um die ich mich seit meinem vierten Lebensjahr bemühte, Marken des »Dritten Reiches« – Hitlermarken. In Reih und Glied lag vor mir der Größe nach geordnet ein Dutzend Finnendolche in kunstvoll verarbeiteten Rentierlederscheiden. Es waren Erinnerungsstücke meines Vaters an seine Militärzeit in Finnland. Jetzt waren sie als stehende Waffen verboten und wurden konfisziert. Dort lagen auch Fotos, Adressbücher und viele ganz persönliche Dinge, bei denen ich mich fragte, worin das Interesse an ihnen bestehen könnte.

Ein Trommelfeuer von Fragen prasselte auf mich ein. Zwischenrufe, Gegenfragen, Unterbrechungen und immer wieder höhnisches Gelächter bestimmten das Geschehen und sollten mich offensichtlich aus dem Konzept bringen und mich in Widersprüche verwickeln. Ich zwang mich mit aller Kraft zur Ruhe und gab bereitwillig jede Antwort, die ich geben konnte. Natürlich befragte man mich auch nach meinem älteren Bruder, der schon seit 1957 im Westen lebte. So gingen Rede und Widerrede lange hin und her, wechselten Vorwürfe und Beschimpfungen die Seiten, ohne jedoch einen Sieger oder Verlierer erkennen zu lassen. Urplötzlich, ohne Ankündigung, wurde ich dann wieder in meine Zelle kommandiert. Diese Vernehmung hatte mich zwar enorm angestrengt, doch fühlte ich mich entspannter als vorher und energiegeladen. Es konnte den Herren in Uniform nicht entgangen sein, dass ich in allen entscheidenden Fragen die Wahrheit gesagt hatte. Dabei war ich mit Kritik nicht zimperlich gewesen. Was hatte ich denn zu diesem Zeitpunkt noch zu verlieren?

Statt mit Hämmern an meine Tür zu schlagen, versuchte man mir in der folgenden Nacht durch grelles Flackerlicht den Schlaf zu rauben. Doch abermals gelang es mir mit autogener Entspannung, der optischen und akustischen Folter zu entfliehen und in tiefen Schlaf zu fallen. Nach einem weiteren Verhör um Mitternacht ließ man mich in Ruhe. Offensichtlich waren meine Peiniger müde und sammelten Kraft für den nächsten Schlag gegen mich. Als ich am Morgen erwachte, dauerte es geraume Zeit, bis ich begriff, wo ich mich befand. Erst langsam kehrte die Erinnerung an die Details der letzten Stunden zurück. Der Raum, die Zelle, ein widerlicher Gestank, fahles Licht, kahle Wände, die schwere Tür mit eingebauter Klappe, dreckige Glasbausteine, ein Metallklosett, laute kehlige Kommandos auf dem Flur ... das waren meine Erinnerungsgehilfen. Ich begriff: Es war kein böser Traum, es war ein Stück aus meinem Leben.

Die Klappe fiel erneut. Der heiße Muckefuck ergötzte meine Zunge. Nie zuvor hatte ich trockenes Brot und süße Marmelade mit so viel Appetit gegessen. Die gestiefelten Typen auf den Fluren hatten ihre Kehlen über Nacht nicht geölt. Sie brüllten unvermindert irgendwelche Kommandos durch die Gegend und knallten mit den eisernen Türen. Dann vernahm ich das mir bereits vertraute Geräusch des schweren Schlüsselbundes an meiner Zellentür. Sekunden später folgte der Befehl: »Ab zum Verhör«. Mit eingeübten flinken Bewegungen sprang ich in die nackten Schuhe und war zu einer neuen Auseinandersetzung bereit. Erwartungsvoll rannte ich wieder vor einer grauen Uniform her bis wir den Raum erreicht hatten, in welchem Geheimdienstspezialisten seit 48 Stunden versuchten, mich als Staatsfeind zu entlarven. Ich wurde bereits erwartet. Der Irrgang durch die Flure erschien mir heute Morgen kürzer als sonst. Als ich eintrat blickten die gleichen Vernehmungsoffiziere auf mich, die ich schon kannte. Die einen schauten verächtlich drein, andere gelangweilt und entnervt. Meine Augen streiften noch einmal die kalkweißen Wände und den rechteckigen hölzernen Tisch, die einfachen, unbequemen Stühle ohne Polster und die unregelmäßig verputzte, schmutziggraue Zimmerdecke, von der eine grelle Lampe mit viel zu starker Birne den Raum ausleuchtete und landeten schließlich auf dem unvermeidbaren Walter-Ulbricht-Bild, das an der Stirnseite des Raumes an der Wand hing, der Tür genau gegenüber. Volle Aschenbecher mit teilweise nicht einmal zur Hälfte aufgerauchten Zigaretten standen auf dem Tisch herum. Die Luft war bräunlich verfärbt, schwer, von altem Tabakrauch geschwängert. Einige Kippen lagen zerstreut auf dem Linoleumfußboden herum, der an vielen Stellen eingerissen war und längst hätte erneuert werden müssen. Die Stimmung war unterkühlt. Eisiges Schweigen und eine knisternde Spannung hatten sich des Raumes bemächtigt. Nur einzelne, viel sagende Blicke wechselten zwischen den STASI-Leuten hin und her. Gewiss hatte man sich nach den vielfältigen Bemühungen die physische und psychische Verfassung des Delinquenten, das Objekt der Vernehmung, ganz anders vorgestellt. Ich war nicht kaputt oder zermürbt, auch nicht sonderlich übermüdet. Mir schlotterten nicht die Knie, und die Hoffnung hatte ich auch noch nicht aufgegeben. Ich sah wohl auch nicht blasser aus als meine Widersacher. Dabei bemühte ich mich, die in mir brodelnde Wut zu unterdrücken. Natürlich hatte ich in jeder wachen Minute nachgedacht und gegrübelt. Wenn ich tatsächlich etwas Derartiges angestellt hätte, wie man von mir behauptete, wenn ich wirklich der »Untergrundkämpfer mit einer Druckerei« gewesen wäre, dann hätte diese Truppe es aus mir heraus bekommen. Das war mir klar geworden. Doch je länger ich mein Hirn zermarterte, desto mehr gewannen zwei Gedanken die Oberhand: »Wie wollen die dir etwas beweisen, was du gar nicht getan hast, und wie komme ich hier raus?«

Der Denunziant

Mir gegenüber saß der leitende Vernehmungsoffizier. Er eröffnete das Gespräch: »Was haben Sie zu Ihrer Sache nun zu sagen? Bedenkzeit haben Sie ja wohl genug gehabt.« »Das ist nicht meine Sache«, entgegnete ich, »das habe ich Ihnen wiederholt versucht klarzumachen.«

Giftig nahm der Rädelsführer in der Runde das Gespräch wieder auf: »Wir haben beim Staatsanwalt den Antrag gestellt, Haftbefehl gegen Sie zu erlassen. Die Anklage wird lauten: ›Hetze gegen den sozialistischen Staat‹, ›staatsfeindliche Propaganda‹ und ›Verbreitung von Feindschriften‹.«

Mir wurde übel, ich war benommen und für einen Augenblick keines klaren Gedankens mehr fähig. Alles drehte sich in meinem Kopf. Diese Attacke konnte ich nicht so einfach wegstecken. Die Drohung mit einem staatsanwaltlichen Ermittlungsverfahren hatte mir die Sprache verschlagen. Ich sah meine Zukunftspläne wie ein Kartenhaus zusammenfallen. Mir fiel nichts Vernünftiges ein, was ich entgegnen konnte. Hilflos und Rat suchend blickte ich in die Runde, doch was sollte ich von den hier Anwesenden erwarten...

Man musste mir meine Verzweiflung angesehen haben, denn mitten in meine Ratlosigkeit inszenierte man für mich völlig überraschend eine weitere dramatische Situation. Der nahe dem Ausgang sitzende Offizier erhob sich plötzlich ohne erkennbaren Anlass und öffnete die Tür. In den Raum schritt ein Herr im dunklen Anzug. Er blieb lässig stehen, lächelte breit über das ganze Gesicht und schaute selbstsicher von einem STASI-Mann zum anderen mit den Worten: »Guten Morgen, die Herren.« Es dauerte einen Moment bis ich begriff, was sich da abspielte.

Vor mir stand Eddy Neitzel. Bis zum letzten Sommer war er mein Kommilitone, hatte Eddy mit mir in einer Seminargruppe studiert. Er war sogar mit mir zusammen in derselben Prüfungsgruppe gewesen, um das Vorphysikum abzulegen. Nachdem er durch alle Examina gefallen war und auch die Nachprüfungen nicht bestanden hatte, musste er die Universität verlassen. Ich hatte ihn aus den Augen verloren. Allerdings fielen mir angesichts dieser Gegenüberstellung spontan einige Dinge zu ihm ein, von denen mir vorher nicht klar war, dass ich sie abgespeichert hatte. Ich hatte sie bisher nicht für wichtig befunden.

Eddy stand mitten im Raum. Er schleuderte seine schwarzen, fettigen Haarsträhnen schwungvoll über die Schläfe, nestelte an den Knöpfen seines Jacketts herum, offensichtlich durch die unmittelbare Konfrontation mit mir nervös geworden. Sein feistes, glattes Gesicht, das eben noch von Selbstsicherheit gestrotzt hatte, verlor von Sekunde zu Sekunde seinen ruhigen, souveränen Ausdruck , den es noch hatte, als sich unsere Augenpaare gerade das erste Mal begegnet hatten. Die wulstigen Lippen waren leicht geöffnet, während die Nasenflügel bebten und nach Frischluft lechzten. Auf seiner glänzenden Stirn zeigten sich größer werdende Schweißperlen. Nach kurzer Zeit der Besinnung hatte ich meine Fassung wiedergefunden und glaubte diesen Mann in seiner feinen Robe, der so selbstgefällig und überheblich den Raum betreten hatte und der jetzt angesichts der Gegenüberstellung mit mir zu zittern begann und mich belasten sollte, als notorischen Lügner entlarven zu können. Der Vernehmungsoffizier ließ sich von Eddy Neitzel haarklein schildern, wie ich ihm angeblich von einer Flugblattaktion berichtet hatte, die ich selbst erdacht, geplant und durchführt haben sollte, wie ich mit Hilfe eines Buchstabenbaukastens für Kinder kleine Zettel mit Hetzparolen angefertigt und diese dann selbst in der Universität verteilt hätte. Dann wandte er sich mir zu: »Sie haben gehört, was Herr Neitzel berichtet hat. Äußern Sie sich dazu!« »Ich habe Ihnen mehrfach versichert, dass ich zu keinem Zeitpunkt Kenntnis von dieser Aktion hatte, solche Flugblätter nie gesehen oder in der Hand gehalten habe, geschweige denn Pläne hatte, etwas derartiges zu organisieren. Im übrigen ist Herr Neitzel für mich keine Vertrauensperson, mit der ich je persönliche Dinge besprochen hätte. Bisher glaubte ich an eine Verwechslung, jetzt erkenne ich allerdings die Phantasiegespinste eines kranken Hirns.«

»Mäßigen Sie sich in der Wahl Ihrer Worte«, scholl es mir wutschnaubend von der Stirnseite des Tisches entgegen, »oder haben Sie vergessen, wer hier beschuldigt wird?« »Sie haben bei uns in Schwerin und hier in meinem Rostocker Studentenzimmer Haussuchungen durchgeführt und nichts, aber auch gar nichts gefunden, was Ihre Vermutungen gegen mich stützt. Als Beweis lassen Sie einen exmatrikulierten ehemaligen Mitstudenten gegen mich aussagen, von dem Sie offensichtlich viel zu wenig wissen. Sie sollten Ihre Informanten sorgfältiger aussuchen«, entgegnete ich erregt.

»Was fällt Ihnen ein, wie können Sie sich erdreisten unsere Untersuchungsmethoden so zu kritisieren? Wir können auch ganz andere Seiten aufziehen. Bisher sind wir mit Ihnen noch recht sanft umgegangen, aber alles hat seine Grenzen. Überspannen Sie den Bogen nicht.«

Es trat eine Pause ein.

Nachdem sich die Gemüter beruhigt hatten, hakte derselbe Offizier, der mich gerade in die Schranken gewiesen hatte, noch einmal nach. »Was wissen Sie denn schon von ihm, was wir nicht wüssten?« Ich witterte meine Chance und entgegnete ruhig und besonnen: »Ich kann beweisen, dass Herr Neitzel ein Lügner und Hochstapler ist.«

Bei diesen Worten konnte sich mein Gegenüber eines verächtlichen Lächelns nicht erwehren. Er lehnte sich gemächlich zurück, schlug die Beine übereinander und forderte: »Dann legen Sie mal los.« Bevor ich die inzwischen in meinem Kopf angesammelten Fakten der Reihe nach abspulen wollte, drehte ich mich noch einmal nach rechts und sah Eddy in die Augen. Da gewahrte ich nicht mehr die straffe, aufrechte Haltung eines Siegers, den selbstsicheren Gesichtsausdruck und den leuchtenden, überzeugenden Blick.

Der Anzug saß nicht mehr so lässig, seine Ärmel hingen schlaff am müden Körper herab. Nervös kratzte er mit den Fingernägeln in den völlig verfilzten Haaren, und von der blassen Stirn rann der Schweiß über sein Gesicht.

»Es ist noch nicht sehr lange her, dass wir zusammen studiert haben. Wir waren der gleichen Studiengruppe zugeordnet, wurden sogar für die Vorphysikums-Prüfungen mit zwei weiteren Studenten in eine Examensgruppe gesteckt. Da lernt man sich schon ganz gut kennen«, begann ich meinen Bericht. »Bar jeglichen Wissens fiel er durch jede Prüfung und wurde exmatrikuliert. Dennoch versuchte er zu tricksen. In der Zoologieprüfung log er, indem er behauptete: ›Die Fragen, Herr Professor, die Sie mir eben gestellt haben, sind in dem Lehrbuch, das Sie uns empfohlen haben, nicht behandelt‹. ›An welchem Lehrbuch haben Sie sich denn orientiert, Herr Neitzel?‹, fragte der Prüfer zurück. ›An dem *Kühn*, Herr Professor‹, log Eddy. Der *Kühn* ist das Nonplusultra der Zoologie für Mediziner«, fügte ich ergänzend hinzu. »›Dann wollen wir doch mal sehen, was da steht, Herr Neitzel‹, entgegnete der Hochschullehrer und schickte seinen Assistenten in die Bibliothek, um das Buch zu holen. Der kam nach kurzer Zeit zurück und hatte dienstbeflissen die entscheidende Passage schon markiert.

Eddy war raus. Ähnlich, auf jeden Fall ohne Sachverstand, verliefen die anderen Prüfungen in Botanik, Physik und Chemie.«

Mir fiel ein, dass Eddy Neitzel sich von mir noch zu gemeinsamer Studentenzeit 20 Mark geliehen hatte, die er mir nach seinem unrühmlichen Abgang nicht zurückgegeben hatte. Also fuhr ich fort: »Vor mehr als einem Jahr lieh ich Herrn Neitzel 20 Mark, die er mir bis heute schuldig geblieben ist. Natürlich war ich darüber ärgerlich, denn 20 Mark waren für uns Studenten eine Menge Geld. Deshalb besorgte ich mir von Kommilitonen, die ihn näher kannten, seine Heimatadresse und schrieb ihm eine offene Karte, mit der Aufforderung, seine Schuld zu begleichen. Vermutlich haben seine Eltern die Karte gelesen, was um so mehr zu einer unangenehmen Auseinandersetzung führen musste, als sie bis zu diesem Zeitpunkt nichts vom gescheiterten Studium ihres Sohnes wussten.«

Während ich das alles sagte, arbeitete mein Gehirn unablässig und förderte weitere Einzelheiten in die Hirnwindungen, die das bewusste Gedächtnis ausmachen.

»Um Geld zu verdienen«, berichtete ich weiter, »hatte sich Herr Neitzel nach seiner gescheiterten Medizinerkarriere dem Anatomischen Institut als Hilfsarbeiter verdungen. Zu seinen Aufgaben gehörte die Vorbereitung anatomischer Präparate für praktische Sezierübungen. Von den Studenten hat er sich nachweislich als ›Herr Dr. Neitzel‹ anreden lassen und nahm an den Leichen Schnittführungen vor, die nur Ärzten der Anatomie vorbehalten waren. Deshalb ist er dort auch sehr schnell wieder rausgeflogen. Diese Fakten kann ich beweisen.« Es sprudelte weiter aus mir heraus: »Dann hat sich dieser Mensch, den Sie hier offenbar als Kronzeugen gegen mich aufgefahren haben, in der Klinik für Chirurgie als ›cand. med.‹, also als Student der klinischen Semester einer Medizinischen Fakultät eintragen lassen, um sich mit Nachtwachen Geld dazuverdienen zu können. Abgesehen von dem falschen Status und der damit fehlenden Qualifikation, hat er sich auf der Wachstation von Patienten und den dort arbeitenden Schwestern mit ›Herr Oberarzt‹ anreden lassen. Auch dafür kann ich Zeugen benennen, Patienten und Krankenschwestern. Und wenn dieser Eddy Neitzel der Mann ist, mit dem Sie beweisen wollen, dass ich hier die Unwahrheit sage, so kann ich zur Entlarvung dieser miesen, verlogenen, selbstsüchtigen Person gerne mit weiteren Beispielen dienen.«

Das saß. Und Eddy grinste nicht mehr.

Er hatte ein klitschnasses Gesicht, sah schmal und blass aus, als würde er jeden Moment kollabieren und sagte kein einziges Wort. Erneut fummelte er ungelenk mit den gummiartigen Fingern der rechten Hand in seiner fettigen, ungepflegten Mähne herum, als gäbe es dort noch einen Kassiber mit rettenden Antworten.

In Sekundenschnelle wurde er verabschiedet und verließ das Zimmer. Mein Herz schlug schneller, und ich durfte Hoffnung schöpfen. Und wirklich, alles andere ging dann schnell und unbürokratisch.

Niemand entschuldigte sich bei mir für den Vorfall oder gab eine Erklärung ab. Die Finnendolche, Bücher und Briefmarken sah ich nicht wieder. Im Nu war ich bei den Effekten, um meine wenigen Habseligkeiten entgegenzunehmen. Nach ungefähr einer Stunde war ich frei. Hämisch verabschiedete sich der leitende Offizier von mir mit den Worten: »Dieses Mal waren die Beweise gegen Sie nicht ausreichend, aber ich bin sicher, dass wir uns wiedersehen werden.«

Welch ein herrliches Gefühl, frei zu sein! Die wahre Bedeutung des Wortes »Freiheit« kann nur erahnen, wer die Unfreiheit kennen gelernt hat. Es galt, die Sinne neu zu entdecken. Bewusst Bäume sehen, Gras, grüne Blätter, bunte Blüten verschiedenster Farben und die Nuancen des vielfältigen Grüns. Ich konnte mich gar nicht satt sehen an dieser schönen Jahreszeit. Vogelgezwitscher, Katzenmiauen, Hundegebell, Kinderstimmen, das Pfeifen einer sich entfernenden Diesellokomotive, bremsende Autoreifen und viele andere Lebensgeräusche schienen von mir neu wahrgenommen zu werden. Entbehrung und Einsamkeit schärfen den Verstand und erhöhen die Sinnesfähigkeit. Das hatte mir diese kurze Zeit sehr eindrucksvoll gezeigt.

Ich sah die Welt mit anderen Augen.

Meine Freunde hatten ungeduldig auf mich gewartet. Heide und Reinhard sah man die Anspannung an. Beide hatten wenig geschlafen und tiefe Ränder unter den Augen. Sie hatten mir vertraut, an mich geglaubt und mit mir gelitten.

Am Abend gingen wir zu Dritt in ein kleines Lokal am Doberaner Platz. Wir wollten unsere Gedanken austauschen – und ich über meine jüngsten Erlebnisse berichten. Bei einigen Gläsern Bier reflektierten wir noch einmal die Geschehnisse der letzten 48 Stunden. Dann geschah etwas Unerwartetes. Ganz unvermittelt, wie vom Himmel gefallen, stand Eddy Neitzel plötzlich mitten im Lokal. Als er mich sah, entgleiste seine Mimik zur ängstlichen Visage. Sein ohnehin pastöses Gesicht wurde wächsern bleich.

Er schwankte zur Ausgangstür, als sei er volltrunken. Wie von einer Tarantel gestochen sprang ich auf und wollte ihm folgen. Ich wusste, dass ich ihm körperlich überlegen war. Mit meiner Wut im Bauch hätte ich großen Schaden anrichten können. Zum Glück war ich nicht allein. Meine besonnenen Begleiter erkannten die Gefahr und hielten mich mit aller Kraft zurück. Nach diesem Ereignis, das uns alle emotional enorm aufgewühlt hatte, saßen wir noch lange zusammen und philosophierten über die verschiedensten Seiten des Lebens. Die Nacht wurde lang und länger, und ich erinnere mich an keine Nacht in meinem Leben die mehr Stunden, Minuten und Sekunden hatte.

Der 35. Geburtstag hinter Gittern

»Stehen Sie auf, kommen Sie mit«, ertönte ein strenges Kommando in sächsischer Sprache und riss mich aus meinen Erinnerungen.

Wie sich die Bilder glichen ... Die Ereignisse lagen zwar ein Dutzend Jahre auseinander, doch hatte sich am Umgang der Staatssicherheitsbediensteten mit ihren Opfern nichts geändert. Es mochten Stunden vergangen sein. Ich wusste nicht, wie spät es war. Ein Soldat trieb mich über lange Flure und Treppen durch ein unendlich großes Haus. Er wunderte sich offensichtlich darüber, dass ich mich an verschlossenen Gittern oder vor Türen ganz selbstverständlich mit dem Gesicht zur Wand aufbaute und darauf wartete, dass ein neuer Befehl kam. So landete ich in Leipzigs Staatssicherheitsuntersuchungshaftanstalt beim Dienst habenden Offizier für Neuzugänge, der mich mit den Worten empfing: »So haben Sie sich Ihren 35. Geburtstag sicher auch nicht vorgestellt? Sie sehen, wir haben bei Ihnen wichtige Originaldokumente, wie Geburts-, Promotions-, Approbations- und Facharzturkunden gefunden.« Dabei deutete er auf die Papiere, die vor ihm auf dem Tisch lagen und fügte hinzu: »Es wäre töricht und Zeitverschwendung, wenn Sie Tatsachen leugnen würden.«

Er war freundlich, sprach ruhig und vor allem sachlich mit mir und forderte mich auf, über alles zu berichten, was im weitesten Sinne mit unserer beabsichtigten Flucht in den Westen zusammenhing.

Wo sollte ich anfangen? Das war ein Prozess, der sich über längere Zeit entwickelt hatte. So begann ich zögerlich: »Es stimmt, dass wir in den Westen fliehen wollten. Wir hatten in der DDR schon längere Zeit Probleme, von denen wir glaubten, sie nicht mehr bewältigen zu können. Sie hängen mit der Politik in diesem Land zusammen.«

»Berichten Sie, wie Sie nach Leipzig gekommen sind und wie Sie von hier in die Bundesrepublik fliehen wollten. Vergessen Sie nicht mir die Hilfspersonen zu benennen, die als Schleuser bei der Aktion tätig werden sollten«, präzisierte der Vernehmer seine Fragestellung.

Ich hütete mich ihm zu verraten, dass es bereits der vierte Startversuch in den Westen war, dass wir bereits dreimal zuvor vergeblich mit allen Vorbereitungen auf ein neues Leben mit unseren Kindern unter einem Vorwand unser Haus verlassen hatten, um an irgendeinen verabredeten Treffpunkt zu fahren. Also begann ich wahrheitsgemäß zu berichten: »Bis vor einem Jahr lief unser Leben ungestört in ganz normalen Bahnen. Ich fühlte mich bei meiner beruflichen Arbeit wohl, wenn mich auch störte, dass ich als leitender Arzt von meiner vorgesetzten Dienststelle nicht besonders gut informiert wurde. Auf den Leitungssitzungen im Medizinischen Zentrum wurde ich als einziges Sitzungsmitglied, das nicht einer politischen Partei angehörte, regelmäßig vorzeitig verabschiedet, wenn heikle Themen auf die Tagesordnung kamen. Das waren Diskussionen über Mitarbeiter, deren politische Einstellung zur Sprache kam und mangelnde gesellschaftliche Aktivitäten bestimmter Kollegen, die gerügt wurden. Doch damit konnte ich leben, solange man mich in Ruhe arbeiten ließ.« »Wo war denn das entscheidende Problem für Sie? Warum wollten Sie in den Westen wegmachen, Sie, ein privilegierter Bürger unseres Staates, in leitender Stellung an einem beneidenswerten Arbeitsplatz in einer bevorzugten Region, in der andere Bürger froh sind, gelegentlich ihren Urlaub verbringen zu können?«, fragte mein Gegenüber mit dem ihm eigenen Leipziger Akzent, offensichtlich neugierig darauf zu erfahren, was uns wirklich bewogen hatte, über die deutsch-deutsche Grenze zu wechseln.

»Da Sie über unsere Absicht in den Westen fliehen zu wollen ohnehin Bescheid wissen, will ich versuchen, Ihnen die Hintergründe unseres Vorhabens zu erläutern«, entgegnete ich und bildete mir ein, dass dieser Mann ein differenziertes Interesse daran hatte zu erfahren, warum wir dieses Land verlassen wollten.

»Hineingeboren bin ich in eine gutbürgerliche Familie«, begann ich meine Gedanken zu entwickeln. »Nach dem Krieg ging es uns besser als den meisten Familien in unserer Stadt. Mein Großvater besaß eine Bierbrauerei. Zum Betriebsgelände gehörte eine große Gärtnerei. Wir mussten niemals hungern, hatten Platz genug zum Spielen, uns mit Freunden zu treffen und unsere eigenen Interessen zu entwickeln. Doch schon in der Schule wurde von uns Kindern erwartet, dass wir durch eine Mitgliedschaft bei den Jungen Pionieren, später in der FDJ, der ›Freien Deutschen Jugend‹, oder der GST, der ›Gesellschaft für Sport und Technik‹ zeigten, dass wir dem sozialistischen Staat treu ergeben waren. Unsere Familie gehörte traditionell der evangelisch-lutherischen Kirche an, so dass wir natürlich den Konfirmationsunterricht besuchten. Die Jugendweihe, das Bekenntnis zur materialistischen Weltanschauung der sozialistischen Gesellschaft, kam für uns nicht in Frage. Dass ich es trotzdem geschafft habe auf das Gymnasium zu kommen, hatte viele Gründe. Natürlich waren meine Leistungen in der Schule sehr gut, doch war für mich damals schon entscheidend, dass ich ein ausgezeichneter Sportler war. Es gab keine Mannschaftssportart in der ich nicht in der Schulauswahl vertreten war. Da ich im leichtathletischen Mehrkampf Ausnahmeleistungen bot, wurde ich bereits mit 15 Jahren im Elitesportclub der Stadt aufgenommen, in dem nur die Besten trainieren durften. Das war für mich damals die Erfüllung eines Jugendtraums. Ich trainierte täglich vier bis sechs Stunden. Nichts war mir zu viel. Da blieben auch die Erfolge nicht aus. Ich hatte unterschiedliche Trainer für Lauf-, Sprung- und Wurf- Disziplinen, wobei damals bereits mit Film- und Zeitlupentechnik gearbeitet wurde. Als mein Leistungsniveau den höchsten Level erreicht hatte, musste ich erfahren, dass alle Mühe umsonst war. Zu den entscheidenden Wettkämpfen nach Westeuropa durften die anderen fahren, die ›zweite Garnitur‹. Das deprimierte mich und zeigte mir, dass ich in diesem Staat eben doch nur geduldet war, ein Mensch zweiter Klasse, behaftet mit den Makeln seiner familiären Herkunft. Daraufhin beendete ich meine Leistungssportkarriere und konzentrierte mich auf die Schule und entdeckte andere schöne Dinge des Lebens.

Als ich 1959 das Abitur bestanden und meinen Studienantrag abgegeben hatte, wurde ich zum Direktor gerufen. Er empfing mich mit den Worten: ›Dietrich, haben Sie diesen Antrag auf Zulassung zum Medizinstudium gestellt?‹ ›Ja, Herr Direktor‹, entgegnete ich.

›Dann lasse ich Sie hiermit wissen, dass dieser Antrag erst bearbeitet wird, wenn Sie die Sünden Ihrer Väter wieder gut gemacht haben‹, fuhr er fort, ohne mich noch einmal anzusehen und verließ den Raum.«

»Sie müssen zugeben«, gab ich beiläufig zu verstehen, »dass dies für einen Heranwachsenden keine ermutigenden Erfahrungen sind, vor allem dann nicht, wenn in der so genannten klassenlosen Gesellschaft immer von Chancengleichheit und Gerechtigkeit gesprochen wird.«

»Verfehlungen Einzelner, wobei ich zu Bedenken gebe, dass auch diese Demokratie nur von Menschen gemacht wird«, war der kurze Kommentar des Untersuchungsoffiziers.

»Als ich dann viel später nach erfolgreichem Studium«, fuhr ich fort, »meinen festen Arbeitsplatz gefunden hatte, in meinem Beruf aufging, eine Frau und zwei Kinder hatte und eigentlich mit dem Leben zufrieden war, wurde meine Mutter während eines Besuches bei meinem Vater in Lübeck schwer krank und musste an einem Gallengangskrebs operiert werden. Es war abzusehen, dass sie nicht mehr lange zu leben hatte. Natürlich wollte ich sie noch einmal sehen, sie, die sich ihr ganzes Leben für mich aufgeopfert hatte. Obwohl ich eine Frau mit zwei Kindern als Pfand zurückgelassen hätte und mein direkter Vorgesetzter für mich bürgen wollte, wurde mir die Reisegenehmigung in den Westen verwehrt. Wenige Wochen später starb meine Mutter. Zur Beerdigung wollte man mich fahren lassen. Ich habe verzichtet.«

Zu dieser traurigen Episode verzichtete mein Gegenüber auf einen Kommentar. Es entstand eine längere Pause.

Nach einer Zeit des Besinnens setzte ich meinen Bericht fort:

»Eine entscheidende Wendung nahm mein Leben vor gut einem Jahr. Einer meiner besten Freunde war mit seiner Frau und der gemeinsamen Tochter in den Westen geflohen. Es dauerte nicht lange, bis man die Spur zu mir gefunden hatte. Eines Morgens tauchten mitten in der Sprechstundenzeit zwei Herren in dunklen Ledermänteln auf und verlangten von mir, ich solle sie in die Kreisstadt begleiten – ›zur Klärung eines Sachverhalts‹ – wie das so schön heißt.

Dass ich mitten in der Arbeit steckte, kranke Menschen zu versorgen und wichtige Termine wahrzunehmen hatte, interessierte die beiden nicht. Ich musste alles stehen und liegen lassen. Dabei durfte ich auch niemandem gegenüber erklären, warum ich meinen Arbeitsplatz verlassen hatte. Ich wurde einfach mitgenommen. Man fuhr mit mir in die Kreisstadt zur Behörde der Staatssicherheit. Hier befragte man mich ausführlich zur Flucht unserer Freunde. Natürlich unterstellte man mir, dass ich Details kannte und in Einzelheiten der Schleusungsaktion eingeweiht war.« Ich hatte Zeit das Geschehene noch einmal in meinem Kopf Revue passieren zu lassen, denn der Leipziger STASI-Mann war bei meinen letzten Worten plötzlich aufgestanden und machte Anstalten, den Raum zu verlassen. Dabei gab er mir jedoch mit einer Handbewegung unmissverständlich zu verstehen, dass ich sitzen bleiben sollte.

Zweiter Kontakt zur Staatssicherheit

Ich sah meinen Freund Jürgen, genannt Shakes, genau vor mir. Er beschwor uns damals, mit in den Westen zu kommen. Auf Dauer sei das Leben in der DDR doch unerträglich, meinte er. Er wolle nicht immer eingesperrt sein und nur hinter vorgehaltener Hand über bestimmte Dinge reden dürfen. Er sorgte sich auch um seine Tochter und ihre schulischen und beruflichen Möglichkeiten. Nachdem er uns in seine Pläne eingeweiht hatte und wir uns nicht entschließen konnten, mit ihm gemeinsam zu fliehen, fuhr er mit seinem kleinen DDR-Volkswagen, einem beigefarbenen »Trabant« fort. Unsere Augen folgten ihm, als er langsam den schmalen Sandweg von unserem Haus zur Chaussee fuhr. Dabei wirbelte er eine Menge Staub auf. Die Wolke hing noch eine ganze Weile in der lauen Abendluft und sollte für etliche Jahre sein letztes sichtbares Zeichen gewesen sein. Zehn Tage, nachdem Shakes uns offenbart hatte, dass er mit seiner Familie in Kürze in die Bundesrepublik abhauen würde, saßen wir am Sonntagvormittag auf unserer überdachten Terrasse und frühstückten, wie wir das immer an unseren freien Wochenenden zu tun pflegten. Wir freuten uns die ganze Woche auf diese Stunden und versuchten dafür stets alle möglichen Leckerbissen zu besorgen. Schinken, Eier, Fisch, Tomaten, Gurken, möglichst viele frische Früchte, alles was wir ergattern konnten, stand auf dem Tisch. Wir hatten schon kräftig zugelangt. Immerhin waren wir gute zwei Stunden dabei, lasen noch in der Zeitung und tranken den restlichen Kaffee. Die Kinder waren schon aufgestanden, als ein Auto, ein grüner »Wartburg« mit Schweriner Kennzeichen, vor unserem Haus hielt. Mit hochrotem Kopf stieg mein alter Handballkumpel Kurt Maus*, genannt Mucker, aus dem Wagen und kam ziemlich aufgeregt zu uns herein. Wir hatten uns lange nicht gesehen. Er grüßte nur knapp, sagte kurz: »Hallo«, um dann sofort zum eigentlich Anlass seines Besuches zu kommen.

»Shakes ist weg, in den Westen«, stieß er hervor. Wir setzten uns gemeinsam an den abgegrasten Tisch. Zunächst schwiegen wir und sortierten unsere Gedanken. Völlig konsterniert, bekamen wir zunächst kein einziges Wort heraus. Heide und ich hatten zwar von der beabsichtigten Flucht gewusst, doch waren wir von der Realität und dem Tempo so überrascht, dass uns der Schreck in die Glieder gefahren war. Das musste »Mucker Maus« uns wohl auch angesehen haben. Niemand und ohne Ausnahme niemand durfte wissen, dass wir über Shakes' Fluchtvorhaben unterrichtet waren.

Mitwisserschaft bei Republikflucht hieß Nichtanzeige eines Staatsverbrechens. Das wurde streng verfolgt und mit Haftstrafen belegt. Den Sicherheitsorganen ging es aber besonders darum, die Fluchtwege kennen zu lernen und möglichst viel über die Schleuserorganisationen zu erfahren. Der Staat zögerte auch nicht, Eltern oder Kinder Republikflüchtiger zu verurteilen. Er wollte abschreckend wirken.

Es war mutig und uneigennützig von »Mucker«, zu uns zu kommen und uns zu informieren, denn er war der Meinung, die Stasi würde ganz bestimmt das ganze Umfeld, den gesamten großen Freundes- und Bekanntenkreis systematisch unter die Lupe nehmen, und da stünden wir ja wohl ganz oben auf der Liste.

»Mucker Maus« verschwand so schnell und unauffällig wie er gekommen war mit den Worten: »Niemand darf erfahren, dass ich bei euch gewesen bin.«

Wir rechneten nun täglich mit einem Besuch ungebetener Gäste. Von Stund an war für uns jeder Mann in einem Ledermantel, mochte er auch noch so elegant geschnitten sein, ein poten-

* Name geändert

tieller STASI-Mann. Die private Absprache zwischen meiner Frau und mir bestand einzig in der festgelegten Position: »Wir wissen von nichts.«

Es vergingen noch Wochen, bis sich etwas tat. Immer dann, wenn man am wenigsten mit ihnen rechnet, sind sie da. Das war an einem Vormittag im Krankenhaus. Zwei zivile STASI-Mitarbeiter standen urplötzlich da und befahlen mir ohne Umschweife, mit ihnen zu kommen. Auf dem Weg zur Kreisstelle der Staatssicherheit sprach keiner der beiden auch nur ein einziges Wort mit mir. Man sah ihnen ihre Berufszugehörigkeit schon von weitem an. Die Männer steckten in langen Ledermänteln. Schlapphüte bedeckten ihre Köpfe. »Sie sehen doch alle gleich aus, diese aalglatten Typen, gleich falsch, gleich feist, gleich fies«, stellte ich für mich fest.

Einer von ihnen hatte einen richtigen Eierkopf mit einem ellenlangen Kinn und sehr spärlichem Haarwuchs. Er sagte nichts. Der andere, jener, der mich im Krankenhaus angesprochen und aufgefordert hatte, mitzukommen, roch schrecklich aus dem Mund. Sein Frontgebiss war völlig desolat, das Zahnfleisch total vergammelt. Man sah förmlich, wie er stank.

Der Stumme saß hinten neben mir und passte auf, dass ich keinen Unsinn machte, der Stinkende lenkte das Auto.

Während wir in der schwarzen Limousine zwischen Klütz und Grevesmühlen über die wunderschöne Baumallee glitten, eine der wenigen verbliebenen Straßen, an denen noch kilometerlange Kastanienbaumreihen beide Seiten der Fahrbahn säumen, spulte ich in meinem Innern in rasender Geschwindigkeit einen Film ab, den ich schon im Archiv wähnte. Es war ein Film aus meiner Studienzeit.

Vor mir erschien als Hauptdarsteller Eddy Neitzel in der Kluft einer psychiatrischen geschlossenen Anstalt. Ich hörte, wie er grinsend zu mir sagte: »Na, siehste, nun haben sie dich doch.«

Da wurde ich aus meinen Gedanken aufgeschreckt. Wir waren am Ziel.

Der Wagen hielt im Innenhof des unauffälligen Gebäudekomplexes, der im Zentrum der Kreisstadt lag und dem man seine Bestimmung von außen nicht ansehen konnte. Keine 100 Meter Luftlinie entfernt von hier hatte mein Schwiegervater seine Zahnarztpraxis. »Wenn der wüsste, dass ich hier gerade verhört werden soll«, dachte ich beiläufig.

Ohne Umschweife führte man mich ins Chefzimmer. Dort wurde ich begrüßt wie ein alter Bekannter, obwohl ich dieses Gebäude niemals zuvor betreten hatte.

»Ich sagte doch, dass wir uns wiedersehen werden«, begrüßte mich einer der beiden anwesenden Herren, sichtlich befriedigt von diesem gewichtigen Satz, aber auch von dem Überraschungseffekt, dessen er sich sicher war und der Wirkung, die er sich von seinen Worten versprach. Ich erkannte in meinem Gegenüber sofort den Untersuchungsführer jener ominösen Flugblattgeschichte von 1963, wegen der man mich 48 Stunden hinter den dicken Mauern des Staatssicherheitsgefängnisses in Rostock eingesperrt und gequält hatte. Nur trug er bei dieser Begegnung keine Uniform und hatte deshalb auch kein so schönes Lametta auf den Schultern – und war natürlich auch zwölf Jahre älter geworden.

So wie er heute dastand, war er eigentlich auch ein Nichts. Auch beim genauen Hinsehen konnte ich an ihm beim besten Willen nichts Schönes, nichts Markantes, nichts Hässliches, einfach nichts Auffälliges erkennen.

»Was doch so eine flotte, gut geschnittene, straff gebügelte Uniform ausmacht. Sie verbirgt geschickt den dicken, feisten Bauch, die krummen Beine, den fetten Nacken und die schlaffe Körperhaltung«, stellte ich mit geübtem Blick fest. Hatte er die schmucke Dienstkleidung meinetwegen abgelegt?

Während ich diese Gedanken zuließ, flaute das breite, unverhohlene und hinterlistige Grinsen meines »Gastgebers«, der extra aus Rostock herübergekommen war, um diesen Triumph zu genießen, langsam wieder ab. Neben ihm stand der Chef der Stasi-Kreisstelle Grevesmühlen, ein stämmiger, untersetzter Mann in den besten Jahren mit skrupellosem Gesichtsausdruck, vorspringenden, gut gepolsterten Wangenknochen, kalten, stechenden Augen und einem gewaltigen Nacken, der schätzungsweise die Kragenweite 54 verlangte.

Nachdem wir uns um einen runden Tisch gesetzt hatten, eröffnete er die Gesprächsrunde: »Sie wissen, weshalb wir Sie hierher bringen ließen?«

»Nein«, erwiderte ich kurz, »ich habe keine Ahnung.« Innerlich schäumte ich vor Wut und musste einfach noch hinzufügen: »Nur habe ich einmal mehr erfahren, dass Sie mit Menschen umgehen, wie es Ihnen in den Kram passt, wie mit Marionetten.«

»Werden Sie nicht unverschämt. Wir hätten Sie auch ganz anders abholen lassen können, oder haben Sie unser ›Rostocker Institut‹ schon vergessen«, drohte mir der Offizier ohne Uniform, »immerhin liegt hier ein Fall von unterlassener Anzeige eines schweren Staatsverbrechens vor.«

»Es geht hier um Sie, um Ihre politische Einstellung zu unserem Staat«, ergänzte der dicke Kerl mit dem Specknacken und zog seinen Kopf ein wie ein Raubtier vor dem Sprung. Dann sprach er betont sachlich: »Ihr Freund, Herr Jürgen Borchert, hat mit seiner Frau und seiner Tochter illegal die Republik verlassen. Das haben Sie gewusst. Sie kennen auch den Weg, Sie wissen, auf welche Art und Weise das geschehen konnte. Wir wissen auch, dass Sie der nächste sind, der Fluchtpläne schmiedet und unserer Republik den Rücken kehren will.«

Ich lächelte verkrampft und tat entsetzt: »Von unseren Freunden weiß ich nichts. Wir haben länger nichts von einander gehört, wie das so ist, wenn man viel arbeitet, Familie hat und nicht am gleichen Ort wohnt. Ich kann und will das gar nicht glauben, was Sie da sagen.«

»Sie lügen wie gedruckt und werden nicht einmal rot dabei«, fauchte mich wütend der dicke, athletische Kerl an, der in jede Schwergewichtsarena der Welt hineingepasst hätte, »wir observieren Sie schon längere Zeit und haben Zeugenaussagen dafür, dass auch Sie Fluchtabsichten hegen.«

»Ich weiß nicht wovon Sie sprechen, das sind alles Böhmische Dörfer für mich«, lenkte ich ab und spürte ein Rinnsal unter meinen Achseln, als ich blitzschnell recherchierte, dass die Observation, wenn sie wirklich in STASI-Perfektion stattgefunden hatte, sowohl den abendlichen Besuch von Shakes, als auch die Stippvisite von Kurt Maus zum Gegenstand der Diskussion machen könnte.

»Schicksal, nimm deinen Lauf, behalte die Nerven und wehre dich so gut du kannst. Die Beweise müssen die anderen bringen«, sprach ich mir Mut zu.

»Erinnern Sie sich noch an Herrn Neitzel?«, warf selbstgefällig der Bezirkschef ein, »damals haben die Beweise nicht ausgereicht. Heute haben wir Zeugenaussagen gegen Sie, die schwerer zu widerlegen sein dürften.«

»Blufft der nur?«, dachte ich und ging zur aggressiven Verteidigung über: »So gut wie ihr Ruf ist, scheint Ihre Abteilung ja doch nicht zu funktionieren. Sonst wüssten Sie, dass Ihr Kronzeuge von damals, Herr Neitzel, längst hinter verriegelten Türen sitzt – leider nicht im Gefängnis, sondern nur in einer geschlossenen psychiatrischen Anstalt, weil er Wahnvorstellungen hat. Ein medizinisches Gutachten bescheinigt ihm eine Schizophrenie.«

Das hatte seine Wirkung nicht verfehlt. Diesen Tiefschlag sah ich dem feisten, dicken Kerl rechts von mir an, und auch der Rostocker konnte nur schwer die Contenance wahren. Offensichtlich hatte er seinen ehemaligen Informanten aus den Augen verloren.

Nach meinen letzten Worten erhoben sich die beiden Genossen ohne Vorankündigung und forderten mich auf, durch die Verbindungstür in den Nachbarraum zu treten. Dort ließen sie mich allein.

Warum hast du nicht auf Shakes gehört?

Eigentlich war ich ganz froh über eine Verschnaufpause. Ich musste dringend meine Gedanken ordnen. Die Umstände, unter denen ich mich sammeln und neu konzentrieren wollte, waren allerdings symptomatisch für die Organisation, die mich wieder in ihren Klauen hatte. Ich saß zwar nicht in einer sechs Quadratmeter-Zelle, sondern in einem richtigen Zimmer. Doch hatten die Türen keine Klinken und es gab keine Fenster, aus denen man nach draußen gucken konnte. Etwas Tageslicht drang durch Lichtschächte in den Raum, die ganz oben an der Decke angebracht waren. Zu allem Überfluss gaffte mich die ganze Zeit ein blödes Fernsehauge an, das mir, wie von unsichtbarer Hand gelenkt, überall in diesem Raum folgte, in welche Ecke ich mich auch begab.

»So eine riesengroße Scheiße«, dachte ich, »wie ist es bloß möglich, dass ich mich immer wieder mit diesen Typen von der Staatssicherheit auseinandersetzen muss? Können die mich denn nicht friedlich arbeiten und meine Familie und mich einfach in Ruhe lassen?« Ich war wütend und verzweifelt, gleichzeitig aber so hilflos, dass ich am liebsten losgeheult hätte. Stattdessen kauerte ich mich in eine Ecke und versuchte meinen zitternden Körper zur Ruhe zu zwingen. Es war ihnen wieder einmal perfekt gelungen, mir das Gefühl zu vermitteln, ihnen völlig ausgeliefert zu sein. Ich fühlte nur noch Hass gegen alles, was mit diesem Staat zusammenhing. So saß ich da in einer Ecke wie ein Häuflein Unglück und zermarterte mein Hirn bei der Suche nach einem Ausweg aus diesem Dilemma. Ich merkte jedoch sehr bald, dass ich mit meinem Grübeln nicht weiter kam. Ich wusste zu wenig darüber, was man konkret gegen mich in der Hand hatte. Meine Gedanken drehten sich im Kreis.

Plötzlich fiel es mir wie Schuppen von den Augen: Shakes hatte mehrfach in meiner Anwesenheit mit zwei befreundeten Ärzten ganz allgemein über Flucht in den Westen gesprochen und Gespräche zugelassen, die unter geheimdienstlichen Gesichtspunkten mit vielen Jahren Haft bestraft worden wären. In Details war ich nicht eingeweiht, zumal ich damals keine Fluchtabsichten für meine Familie und mich hegte. Die Diskussionen mit den beiden Kollegen aus Wismar – sie hießen Köhn und Hörner** – drehten sich immer darum, dass es auf Dauer nicht auszuhalten sei, stets und ständig an ein und demselben Ort leben zu müssen, nicht reisen und sich nicht frei in der Welt bewegen zu können. Sie wollten um jeden Preis in den Westen.

Ich hatte zu diesem Zeitpunkt keine Ahnung, was aus den beiden geworden war, ob sie mit Shakes gemeinsam geflohen, oder ob sie womöglich bei einem Fluchtversuch geschnappt worden waren. Bei dem letzten Gedanken schauderte es mir. Ich spürte, wie ich zu schwitzen anfing. So sehr ich mich auch bemühte, die aufkommende Angst beherrschte mich mehr und mehr.

Da wurde plötzlich die Tür geöffnet und jemand brachte etwas zu essen. Der hagere Bedienstete, der mir den Broiler hinstellte – so nannte man in der DDR gegrillte Hähnchen – sah kläglich aus. Mit seinen eingefallenen Wangen und den tiefen Rändern unter den Augen, der farblosen, grauen Haut eines Kettenrauchers und einem gehörigen Untergewicht – sicher wog er keinen Zentner – vermutete ich eine ernste Krankheit. Vielleicht hatte er ein Magen- oder Zwölffingerdarmgeschwür, wenn nicht gar etwas Schlimmeres. Doch bei mir regte sich kein Mitleid. Seine Statur erinnerte mich an den lauwarmen Gummiadler auf meinem Teller, der nur noch ein wabbeliges Etwas war. Der Appetit verging mir. Ich ekelte mich und musste schon würgen, wenn ich mir vorstellte, das Zeug zu essen. Den Pappteller rührte ich nicht an.

Die Pause hatte sich schon über mehr als drei Stunden hingezogen, ohne dass etwas passierte. Langsam wurde ich unruhig. Ich

** Namen geändert

dachte mir schon, dass die Burschen wieder einmal auf Zeit spielen würden und mich nervös und unsicher machen wollten. Das war ihnen ja auch gelungen. Meine Gedanken weilten bei meiner Familie. Ich fühlte mich ganz dicht bei ihr. Was würden die Kerle dort veranstalten? Würden sie es wagen, Heide zu verhören? Sollten sie versuchen, uns gegen einander auszuspielen? Wie würden die Kinder reagieren? Immerhin sind sie schon zehn Jahre alt und nicht auf den Kopf gefallen.

Doch meine innersten Gedanken kehrten immer wieder zu Shakes zurück. Warum hatte ich nicht auf ihn gehört? Wie er könnte ich jetzt mit meiner Familie im Westen sein und ein neues Leben in Freiheit beginnen. Stattdessen klammerte ich mich an die fragwürdigen Beteuerungen eines Staates, der immer aufs Neue zeigte, dass er sich gegen mich stellte. So gefährdete ich meine ganze Familie. Shakes hatte Recht. Er wusste schon, warum er diesen Schritt gegangen war. Was hatte der alles im Stich gelassen. Da war neben der tollen Wohnung das Wochenendhaus an der Ostsee. Er hatte sich in Hohen-Wieschendorf, unmittelbar in Ostseenähe, ein paar Fahrradminuten vom Strand entfernt, eine Oase des Friedens und der Ruhe errichtet. Na gut, er war Bauingenieur und hatte exzellente Beziehungen und kam an alle Baumaterialien heran. So wurde nur ausgesuchtes Lärchenholz verarbeitet. Das mit Reet gedeckte kleine Haus, dessen spitzes Dach erst 50 cm über dem Erdboden endete, war ein typisches Finnlandhaus, das optisch geschmeidig aussah und gut in die Landschaft passte. Innen waren Bad und Küche mit geschmackvollen blau-weißen Fliesen ausgearbeitet. Das geräumige Wohnzimmer, dessen Fußboden feinste Panelen besaß, öffnete sich mit seiner großen, dreieckigen Glastür nach Südwesten mit dem Blick in die unbebaute, grüne mecklenburgische Landschaft. Und alles hatte er – von Handlangerarbeiten abgesehen – mit eigenen Händen geschaffen. Damit nicht genug. Shakes hatte sich am Schweriner See ein gediegenes Bootshaus auf Pfählen gebaut, in dem nicht nur seine schnittige Segeljacht untergebracht war, sondern auch eine Sommerwohnung für schöne Tage, in der er selbst mit seiner

Familie übernachten oder Freunde beherbergen konnte. Über die vielen anderen schönen Dinge, von denen der Normalsterbliche nur träumen kann, wollte ich gar nicht mehr nachdenken. Ein Mensch mit gesundem Verstand musste sich angesichts solchen Wohlstands und solch positiver Lebensumstände doch ernsthaft die Frage stellen, was passieren muss, wenn jemand all das aufgibt und seine Heimat verlässt.

In diesem Moment meines Elends konnte ich das alles nachvollziehen. Nichts zählt mehr, wenn einem die Luft zum Atmen genommen wird. Nur so ist das zu begreifen. Doch für mich war das alles zu spät. Ich musste zusehen, wie ich aus den Fängern der Häscher wieder herauskam.

Mich würgte es im Hals. Die Umstände, unter denen ich hier eingesperrt war, machten mir in zunehmendem Maße zu schaffen. Von meinem angeborenen Optimismus war nicht mehr viel übrig geblieben. Angesichts der erdrückenden Realität machten sich düstere Gedanken breit. Unter solchen Umständen stößt der Mensch an die Grenzen seiner psychischen Belastbarkeit. Was kann und will der einzelne ertragen? Wann fängt er an sich zu arrangieren, zu verändern, sich dabei selbst etwas vorzumachen? Die meisten Menschen lebten in der DDR doch nach dem Grundsatz: »Hier leben wir, also müssen wir mit den Wölfen heulen.« Dabei verschwinden im Laufe der Jahre jegliche Skrupel, bis sich das Verhalten schließlich angepasst hat. Mir war zum Weinen zumute. Aber ich wollte nicht heulen, weder mit den Wölfen, noch aus einem anderen Grunde.

Endlich war die Wartezeit vorbei. Mitten in meine tristen Gedanken platzten die beiden Stasi-Bosse. Sie holten mich wieder nach nebenan. Dort war die Atmosphäre doch etwas wärmer, die Wände nicht ganz so weiß und kahl, sogar Gardinen hingen vor den Fenstern. An der Wand hinter dem Schreibtisch prangte natürlich das obligatorische Bild des politischen Führers, eingerahmt von rotem Fahnenstoff. Nur hatte seit meiner ersten Begegnung mit der Staatssicherheit Erich Honecker seinen Ziehvater Walter Ulbricht abgelöst.

»Wir haben Ihre Frau hierher holen lassen und vernommen«, eröffnete der Stiernacken die neue Diskussionsrunde, ohne mich bei seinen Worten auch nur eine Sekunde aus dem Blickwinkel zu verlieren. Er beobachtete jede Regung von mir. Und ich machte kein Hehl aus meiner Erregung.

»Sie scheuen wohl vor nichts zurück«, schrie ich ihn an und spürte, wie mir die Wut zu Kopfe stieg. Ich musste mich gewaltsam bremsen und zur Ruhe zwingen. Kannte ich doch mein Temperament am besten und ahnte, dass ich mir mit einem allzu großen Gefühlsausbruch und unkontrollierten Äußerungen nur schaden würde.

»Wir tun nur unsere Pflicht«, erwiderte der Rostocker trocken und fügte ohne Zögern im gleichen Atemzug hinzu: »Ihre Frau hat alles zugegeben und rät Ihnen dringend, das auch zu tun. Dann können wir gemeinsam nach einer Lösung suchen, wie Sie aus diesem Schlamassel herauskommen. Denken Sie doch auch an Ihre Kinder, vergessen Sie bei allem nicht, welch gute Position Sie möglicherweise aufs Spiel setzen.« Bei diesen Worten war ein wohlwollendes, einschmeichelndes Lächeln auf seinem nicht mehr ganz jungen Gesicht, das wahrlich nichts Vertrauen erweckendes hatte, zu erkennen.

»Du kannst mich mal«, dachte ich und leugnete vehement jegliche Kenntnis vom Fluchtvorgang unserer Freunde. Ich wies auch die Behauptung, selbst mit meiner Familie in den Westen fliehen zu wollen, als üble Unterstellung zurück. Ich hatte das verdammte Gefühl, der Kerl wollte mich mit allen Mitteln in seine Abhängigkeit bringen. Deshalb provozierte ich ihn mit meiner Antwort und entgegnete, meine Frau könne ihm gar nichts gesagt haben, weil es nichts gäbe, das sie ihm hätte sagen können. Das war waghalsig von mir, denn ich konnte zu diesem Zeitpunkt nicht ermessen, was für Beweise die beiden gegen mich im Köcher führten. Ich setzte alles auf eine Karte, denn eines wusste ich genau: Wenn Heide sagt, sie schweigt, dann bekommt niemand auch nur ein Sterbenswörtchen aus ihr heraus. Das war für mich so sicher wie das Amen in der Kirche.

Die beiden Stasi-Leute warfen sich einen vielsagenden Blick zu. Dann ergriff der alte Rostocker wieder das Wort und sah mich dabei äußerst konzentriert und aufmerksam an, damit ihm ja keine meiner Reaktionen entgehen möge: »Wir verlesen Ihnen jetzt ein Vernehmungsprotokoll des Untersuchungshäftlings Hörner.«

Bei diesen Worten durchzuckte es mich eiskalt. Daher wehte also der Wind. Diese beiden, die Kollegen Hörner und Köhn und ihre Familien hatten die Schurken also geschnappt, und Hörnchen, wie wir ihn nannten, hatte die Hose gestrichen voll gehabt und gegen uns ausgesagt. Der war immer ein bisschen weichlich gewesen, den hatte die Bande sicherlich im Nu umgekrempelt. Das veränderte die Situation total, aber ich musste weiter leugnen, koste es, was es wolle. Da hieß es im Protokoll unter anderem: »Ich habe in Vorbereitung meiner Republikflucht, die ich gemeinsam mit Köhn und Borchert geplant habe, wiederholt mit Dietrich von Maltzahn in dessen Haus über unser Vorhaben gesprochen. Die Eheleute von Maltzahn haben selber Fluchtabsichten, wissen nur noch nicht, zu welchem Zeitpunkt sie die DDR verlassen wollen.«

»Und dann steht hier noch ein kleiner Zusatz, den ich Ihnen auch nicht vorenthalten möchte«, frohlockte der Greis:

»Lieber Dietrich. Uns hat man geschnappt. Die wissen alles, und so hat es gar keinen Zweck, dass ich leugne oder mich in Schweigen hülle. Außerdem hat man mir versprochen, dass ich in der U-haft Vergünstigungen bekomme, wenn ich klare und ehrliche Aussagen mache. Ich hoffe, du verstehst das.«

»Das ist ja alles erstunken und erlogen«, brachte ich empört heraus, »der will nur Vorteile für sich haben, das sagt er doch selbst. Außerdem haben wir uns nicht so besonders gut gekannt, sahen uns vielleicht zwei Mal im Jahr, wenn wir Borcherts in ihrem Wochenendhaus besuchten«. Jetzt lagen die Karten auf dem Tisch.

Die beiden Stasi-Leute mussten entscheiden, ob sie die Aussage benutzen wollten, mich in Haft zu nehmen oder nicht. Auf jeden Fall stand hier Aussage gegen Aussage, und Köhn hat offensichtlich nichts Derartiges verlauten lassen. Von ihm war zu keinem Zeitpunkt die Rede. Der war auch aus anderem Holz geschnitzt, ein ganz anderer Typ.

Die Vernehmung dauerte noch eine ganze Weile. Man versuchte mich mit der Androhung eines Berufsverbots einzuschüchtern. Doch andere Erkenntnisse gegen mich lagen offensichtlich nicht vor. Zum Glück war sowohl der abendliche Abschiedsbesuch von Shakes als auch das plötzliche Auftauchen von «Mucker-Maus« mit der Hiobsbotschaft von Shakesens geglückter Flucht unerkannt geblieben.

So musste man mich wider Willen gehen lassen. Dabei gab man sich großzügig und jovial und vergaß nicht darauf hinzuweisen, dass dieses nicht die letzte Unterredung gewesen sei: »Wir bleiben am Ball, sehen uns bald wieder«, verabschiedeten mich der Stiernacken und der alternde Behördenchef aus Rostock.

Ich tauchte aus meinen Erinnerungen in die Gegenwart auf, als der Leipziger Ziviloffizier wieder seinen Platz mir gegenüber eingenommen hatte.

Ich offerierte ihm die von mir gewählte und für geeignet gehaltene Kurzfassung meiner Erfahrungen mit dem Staatssicherheitsdienst der DDR. Er kommentierte nur kurz: »Dann haben Sie schon einiges mit uns erlebt und müssen zugeben, dass Sie letztendlich doch immer fair behandelt wurden, oder entstanden Ihnen irgendwelche Nachteile?«

Fluchtpläne

Was wusste der sächsische Staatssicherheitsoffizier schon davon, wie es in uns ausgesehen hatte, nachdem wir damals von diesem Mammutverhör aus Grevesmühlen nach Hause zurückgekommen waren. Ich erinnerte mich noch genau an diesen Abend...

Es war wohl 22 Uhr 30 geworden, als ich endlich zu Hause angekommen war. Jetzt spürte ich die Erschöpfung, die Anstrengung des Tages in meinen Knochen und im ganzen Körper. Trotzdem waren wir erleichtert. Zunächst war der Kelch noch einmal an uns vorübergegangen. Heide und ich nahmen uns nur stumm in die Arme, sprachen kein Wort, zogen uns warme Sachen an und gingen noch einmal über den Mittelweg zum Strand, um ein paar Schritte an der frischen Luft zu gehen und die Anspannung des Tages abgleiten zu lassen. Aber wir wollten auch unbeobachtet mit einander sprechen.

Was war das für ein Tag! Wir schwiegen zunächst, gingen lange wortlos neben einander her und achteten argwöhnisch auf jeden Passanten. Ohnehin verstanden wir uns blind in allen entscheidenden Situationen, und heute – was war dem noch hinzuzufügen...

Über den Strand fegte ein eisiger Wind. Unsere Gesichter gefroren, und das Gefühl für die Äußerlichkeiten des Lebens schien in der Kälte zu erstarren. Wir marschierten stramm eine gute halbe Stunde am Strandweg in westlicher Richtung, bis wir in Redewisch angekommen waren, unmittelbar an der Stelle, wo ein mobiles Dieselaggregat jeden Abend in rhythmischen Abständen einen grellen Lichtstrahl auf die Ostsee schickte. Sein messerscharfer Lichtkegel machte jede kleinste Unebenheit auf der Wasseroberfläche sichtbar. Je stürmischer es war und je ungestümer das

Meer tobte, desto ursprünglicher, gewaltiger und bizarrer war das Bild, das sich dem Betrachter bot. Der Zweck dieser nächtlichen Beleuchtungsaktion war bei weitem nicht die Offenbarung dieser ganz besonderen Natur mit ihren hüpfenden Schaumköpfen, die sich in den brechenden Wellen verloren. Nein, in der DDR es ging immer nur um das eine, um Sicherheit, Abgrenzung, Einschüchterung, um Demonstration von Macht.

Es galt Fluchtfahrzeuge oder gar Schwimmer aufzuspüren, deren Ziel es war, nachts die Ostküste von Schleswig-Holstein zu erreichen. Dabei wurde schon jeder verhaftet, der mehr als 150 m mit einer Luftmatratze herausschwamm oder – wenn er im Grenzbezirk wohnte – auch nur ein kleines Boot besaß.

Fasziniert betrachteten wir die phänomenale Lichttechnik. Der grelle Strahl zerriss die Nacht, änderte beliebig die Entfernung und konnte dem Meer durch Bündelung selbst bei sehr bewegter See viele Geheimnisse entlocken.

Diese Technik war beeindruckend. Wenn sie nur nicht so sinnentfremdet missbraucht worden wäre! Ihr Einsatz wäre segensreich bei der Bergung Schiffbrüchiger oder in Seenot geratener Menschen. Hier aber wurde sie angewendet, um Menschen daran zu hindern über das Meer in die Freiheit zu fliehen.

Wie oft bin ich in den zurück liegenden Jahren als Arzt im Dienst gerufen worden, um bei Ertrunkenen den Tod amtlich festzustellen und zu bescheinigen. Es waren immer junge Leute in den hoffnungsvollsten Jahren, deren verweste Körper etwas weiter westlich von Boltenhagen an der Brooker Höhe vom Nordwestwind angeschwemmt worden waren, anonym, ohne Personalausweis, bis zur Unkenntlichkeit entstellt. Die mazerierte Haut hing in Fetzen von den toten Körpern herab, deren aufgedunsene Leiber übel rochen und aufgebläht waren wie Riesenluftballons.

Die von Natur, Zeit, Bakterien und Temperatur, vielleicht auch durch Fischfraß veränderten Körperreste hatten nicht mehr viel Ähnlichkeit mit einem Menschen, dem differenziertesten Wesen, welches das Universum hervorgebracht hat.

Meine ärztlichen Befunde traf ich nicht für mich alleine. Wenn beispielsweise eine Meldung kam: »Männliche Leiche am Strand von Brook gesichtet«, trat jeweils eine Abordnung von etwa zehn Personen den Weg dorthin an. Es gehörten der Staatsanwalt, mindestens zwei Staatssicherheitsleute in Zivil, der ABV, das heißt der abschnittsbevollmächtigte Volkspolizist, ein Kriminalbeamter, mehrere Armee-Angehörige der »Grenzbrigade Küste«, die den Weg durch das meist unwegsame Gelände bahnen mussten, dazu, sowie ein Arzt zur formellen Feststellung und Attestierung des Todes. Hinzu kamen zwei Mitarbeiter eines Beerdigungsinstitutes, die den Toten schließlich bergen mussten, um ihn dann einer gerichtsmedizinischen Obduktion zuzuführen.

Ich erinnere mich noch sehr gut an solche Einsätze. Einmal wurde ich in einer Dienstwoche dreimal zur Bergung und Registrierung einer Wasserleiche angefordert. An diese Arbeit konnte ich mich nicht gewöhnen. Sie war auf immer neue Weise grausam und versetzte mich gleichzeitig in Wut und Trauer. Mich kostete es stets Überwindung, einem solchen Vorgang beizuwohnen. Unerträglich jedoch waren die Sprüche, die salopp und abfällig über die bedauernswerten Menschen gemacht wurden, die vom Meer tot an den Strand gespült worden waren. So äußerte unser Ortspolizist großmäulig mit verächtlichem Blick auf die Wasserleiche: »Geschieht ihm recht, so erbärmlich abzusaufen, hat er doch unsere Republik, uns alle verraten.« Dabei blickte er beifallsuchend in die Runde und bekam auch Blickkontakt mit mir. Als sich unsere Augenpaare gefunden hatten – ich stand nur anderthalb Meter von ihm entfernt – musste er meinen angewiderten, erschrockenen Gesichtsausdruck gerade noch wahrgenommen haben, bevor ich ihm in hohem Bogen vor die Füße kotzte und seine Uniform und Stiefel beschmutzte.

Was mag in diesen verzweifelten Menschen vorgegangen sein, als sie – das nahe Ziel vor Augen – den Todeskampf mit der unbarmherzigen See gefochten hatten? Unterkühlt im Wasser, ohne die notwendige Kraftreserve, um die rettende Westküste erreichen zu können, ertranken sie jämmerlich, weil sie einerseits die Strömungsverhältnisse der Lübecker Bucht nicht kannten, zum anderen die Entfernung der zum Greifen nah erscheinenden schleswig-holsteinischen Küste falsch einschätzten.

Ein ehemaliger Kommilitone, Peter D., hatte sich mehr als ein Jahr auf seine Flucht vorbereitet, die er über den Wasserweg von Kühlungsborn in Richtung Westen dann auch tatsächlich antrat. Geschützt durch einen temperatur- und wasserabweisenden Neoprenanzug schwamm er zum Training jede Woche viele Dutzend Kilometer in der Ostsee, bevor er bei günstigen Wetterbedingungen die Flucht wagte – und sein Ziel erreichte. Bei seinen zahllosen Übungseinheiten in Warnemünde oder Kühlungsborn war er oft kontrolliert worden. Er konnte sich als Rostocker ausweisen, und man glaubte ihm mit der Zeit, dass Langstreckenschwimmen sein Hobby war und ließ ihn gewähren.

Am Tage sah man von uns in Boltenhagen mit bloßem Auge die Küste Schleswig-Holsteins und glaubte, es sei nur ein Steinwurf bis zur Fahrrinne, in der die großen, weißen Fährschiffe nach Skandinavien fuhren. Regelmäßig glitzerten am Himmel die Kondensstreifen von Flugzeugen, die auf der Vogelfluglinie gen Kopenhagen flogen.

In Gedanken versunken standen wir so geraume Zeit am Strand, als abrupt der Lichtstrahl erlosch und der Dieselmotor erstarb. Inzwischen war Sturm aufgekommen, einer dieser typischen Novemberstürme, die Kaltluft, viel Regen und in manchem Jahr auch frühen Schnee brachten. Er blies die letzten Blätter von den Bäumen und fegte sie raschelnd ins Gebüsch.

Für uns begann an der Küste nun die Einsamkeit der kalten Jahreszeit. Einerseits war es eine beschauliche Zeit der Besinnung, in der wir die Hektik der Sommersaison ablegen konnten. Zum anderen bedeutete sie eine Phase der Entbehrungen. Die Abgeschiedenheit von anderen Menschen, von kulturellen Ereignissen, die Entfernung zu Freunden machte uns die zwiespältige Lebenssituation in dem kleinen Dorf an der Ostsee in der dunklen Zeit des Jahres sehr deutlich.

Uns war kalt geworden. Unsere Blicke verloren sich in der Weite des schwarz-grauen Meeres. Als sie sich begegneten ahnten wir wieder einmal, was der andere gerade dachte. Hat das etwas mit Seelenverwandtschaft oder Telepathie zu tun? Oder gibt es Stoffe bei Menschen, die Signale aussenden, ähnlich den Pheromonen bei Tieren? Solche Soziohormone werden nicht aus Drüsen abgegeben, übermitteln jedoch bereits in sehr geringen Konzentrationen bei Lebewesen mit bestimmter Sensibilität manche Informationen. Ein Phänomen in der Physiologie, das durchaus noch nicht ausreichend erforscht ist. Unsere getrennt von einander arbeitenden Köpfe kamen zeitgleich zum selben Schluss. Wir sagten beide wie aus einem Mund: »Hier können wir nicht bleiben, wir müssen weg, egal wie. Hier jedenfalls können wir nicht ewig leben. Das sind wir unseren Kindern schuldig.«

Glücklich und beseelt von der Übereinstimmung unserer Gefühle und Erwartungen gingen wir gelöst nach Hause.

Wir nahmen uns vor, in Zukunft keinerlei Aufmerksamkeit zu erregen und so unauffällig wie möglich unseren Pflichten nachzugehen. Doch bei jedem Kilometer, den ich in meinem PKW zurücklegte, folgte mir ein »Schatten«.

Es war grotesk: Was erwarteten die von mir? Ich war doch nur ein ganz kleines Licht, überhaupt nicht wichtig. Was machten die wohl erst mit denen, die wirklich eine potentielle Gefahr darstellten? Oder war es nur eine Demonstration von Macht, Observation um jeden Preis mit dem Ziel Menschen einzuschüchtern?

Am nächsten Wochenende kam mein Bruder Fritz im Rahmen des kleinen Grenzverkehrs aus Lübeck zu Besuch. Er berichtete uns zunächst, dass es Shakes und seiner Familie gut ging.

Fritz lebte seit 1957 in Lübeck bei unserem Vater, nachdem er noch für den Preis einer S-Bahnfahrkarte in Berlin von Ost nach West fliehen konnte. Er hatte ein sehr gutes Abitur hingelegt und durfte trotzdem nicht studieren. Seine Flucht war das Ergebnis der Chancenungleichheit in der DDR.

»Lass uns ein Stück am Strand spazieren gehen«, forderte ich Fritz auf. Da die Stasi-Spitzel sogar mit Richtmikrophonen in den Dünen lagen, um die Gespräche der Spaziergänger einzufangen, waren wir besonders wachsam und umsichtig. Ich machte ihm klar, dass wir hier im Osten auf gar keinen Fall weiterleben wollten: »Man kann nicht ständig in Alarmbereitschaft leben, jedes Wort auf die Goldwaage legen, immer gewärtig, das kritische Auge des Sozialismus, die Staatssicherheit, könnte etwas Systemwidriges entdecken. Außerdem müssen wir täglich damit rechnen, wegen Shakes' Flucht erneut verhört zu werden. Das ist keine Lebensperspektive für uns. Wir sind auch unter Risiken bereit in den Westen zu fliehen«, gab ich ihm mit auf den Weg, als er uns abends verließ.

Fritz, eigentlich heißt er ja Friedrich, aber das war für uns als Kinder zu umständlich auszusprechen gewesen, nahm zur Kenntnis, was ich ihm anvertraut hatte und versprach, sich nach Fluchtmöglichkeiten für uns zu erkundigen. Als er das nächste Mal kam, hatte er schon ein perfektes System der telefonischen Geheimverständigung ausgearbeitet. Im Eiltempo lernte ich einige neue Vokabeln und ihre Bedeutung. Fiel im Telefongespräch das Wort »ortsabwesend«, war höchste Aufmerksamkeit geboten. Wurde dann anschließend im Zusammenhang mit dem Begriff »Kino« etwas Negatives gesagt, war die Entwicklung unserer Pläne nicht günstig. Hatte man im Kino aber einen sehr guten Film gesehen, durften wir voller Hoffnung sein. Dann lief alles nach Plan.

Seine Asthmakrankheit baute mein Bruder geschickt in den Katalog der verschlüsselten Begriffe ein. Wenn ein Treffpunkt beispielsweise um 15 Uhr anberaumt war, hieß das: »Zur Zeit muss ich 15 mg Kortison einnehmen, damit ich genug Luft bekomme.«

So hatten wir für verschiedene Ereignisse jeweils bestimmte Codes verabredet, die uns eine schnelle und unverfängliche Übermittlung wichtiger Informationen erlaubte. Ich sagte ihm beispielsweise am Telefon: »Ich war neulich auf einer *Party*. Als wir zurückkamen, hatten *Straßengören* unseren Vorgarten verwüstet.« Hier stand »Party« für Verhör und »Straßengören« für STASI. Ein anderes Beispiel wäre:

»An meinem *Geburtstag* werde ich wohl in ein *Violinkonzert* gehen.« »Geburtstag« bedeutete »Verhaftung« und »Violinkonzert« musste mit »Berufsverbot« übersetzt werden.

Nach einem solchen Gespräch wusste mein Bruder, dass ich erneut von der STASI verhört worden war und dass ich mit einer Verhaftung und Berufsverbot rechnen musste. So war ein umfangreiches Verzeichnis von Geheimworten mit doppelter Bedeutung entstanden.

Viel später, als ich meine Akten bei der Gauck-Behörde einsah und kilometerlange Abhörprotokolle unserer Telefongespräche gelesen hatte, stellte ich mit großer Genugtuung fest, dass niemand Anstoß an unserem privaten Übermittlungssystem genommen hatte. Es war unbemerkt geblieben.

Verhör in Leipzig

Während ich meinen eigenen Gedanken nachhing, hatte der Untersuchungsführer im Leipziger Sicherheitstrakt der Staatssicherheitsuntersuchungsanstalt in bewundernswerter Kleinarbeit alles zu Protokoll gebracht, was ich ihm bisher erzählt hatte und dabei auch tatsächlich nichts verändert oder hinzugefügt. Ich musste alles noch einmal lesen und dann mit meiner Unterschrift bestätigen.

Aber wenn ich glaubte, dass es damit getan sei, hatte ich mich geirrt.

»Sie haben mir ja einige Erklärungen für Ihre Unzufriedenheit gegeben und ich zweifele auch nicht daran, dass Sie wahrheitsgemäß ausgesagt haben, doch Sie sind mir bisher schuldig geblieben, mit welcher Schleuserorganisation Ihre Familie von der DDR in den Westen gelangen sollte. Außerdem interessiert uns, wie Sie von der Ostsee nach Leipzig gekommen sind«, hakte forschend der Geheimpolizist nach.

Ich war todmüde. Der Tag hatte uns alle sehr angestrengt, und es fiel mir in zunehmendem Maße schwer, mich zu konzentrieren.

»Über die Schleuser kann ich keine präzisen Angaben machen«, fuhr ich fort, »da man uns keinen Namen genannt hatte. Mein Bruder informierte uns dahingehend, dass wir heute, am 22. 11. 1975, pünktlich um 10 Uhr vormittags auf Bahnsteig 2 des Leipziger Hauptbahnhofs sein sollten. Dort würden wir von einem Unbekannten angesprochen werden mit der Frage: ›Können Sie uns sagen, wie ich zur *Thomaskirche* komme?‹ Ich sollte dann antworten: ‚Es tut mir leid, aber ich bin hier *ortsunkundig*`. Die Worte *Thomaskirche* auf der einen und *ortsunkundig* auf der anderen Seite waren als Erkennungszeichen verabredet, bevor dann weitere Anweisungen folgen sollten.«

»Und wie hat sich das heute nun abgespielt?«, fragte mein Gegenüber zurück, ohne dabei einen gewissen Sarkasmus unterdrücken zu können.

»Dass sich unsere Vorstellungen nicht erfüllt haben, wissen Sie, sonst wäre ich jetzt nicht hier«, antwortete ich gereizt, »doch um die Frage zu beantworten, muss ich zugeben, dass nicht irgend jemand auf uns zu kam und die ominöse Frage nach der Thomaskirche stellte, sondern dass sich zwei Bahnpolizisten vor uns aufpflanzten, sich von meiner Frau und mir die Personalausweise zeigen ließen und angesichts unseres Wohnsitzes im Norden nach unseren Absichten auf dem Leipziger Bahnhof fragten. Ich antwortete geistesgegenwärtig: ›Wir wollen unseren Kindern den größten Sackbahnhof Europas zeigen‹. Damit gaben sich die beiden Blauuniformierten zufrieden, wünschten uns einen guten Tag und ließen uns allein.«

Bei dieser Erzählung sah ich uns in der riesigen Bahnhofshalle den Polizisten gegenüber, jeden Moment gewärtig, verhaftet zu werden. Das Herz schlug mir bis zum Hals, als ich ihnen geantwortet hatte, während um uns herum Züge in kurzen Abständen laut krachend ein- und ausfuhren und hastende, drängelnde Menschen, kreischende Bremsen, quietschende Räder, hohl hallende Echos aus Lautsprecheranlagen, Dampf und Qualm und Mief und Puff das Geschehen bestimmten.

Ich sagte weiter: »Aus der Erstarrung erwacht, verließen wir den Bahnhof auf dem schnellsten Wege.« Bei diesen Worten kehrte noch einmal das ängstliche, bedrückende Gefühl zurück, das sich angesichts der drohenden Gefahr auf dem Bahnsteig in mir breit gemacht hatte. Mir war schwarz vor Augen geworden, und mein Herz hatte gerast als wollte es aus meinem Brustkasten herausspringen.

Die Hetzjagd durch Leipzigs Straßen mit der anschließenden Verhaftung und der abrupten Trennung von meiner Familie lastete als zentnerschwere Schuld auf mir.

Ich gönnte mir eine Verschnaufpause und fuhr dann langsam fort: »Doch bemerkten wir an jeder Straßenecke, nachdem wir den Hauptbahnhof verlassen hatten, dass wir observiert wurden. Wir bestiegen unser Auto und fuhren wahllos durch Leipzigs Straßen, eigentlich noch in der Absicht, den Verfolgern zu entkommen und die Rückfahrt nach Hause anzutreten. Wie das Rennen dann ausgegangen ist, brauche ich ja nicht näher zu beschreiben. Das kennen Sie ja.«

»Wie war es aber möglich, dass Sie unbemerkt mit den Kindern, die ja eigentlich gestern zur Schule mussten, zu Hause starten und die über 400 km lange Strecke hierher zurücklegen konnten?«, erkundigte sich der Vernehmungsoffizier weiter hartnäckig.

»Sie haben ja bemerkt, dass ich an diesem Wochenende 35 Jahre alt werde. Aus diesem Anlass habe ich beim Direktor der Schule um eine Freistellung für unsere Töchter gebeten. Dadurch konnten wir schon gestern hierher fahren, in einem Hotel übernachten und den Termin auf dem Bahnhof pünktlich einhalten«, schloss ich meine Aussage ab. Nachdem auch diese letzten Sätze protokolliert waren, beendete der STASI-Mann das Verhör und ließ mich abführen. Es war deutlich nach Mitternacht, als mich ein Soldat in eine dieser kleinen Zellen der Untersuchungshaftanstalt trieb. Dort ließ ich mich sofort auf die Pritsche fallen und hoffte einzuschlafen.

Die schlimmste Autofahrt meines Lebens

Nach kurzer Zeit – ich hatte wohl noch keine Stunde gelegen – wurde ich durch lautes Klappern an der Tür unsanft aus dem ersten Schlaf gerissen.

»Mitkommen«, lautete der einsilbige Befehl.

Da ich in meinen eigenen Sachen auf der Liege geschlafen hatte, brauchte ich nur aufzustehen, in die Schuhe zu schlüpfen und hinter dem Uniformierten herzulaufen. Wir traten auf den Innenhof des Gebäudekomplexes. Es war bitterkalt, und ich fror erbärmlich. Bereits am Tage hatte das Außenthermometer in meinem Auto minus 20° Celsius angezeigt.

Wir standen vor einem »Barkas«, einem kleinen Lieferbus. Er war so umgebaut, dass sein Innenraum in mehrere kleine Kabinen aufgeteilt war. Ich wurde in eine dieser Kammern gepfercht und stellte entsetzt fest, dass der Innenraum für mich viel zu klein war. Versuchte ich aufrecht auf der schmalen Holzbank zu sitzen, stieß mein Kopf an die Decke, beugte ich mich vor, knallte meine Stirn an die Vorderwand. Also musste ich in gebeugter Haltung ausharren. Meine Beine hatten nicht den geringsten Bewegungsspielraum, ich konnte sie weder ausstrecken noch beugen. Der Raum war unbeleuchtet, und vom Boden schlich Eiseskälte an mir hoch.

Es folgte die schlimmste Autofahrt meines Lebens.

Inzwischen schrieb man den 23. November. Ich hatte Geburtstag. Ein wehmütiges Gefühl überkam mich. Ich hatte mir diesen Tag wahrlich anders vorgestellt. Anstatt im Westen mit meiner Familie den Start in ein neues Leben und ein neues Lebensjahr zu feiern, saß ich tiefgekühlt im Verschlag eines STASI-Transporters, der mich in irgendein anderes Gefängnis bringen würde.

Der Frost der vergangenen Nacht hielt an. Schon nach etwa einer Stunde waren meine Beine bis zur Hüfte abgestorben, ich spürte sie nicht mehr. Nur ab und zu erschien im Spion vor mir in der Tür ein kaltes Auge, das ein dazugehöriges grinsendes Gesicht vermuten ließ. Nach Bruchteilen einer Sekunde fiel die Klappe wieder zu, und ich war mit mir und meinen trüben Gedanken allein. Endlich sprang der Motor an, und das unbequeme Vehikel setzte sich langsam in Bewegung.

Während das Fahrzeug, dessen Fahrwerk nicht besonders gut gefedert war, über die winterlichen Straßen holperte, erinnerte ich mich an das vergangene Jahr, an einzelne Vorgänge, die sich nach unserer unumstößlichen Entscheidung in den Westen fliehen zu wollen, ereignet hatten.

Wie oft hatten wir unsere wichtigsten Sachen zusammengerafft, den Kindern unter irgendeinem Vorwand einen Ausflug schmackhaft gemacht und waren in unserem Auto zu dem Ziel gestartet, das uns von meinem Bruder entweder persönlich oder über unseren Telefoncode mitgeteilt worden war. Meistens führte uns der Weg nach Berlin. Dort hatte die Grenze wohl ihre undichtesten Stellen. Pausenlos durchquerten Diplomatenautos unkontrolliert die künstliche, undurchdringbar erscheinende Mauer, und für uns boten sich hier bei Freunden und Verwandten die besten Unterschlupfmöglichkeiten und somit auch die plausibelsten Reiseziele. Einmal sollten wir uns in der Karl-Marx-Allee in Höhe des Straußberger Platzes aufhalten und auf ein Fahrzeug warten, an dessen Heckscheibe der Spruch stehen sollte: »Trau' keinem über 100«.

Ausgerechnet an diesem Tag waren in der ganzen langen Straße – es war der Vorabend des 7. Oktober, dem Tag der Republik – absolute Halteverbotsschilder aufgestellt worden. In meiner Verzweiflung fuhr ich wohl 50 Mal um den Straußberger Platz herum und hoffte auf diesem Wege das begehrte Auto mit dem ominösen Aufkleber zu erspähen. Vergebens. Enttäuscht und genervt traten wir die Heimreise an. Dabei gerieten wir in eine Verkehrskontrolle. Den Ordnungshütern war unser Rostocker

Polizeikennzeichen aufgefallen. Das alleine reichte aus, eine Passkontrolle vorzunehmen und nach den genauen Gründen für den Berlinaufenthalt zu fragen. Die Polizisten hatten meine Unruhe nicht bemerkt, meinen flatternden Puls nicht wahrgenommen, von dem ich geglaubt hatte, er hätte meine Halsschlagadern zum Vibrieren gebracht. Doch alles ging gut.

Die Krönung vieler weiterer Enttäuschungen war ein Winterurlaub im Vogtland. Zum Zweck der Ausschleusung verbrachten wir zwei Wochen in einem kleinen Wochenendhaus von Freunden auf dem Aschberg. Hier mussten wir 24 Stunden telefonisch erreichbar sein, da mit der Fluchthilfeaktion jederzeit zu rechnen war. Das war die Marschroute, die mein Bruder uns mit in den Urlaub gegeben hatte.

Doch 14 Tage passierte gar nichts. Unser Verhalten nahm neurotische Züge an. Wir ordneten jeden vorübergehenden Wandersmann, jeden vorbei ziehenden Wintersportler, das Klingeln des Telefons, selbst Schuhspuren im Schnee unserem Fluchtvorgang zu. Einerseits hofften wir auf die Schleuser, zum anderen hatten wir die Befürchtung, die STASI sei uns auf die Schliche gekommen und würde uns verhaften. So klopften ständig zwei Seelen in unserer Brust. Unsere Nerven lagen blank, als wir am Ende der Ferien gereizt und völlig übermüdet an unseren Arbeitsplatz zurückkehrten.

Erholte Menschen sehen anders aus. Und so fürchteten wir, dass man aus unserem schlechten Zustand womöglich falsche Schlüsse ziehen könnte. Doch während der täglichen Arbeit normalisierte sich unser Seelenzustand allmählich wieder. Wenn man mit unheilbaren Krankheiten zu tun hat oder Menschen erlebt, die durch schwere Schicksalsschläge physisch und psychisch derart zerrüttet sind, dass sie ihrem Leben selbst ein Ende setzen, so relativieren solche Erlebnisse die eigenen Gefühle und rücken die persönlichen Probleme ins rechte Licht.

Unsanft wurde ich durch einen plötzlichen Ruck aus meinen Gedanken gerissen. Das Fahrzeug hielt an, der Motor verstummte. Draußen vernahm ich Männerstimmen, die laut lachten und sich über mich und mein »Transportmittel« lustig machten:

»Der hat sich das an seinem Geburtstag auch nicht träumen lassen, mit uns hier so schön durch die Gegend zu fahren und auf der Straße zu feiern. Ha, ha, ha.«

Dazu hörte ich ein leises zischelndes Geräusch, von dem ich nicht gleich wusste, wie ich es einzuordnen hatte. Erst als ein zweiter sagte: »Schiffen steckt an, wer nicht schifft, ist kein Mann«, wusste ich, dass die gesamte Besatzung eine Pinkelpause eingelegt hatte. Niemand kam jedoch auf die Idee mich zu fragen, ob ich vielleicht auch ein solches Bedürfnis hatte. Mit übervoller, zum Zerspringen gefüllter Blase fühlte ich leidvoll, wie recht dieser Kerl da draußen mit seinem saloppen Spruch hatte und wehrte mich krampfhaft dagegen, mir in die Hose zu machen. So wie der Harnstrahl der Männer da draußen sicher sofort zu Eis gefror, wäre meine einzige Hose unter der extremen Kälte in dieser Nacht sicher zu einem Eispanzer erstarrt und hätte mich krank gemacht.

Die Angst vor solchen Folgen ließ mich jeden sich regenden Drang unterdrücken, und ich erfuhr am eigenen Leibe etwas über das unglaubliche Fassungsvermögen der menschlichen Harnblase. Außerdem lernte ich sehr früh, dass politische Gefangene in der DDR keine Bedürfnisse haben dürfen.

Es war kurz nach sechs Uhr morgens, als wir das letzte Mal in dieser Nacht anhielten. Die Türen wurden geöffnet. Der Wagen stand in einer abgeschlossenen Halle. Mir war es nicht möglich, meine Beine zu bewegen, sie waren lahm und taub, wie abgestorben. Sie gehorchten mir einfach nicht, da nützten auch keine Drohungen und Beschimpfungen. Es dauerte lange, bis ich aus eigner Kraft aussteigen konnte. Erst allmählich kehrte wieder Leben ein, und in meinen Füßen breitete sich ein heftiges Kribbeln aus. Als ich endlich dieses schrecklich enge Fahrzeug verlassen hatte, mich reckte und streckte, erfuhr ich, dass wir in Rostock angekommen waren.

Stolz und Erniedrigung

Ich hatte mir schon gedacht, dass man mich hierher bringen würde. Schließlich war ich in diesem Bezirk polizeilich gemeldet und bei der einschlägigen Behörde aktenkundig bekannt. »Die warten ja schon lange auf dich, nun haben sie dich endlich. Ob der alte Offizier noch in Amt und Würden ist? Der würde sich doch besonders freuen und dich persönlich begrüßen«, ging es mir durch den Kopf. Resignation machte sich in mir breit. Immer klarer erkannte ich, welch großer Gefahr ich meine Familie ausgesetzt hatte. Wie sollte das alles bloß weitergehen? Wer wird sich um unsere Kinder kümmern? Von diesem Staat war keine Hilfe zu erwarten. Hätte ich doch nur einmal richtig weinen können! Ich konnte nicht. Meine Tränenquellen waren versiegt. Dafür zeigte mein Körper andere Reaktionen. Mir war ständig übel. Trotz Hunger konnte ich nichts essen. Ohrensausen und Schwindel paarten sich mit Herzjagen und Schweißausbrüchen. Das Schlimmste war: Ich sah für uns keine Perspektive.

Mein körperlicher Zustand war miserabel, der seelische katastrophal. Ich wollte nur noch eins: Pinkeln und schlafen.

Doch Schlafentzug war ein wichtiges Mittel im Umgang mit politischen Häftlingen. Man spekulierte auf Versprecher, Konzentrationsstörungen, auf Fehler im Denken und Verhalten, auf Kurzschlussreaktionen, die aus Erschöpfung und Verzweiflung in dieser ungewohnten, fatalen Situation schnell gemacht werden.

»Wie beruhigend«, dachte ich, »dass sie dich mit ihrem erkennungsdienstlichen Brimborium nicht mehr schocken können. Aber Heide werden sie damit zu Tode erschrecken.«

Der Gedanke machte mich traurig. Was mutete ich ihr alles zu? Ihre Eltern, zu denen wir ein inniges Verhältnis hatten, ahnten nichts von unseren Fluchtabsichten. Für sie würde eine Welt zusammenbrechen und dieser politische Prozess gegen ihre Kinder gewiss ein Schock sein. Dass wir sie nicht in unsere Fluchtabsichten eingeweiht hatten, war nicht etwa mangelndes Vertrauen gewesen. Wir wollten sie durch Mitwisserschaft nicht gefährden, denn Alter schützt vor Strafe nicht. So manches Elternpaar wanderte in der DDR hinter Gitter, weil es die geplante Flucht der Kinder nicht angezeigt hatte. Von unserer Entscheidung hätte uns ohnehin niemand abbringen können. Alles wäre nur noch komplizierter geworden. Hoffentlich würden sie das verstehen.

Die üblichen Formalitäten nahmen ihren routinemäßigen Lauf. Wie so oft im Leben kompensieren unbedeutende, aber mit Macht ausgestattete Leute ihre Minderwertigkeitskomplexe mit einer großen Klappe. Hier konnte man wieder einmal sehen: Je kleiner das Großhirn, desto lauter die Stimme.

So sehr ich mich auch nach einer Gefangenenzelle sehnte, es sollte noch einige Zeit dauern, bis ich sie in Augenschein nehmen konnte. Zunächst wurde mir meine zivile Kleidung abgenommen. Ich musste mich in einer kleinen, leeren Kabine splitternackt ausziehen. Nachdem ich in diesem Zustand frierend etwa eine halbe Stunde gewartet hatte, warf mir ein Soldat durch die Tür ein Kleiderbündel entgegen. Bei genauerer Betrachtung traute ich meinen Augen kaum. Die neue Kluft bestand aus einem uralten Trainingsanzug mit völlig ausgebeulten Knien, zu kurzen Beinen ohne Gummizug an den Bunden, zahlreichen Löchern, die notdürftig mit verschiedenfarbigen Garnen gestopft waren in einer Farbe, die ich wirklich nicht beschreiben kann, so oft waren die Klamotten gewaschen worden. Ein Paar graue, verfilzte Wehrmachtssocken und Filzpantoffel gehörten zur Grundausstattung. Als ich in diese Verkleidung geschlüpft war, wusste ich nicht, ob ich lachen oder weinen sollte. Nur war mir sehr schnell klar geworden, dass diese Prozedur dazu beitragen sollte, Selbstvertrauen und Menschenwürde zu erschüttern. Es war wichtig für mich, diese Erniedrigung zu durchschauen. So bewirkte sie genau das Gegenteil. Fortan trug ich die abgewetzten Sachen mit einem gewissen Stolz.

Bereits wenige Minuten, nachdem ich in die Bekleidung der Rostocker Staatssicherheitsanstalt geschlüpft war, stolperte ich in meinen Pantoffeln vor einem uniformierten, voll bewaffneten Krieger her. Er gab mir mit knappen Kommandos die Richtung an, in die ich zu gehen hatte. Der Bau kam mir bekannt vor. Wieder durchquerten wir Treppen, Gänge, Flure, wechselten von der militärisch geführten Abteilung mit den kalten Zellenfluren und dem beeindruckenden Gefängnisschacht offensichtlich zur zivilen Sicherheitsabteilung mit normalen Türen und freundlich ausgestatteten Korridoren und Zimmern. Vor einer grauen Tür ertönte dann der spröde Befehl: »Rechts ran und halt, Hände auf den Rücken, Gesicht zur Wand«.

Der Mann hatte gar nicht bemerkt, dass ich bereits ganz von selbst diese Haltung eingenommen hatte.

Erstes Verhör in Rostock

Nach einem kurzen Augenblick öffnete sich die Tür von innen. Ein groß gewachsener Mann im feinen Zwirn mit Schlips und Kragen kam mir entgegen und forderte mich auf, einzutreten. Er brüllte nicht, hatte gute Umgangsformen und bot mir einen bequemen Stuhl an. Dann setzte er sich mir gegenüber an einen modernen Schreibtisch aus Holz. Das Szenario erinnerte mich an das erste Verhör nach unserer Festnahme in Leipzig.

Nachdem er mir Kaffee und Zigaretten angeboten hatte, eröffnete er das Gespräch:

»Herr Dr. von Maltzahn, Sie ahnen nicht, wie sehr ich bedauere, dass dieses Treffen hier unter solch widrigen Umständen stattfinden muss. Und das an Ihrem Geburtstag. Ist denn Ihr Entschluss, die DDR zu verlassen, endgültig, kann man da gar nichts mehr tun?«

Er fragte mich auch, ob ich schon gefrühstückt habe, oder ob er etwas holen lassen solle. Ich verneinte, denn mir war eher zum Kotzen als zum Essen zumute. Auf seine Frage entgegnete ich:

»Ja, unser Entschluss steht fest. Er ist unumstößlich. Der Staat, Sie, Ihre Organisation, der Staatssicherheitsdienst der DDR, haben uns so weit gebracht. Wer mit Menschen, die versucht haben sich in das System zu integrieren, derart umgeht, darf über solche Entwicklungen nicht verwundert sein.«

Mein jovialer Gesprächspartner wirkte souverän, durchaus nicht unsympathisch, war durch Nichts aus der Ruhe zu bringen und ließ sich durch meine abweisende Widerrede nicht beirren. Ich hätte ihm im zivilen Leben niemals seine Zugehörigkeit zu den Staatssicherheitsorganen angesehen. In jeder Situation blieb er besonnen und behielt die Übersicht. Er lächelte, winkte beschwichtigend ab und sprach von Verfehlungen einiger Übereifriger in einem System, das schließlich auch nur von Menschen gemacht sei.

»Wenn das Kind ins Wasser gefallen ist, müssen wir es eben wieder herausholen, und möglichst, bevor es Schaden genommen hat«, sagte er vieldeutig. Ich ging auf diese Bemerkung nicht ein. Sein Gerede beeindruckte mich wenig, und vor allem wehrte ich mich auch dagegen. Im Übrigen war ich so erschöpft und müde, dass mir fast alles egal war. Ich ignorierte das tiefsinnige Geschwafel. Offensichtlich beabsichtigte er, mir eine Brücke zurück zu bauen und testete meine Reaktion. Ich fragte mich ohnehin, welche Funktion dieser ausgeglichene, offensichtlich mit besonderen Befugnissen ausgestattete Mann ausübte. Er war jemand, mit dem man sich nicht ungern unterhielt, der zuhören konnte, nicht vorschnell urteilte und der bei allen Problemen nach Lösungen suchte.

Das Gespräch mit ihm dauerte noch einmal sechs Stunden. Er interessierte sich für alles, was sich in meiner Biographie ereignet hatte. Wenn ich geglaubt hatte, in Leipzig alles Wichtige erwähnt zu haben, hatte ich weit gefehlt. Hier wurde sensibler, aber auch beharrlicher nachgefragt, wobei die Zeit keine Rolle zu spielen schien.

Nachdem ich über meine Schulzeit alles Wesentliche gesagt hatte, auch über die Schwierigkeiten bei der Bearbeitung meines Studienantrags berichtet hatte, bei dem mir der Direktor jede Hilfe verwehrt hatte, weil er meinte, jemand wie ich müsse zunächst »die Sünden seiner Vorfahren wiedergutmachen«, fragte er interessiert: »Wie haben Sie es denn schließlich doch geschafft, zum Medizinstudium zugelassen zu werden?«

»Wie schon gesagt«, antwortete ich wahrheitsgemäß, »von der Schulleitung erhielt ich keine Unterstützung. Da ich aber nichts anderes als Medizin studieren wollte, bemühte ich mich um eine Praktikumsstelle im Krankenhaus und arbeitete ein Jahr als Hilfspfleger im OP der Chirurgischen Klinik in Schwerin. Nach einer gewissen Einarbeitungszeit war ich mit den Routineaufgaben meines Arbeitsbereiches vertraut und durfte sogar Narkosen bei kleinen Operationen selbständig durchführen. Es dauerte etwa vier Wochen, bis ich als selbständig arbeitender OP-Pfleger in ein Arbeitsteam integriert wurde, das aus zwei OP-Schwestern und einem Pfleger bestand, und das im Bereitschaftsdienst eine Funktionseinheit bildete.«

Der zivile Offizier nickte mir zu, erhob sich und verließ unvermittelt den Raum. In meinem Kopf arbeiteten die kleinen grauen Zellen noch in der Erinnerung an meine OP-Hilfspflegerdienste, und mir fiel eine bemerkenswerte Begebenheit aus dieser Zeit ein, die mich schmunzeln ließ. In einer der ersten Nächte, die ich als verantwortlicher Pfleger die OP-Bereitschaft versah, kam in aller Herrgottsfrühe gegen zwei Uhr der Weckruf: »Akute Appendizitis. Soforteingriff.« Nichts Böses ahnend übernahm ich den Patienten von der Aufnahmestation, um ihn im Operationssaal für die Blinddarm-OP vorzubereiten. Der Kranke sah mich plötzlich mit entsetzten Augen an und sagte zu mir:

»Dietrich, was machen Sie denn hier?«

Ich erschrak, als ich den Mann erkannte. Nach kurzer Besinnung antwortete ich schlagfertig: »Ich werde Sie gleich einschläfern, Herr Direktor. Das ist hier mein Job, nachdem Sie mir den Zugang zum Studium verbaut haben.«

Er sah mich aus seinen kleinen Schlitzaugen unter den unregelmäßig verwirbelten Augenbrauen inmitten seines pockennarbigen Gesichts ängstlich an und schwieg. Die wenigen schütteren Haarsträhnen hingen feucht und unordentlich von seinem Kopf herab. Aus seinen Poren quoll Schweiß, der sich in seinen Gesichtsfalten sammelte und abwärts perlte. Nichts, aber auch gar nichts erinnerte an die Strenge, die wir Schüler an ihm fürchteten, wenn er uns mit russischen Vokabeln traktierte. In dieser Situation ließ er alles willenlos mit sich geschehen. Als ich ihm die Narkosemaske über Mund und Nase stülpte, und die ersten Tropfen der leicht flüchtigen Ätherlösung auf die Gaze fielen, war ich sehr aufgeregt. Mein ganzer Körper befand sich in höchster Anspannung. Es dröhnte und sauste in mir, als hätte ich Hummeln verschluckt.

Doch alles ging gut. Es war wohl die aufregendste Narkose in meinem Leben.

Inzwischen war der STASI-Offizier wieder eingetreten und forderte mich auf, mit meinem Bericht fortzufahren.

»Das Praktische Jahr im Krankenhaus verging wie im Flug, und ich verdankte ihm viel für meine persönliche und berufliche Entwicklung. Ich muss damals wohl meine Arbeit zur Zufriedenheit meiner Vorgesetzten erfüllt haben, denn der Chefarzt der Klinik stellte mir ein erstklassiges Zeugnis aus und setzte sich persönlich dafür ein, dass ich einen Studienplatz bekam. Er konnte das, weil er auf Grund einer Gastprofessur mit Lehrauftrag über sehr gute persönliche Kontakte zur Universität Rostock verfügte. So konnte ich im Herbst 1960 mit dem Studium beginnen.«

Hartnäckig bohrte mein Gesprächspartner weiter in meiner Vergangenheit und fragte mich forschend aus: »Wenn Sie davon sprachen, der Staat habe Ihnen niemals geholfen, sich stets gegen Sie entschieden, wie passt das zu der leitenden Stellung als Arzt, die Sie in den letzten Jahren innehatten? Was haben Sie diesbezüglich erlebt? Ich frage das, weil ich versuchen will, die Beweggründe zu verstehen, die Sie veranlasst haben, alles aufzugeben, was Sie sich aufgebaut haben, und weshalb Sie für sich und Ihre Familie ein so großes Risiko für Leben und Gesundheit einzugehen bereit waren.«

Ich gönnte mir eine Denkpause, denn ich war müde und erschöpft. Es war mucksmäuschenstill im Raum. »Da muss ich weit ausholen«, antwortete ich langsam und versank mit meinen Gedanken in den Fünfziger Jahren. »Ich sagte bereits, dass mein Großvater eine Bierbrauerei in Schwerin besaß. Nach dem Tod meiner Großeltern waren deren vier Kinder – also auch meine Mutter – zu Eigentümern geworden. Einerseits war das riesige Gelände mit dem zur Brauerei gehörigen großen Garten und dem Grundstück am Ziegelsee für uns Kinder ein Eldorado. Auf einer Wiese standen Turngeräte. An Barren, Reck und Schaukel mit Ringen wetteiferten wir unter freiem Himmel, machten bis zu 30 Kniewellen hintereinander und Bauchwellen, bis uns schwindelig wurde. Sogar die Riesenwelle trauten sich einige von uns zu. Auf einem anderen großen Rasenstück konnten wir nach Herzenslust Fußball spielen. Für wassersportliche Aktivitäten bot der nahe See vorzügliche Gelegenheiten. An einem breiten Steg lagen mehrere Paddelboote und ein großer Ruderkahn, in dem 12 Personen Platz hatten und von dem man prächtig ins Wasser springen konnte. Uns Kindern mangelte es damals an nichts. Andererseits war das mittelständische Privatunternehmen mit etwa 120 Belegschaftsmitgliedern infolge der Besteuerungspolitik der sozialistischen Gesetzgebung in ständiger Existenznot und konnte sich nur durch staatliche Kredite über Wasser halten. Der Staat wollte mit allen Mitteln private Betriebe enteignen und in Volkseigentum überführen. Dabei spielte es keine Rolle, ob es sich um ein gewachsenes, traditionelles Unternehmen handelte. Niemand interessierte sich dafür, was aus den betroffenen Familien wurde.

Am 17. März 1953, dieses Datum werde ich nie vergessen, wurden Punkt neun Uhr bei meiner Mutter und ihren drei Geschwistern, die alle Miteigentümer der Brauerei waren, Haussuchungen und Verhaftungen vorgenommen. Fadenscheinige Begründungen ›zur Klärung eines Sachverhaltes‹ führten bei allen Vieren zu unterschiedlichen Untersuchungshaftzeiten, ohne dass eine gerichtliche Verhandlung stattgefunden hatte, oder gar ein Urteil gesprochen war. Bei meinem Onkel, Bruder meiner Mutter, der Direktor der Brauerei war, dauerte diese Untersuchungshaftzeit 18 Monate. Es wurde behauptet, bei der Durchsuchung seines Büros habe auf seinem Schreibtisch Hitlers ›Mein Kampf‹ gelegen.

Aber im Jahr 1953 waren solche Aktionen an der Tagesordnung. Wie wir später erfuhren, sind damals mehr als 600 kleine und mittlere Betriebe, Hotels und Restaurants im östlichen Norddeutschland über Nacht enteignet worden. Die Aktion Rose sollte der maroden sozialistischen Volkswirtschaft auf die Sprünge helfen. Und dabei war offensichtlich jedes Mittel recht.

1953 – ich wurde gerade 13 Jahre alt – sagte der Staat auch der Kirche und ihren Mitgliedern den Kampf an. Es reichte die Mitgliedschaft zur Jungen Gemeinde der Evangelischen Kirche aus, um verhaftet zu werden. Mein Vetter studierte in dieser Zeit Theologie und war gewiss politisch nie aktiv gewesen. Er musste damals die Universität verlassen.

Den 17. Juni 1953 habe ich dann sehr bewusst miterlebt. Über diesen Volksaufstand durften wir ja all die Jahre niemals sprechen, geschweige denn diskutieren. Ich erinnere mich genau daran, wie bei uns in Schwerin die Panzer am Pfaffenteich standen. Als ich aus der Schule kam, unseren Torweg betrat und ein Maschinengewehr auf mich gerichtet sah, schiss ich mir vor lauter Angst in die Hosen und erreichte unsere Wohnung im dritten Stock des großen Mietshauses nur mit stinkend-nassen Sachen und schlotternden Knien.

Auch den Volksaufstand in Ungarn 1956 haben wir sehr bewusst miterlebt und über den Rundfunk und durch Augenzeugenberichte mehr erfahren, als in der Zeitung stand.

Zur Zeit des ›Prager Frühlings‹ 1968 waren wir schon erwachsen. Wir hatten diese Stadt oft besucht. Dabei lernten wir Menschen kennen und schlossen Freundschaften. Bei solch einer Gelegenheit hatten wir die Bekanntschaft von Jaromir gemacht, einem Prager Sänger. Er war wegen seines oppositionellen politischen Engagements mit einem Berufsverbot belegt worden und durfte nie mehr öffentlich singen.

So hat mich der Umgang der politischen Führer in den Sozialistischen Volksdemokratien mit den Menschen in ihrem Verantwortungsbereich immer enttäuscht. Für mich sind die zahlreichen diktatorischen Maßnahmen mit demokratischen Prinzipien nicht vereinbar. Obwohl nach außen stets von Gleichberechtigung und Einklassen-Gesellschaft gesprochen wird, sehen sich alle kritisch denkenden Bürger, die es wagen, Zweifel an den Entscheidungen des Politbüros zu äußern, als Klassenfeinde abgestempelt. Ich kenne Menschen, die wegen eines politischen Witzes verhaftet wurden. Und in meiner eigenen Biographie befindet sich ja auch diese Geschichte mit der Denunziation durch einen psychisch Kranken, die mich beinahe mein Studium gekostet hätte, und die mich an den Rand einer Gefängnisstrafe brachte.

Der unmittelbare Anlass für unsere Entscheidung, aus der DDR fliehen zu wollen, waren die wiederholten Verhöre, unablässigen Verdächtigungen, die Unterstellungen und Bedrohungen durch Ihre Mitarbeiter und die sinnlosen Verfolgungen, die ich auf allen Wegen erfuhr, egal ob ich dienstlich oder privat mit dem Auto unterwegs war, nachdem sich mein Freund Jürgen Borchert mit seiner Familie erfolgreich in den Westen abgesetzt hatte.«

»Das ist schon eine unglückliche Verkettung widriger Umstände, das muss ich zugeben, doch rechtfertigt es Ihr gesetzloses Verhalten nicht. Trotzdem bin ich Ihnen für Ihre offenen Worte dankbar. Das macht es uns einfacher, Ihren Fall zu beurteilen«, schloss der Ziviloffizier die erste Vernehmung ab.

Ich rechnete damit, zu einem späteren Zeitpunkt von ihm erneut befragt zu werden, doch habe ich ihn in der gesamten sechsmonatigen Untersuchungshaftzeit bei der Staatssicherheit niemals wieder gesehen.

Ein Klingelknopf wurde betätigt, die Tür öffnete sich von außen und ein kräftiger Soldat, aussehend wie ein Bulle, trat ein und befahl mit gewohnt lauter Stimme: »Mitkommen!«

In der Folgezeit machte ich mir immer wieder Gedanken über dieses erste lange Aufnahmegespräch in der Stasi-Untersuchungshaft. Was sollte es bezwecken?

Diese erste Begegnung war für mich eine Offenbarung, und ich hoffte im Stillen, dass man seit 1963 dazugelernt hatte und Menschen wie Menschen behandeln würde. Doch wurden mir die wahren Beweggründe erst viel später klar. Bereits nach kurzer Zeit landete ich in der Realität, der bitteren Stasi-Wirklichkeit der siebziger Jahre. Und spätestens jetzt war mein Traum von der Menschlichkeit im Umgang mit politisch Verdächtigen im System des Sozialismus ausgeträumt.

»Bett eins«, mein erster Zellenkumpan

Der bullige Typ scheuchte mich in den anderen Trakt des Hauses. Er äußerte sich, wie er aussah. Er grunzte mich an: »Gehen wir. Vorwärts!«

Mein Gehirn arbeitete unablässig. Zwar war ich erschöpft und übermüdet, doch erkannte ich manchen Flur wieder, auch den ovalen Schacht und die Schutznetze. Nicht zu überhören waren die Eisenfußböden, auf denen das Wachpersonal mit schweren Stiefeln beherzt herumtrampelte. Sie waren für den hohen Lärmpegel verantwortlich, der Tag und Nacht in diesem großen, mehrgeschossigen Gebäude herrschte, und das wir jetzt treppauf, treppab durchquerten. Ich landete in einer anderen Etage als vor zwölf Jahren. Der stämmige Soldat trieb mich vor sich her und befahl mir, vor einer der zahlreichen Eisentüren, die sich wie Glieder einer Kette aneinander reihten, anzuhalten.

Er ließ das Schlüsselbund rasseln, bediente den stählernen Hebel, einen gewaltigen Griff, wie er an Kühlhaustüren auf Schlachthöfen zu sehen ist, schob den schweren Eisenriegel zurück und stieß mich in die Zelle.

Zu meiner Überraschung war dort schon jemand.

»Sie sind ›Bett zwei‹«, rief mir der Wärter zu, bevor er die Tür ins Schloss warf. Ich begriff nicht, was er damit meinte, sah mich in der neuen Umgebung um, die für die nächste Zeit mein Lebensraum sein sollte und betrachtete meinen Zellengenossen.

»Ich bin ›Bett eins‹«, sagte dieser kleinlaut, kam auf mich zu und gab mir die Hand zur Begrüßung.

»Republikflucht?«, fragte er mich. »Ja«, gab ich zur Antwort, »und du?« »Ich auch, aber nicht zum ersten Mal. Mich haben die Hunde schon öfter geschnappt. Ich kenn den Laden hier schon zur Genüge, fühle mich wie zu Hause hier.« Dabei grinste er über das ganze schmale Gesicht.

Er sah grausig aus, total kaputt, dazu dreckig und völlig verwahrlost. Das schlimmste aber war, er stank bestialisch.

Wie tiefe Dachrinnen umsäumten seine Augenränder die unruhigen Augen, die Haare standen widerspenstig und verfilzt in alle Richtungen.

»Was ist mit ihm bloß geschehen?«, fragte ich mich.

Zunächst hüllten wir uns beide in Schweigen. Jeder hing seinen eigenen Gedanken nach.

Die Zelle war etwas größer als jene, die ich vor zwölf Jahren kennen gelernt hatte. Der »Komfort« war der gleiche geblieben. Wir bewegten uns zwischen zwei Holzpritschen, einer kleinen Tischplatte, zwei Dreibeinhockern aus Holz, einem fest installierten Metallklosett und einem Metallwaschbecken hin und her. Sich hinzulegen war am Tage streng verboten. Auf den Hockern durfte man zwar sitzen, aber wehe, man lehnte sich mit dem Rücken an die Wand. Dann tönte draußen eine brüllende Stimme und drohte mit Gewalt.

Mein Zimmergenosse hatte mir seinen Namen noch nicht gesagt, erklärte mir allerdings, dass die Entpersonifizierung in »Bett eins« und »Bett zwei« nach der Reihenfolge des Eingangs ohne Wertung vorgenommen werde, und ich solle mir nichts dabei denken, mich nicht zurückgesetzt fühlen. Er sei nun einmal eher da gewesen, und deshalb müsse ich mich mit »Bett zwei« zufrieden geben.

Ich wusste zunächst nicht, wie ernst ich diese Aussage nehmen sollte und hatte seine Worte als Scherz aufgefasst. Aus meiner heutigen Sicht und dem intensiven Umgang mit Gefängnisinsassen aller Kategorien weiß ich jedoch, dass solche Äußerlichkeiten für erfahrene Knastbrüder eine wichtige Rolle spielen, auch wenn man sich das gar nicht vorstellen mag. Mir war es schnurzegal, und wenn ich »Bett 999« gewesen wäre. Nur die Frechheit, mich als Bett zu bezeichnen und auch so anzureden, musste ich erst einmal verkraften.

Wie gut, dass der liebe Gott unsere Riechorgane mit so viel Anpassungsfähigkeit ausgestattet hat, sonst hätte ich diese Phase nicht überlebt. Geruchs- und Geschmacksknospen passen sich zum Glück schon nach Minuten den jeweiligen Gegebenheiten an und regeln das Empfindungsniveau so zurück, dass wir einerseits Gestank, zum anderen aber auch Wohlschmeckendes nach kurzer Zeit nicht mehr differenziert wahrnehmen können. So stinkt es beispielsweise in einem Fischgeschäft nicht mehr, wenn die Schlange lang genug ist, man mindestens zwanzig Minuten gewartet hat. Und so nahm ich die Ausdünstungen meines Nachbarn nach einigen Minuten nicht mehr wahr, obwohl er sich bestimmt sehr lange nicht richtig gewaschen hatte.

Am nächsten Morgen öffnete sich schon in aller Frühe rasselnd die Tür. Mein Zellengenosse wurde abgeführt. Als er sich erhob, sah ich – und dazu war kein besonderer medizinischer Sachverstand notwendig – dass er einen gehörigen Rundrücken hatte und seine Wirbelsäule auch seitlich total verbogen war.

»Wie alt mag der wohl sein?«, dachte ich, »vielleicht fünfundfünfzig, sechzig?« Ich nahm mir vor, ihn nach der Rückkehr vom Verhör danach zu fragen. Es dauerte allerdings etwa neun Stunden, bis er zurückkam. Ich hatte inzwischen durch die Türklappe einen warmen Kohleintopf bekommen, mit dicken Schweinefleischstücken, deren Borsten aus dem Fett herausspießten. Einfach ekelhaft. Sicher war ich ein bisschen verwöhnt, aber dieser Fraß war wirklich ungenießbar. Als die Klappe zwischendurch noch einmal fiel und eine Stimme fragte: »Nachschlag?« kämpfte ich noch mit den ersten Löffeln. Ich wollte vernünftig sein und sprach mir Mut zu: »Du musst etwas essen, nur ein paar Kalorien zu dir nehmen, sonst stehst du das hier niemals durch.« Also aß ich, so gut ich konnte.

Am späten Nachmittag waren wir wieder zu zweit. Ich erschrak und war entsetzt über den Anblick der traurigen Gestalt, die da zu mir hereingewankt kam und sich entkräftet auf die Pritsche fallen ließ.

»Was haben die denn mit dir gemacht?«, fragte ich bestürzt und machte mich daran, ihn notdürftig zu untersuchen. Er hatte am ganzen Körper blaue Flecken, Beulen im Gesicht und Blutergüsse. Er zeigte mir dann seine Oberarme, Beine und seinen Rücken.

»Sie haben mich zu Dritt geschlagen, die Treppe herunter gestoßen und immer wieder von Neuem mit Gummiknüppeln traktiert, wenn ich ihnen nicht geantwortet habe, oder wenn ich versucht habe, mich zu wehren«, erzählte er. »Erst als ich nicht mehr die Kraft hatte, alleine aufzustehen, hörten sie mit Prügeln auf und ließen mich auf dem steinernen Fußboden liegen«, schloss er seinen kurzen Bericht ab.

Die nächsten Tage und Wochen ähnelten sich im Verlauf. Ich wurde regelmäßig, eigentlich täglich zum Verhör geholt, manchmal sogar nachmittags ein zweites Mal, teilweise bis in den späten Abend hinein. Da die Befragungen mindestens vier bis sechs Stunden dauerten, kam man von dort erschöpft zurück. Immerhin wollte ich mich auf keinen Fall zu einer Aussage überreden lassen, die nicht hundertprozentig den Tatsachen entsprach.

Was man alles fragen konnte? Wofür die sich interessierten ...

Diese Berge von Protokollen. Ich musste sie alle lesen und dafür unterschreiben, dass meine Worte richtig wiedergegeben waren. Oft verweigerte ich die Unterschrift und widersprach heftig, wenn meiner Aussage etwas hinzugefügt worden war oder nach meiner Meinung eine Fehlinterpretation meiner Antworten vorlag. So kam es, dass wir uns selten sahen, mein neuer Nachbar und ich. Nur an den Wochenenden passierte nichts. Diese Tage wurden sehr lang, und wir hatten genügend Zeit, die Lebensgeschichte des anderen anzuhören.

So erfuhr ich mehr von ihm. »Bett eins« war nicht sechzig Jahre alt, er war neunundzwanzig! Das war ein Schock für mich. Was hatte der arme Kerl bloß durchgemacht?

Nach dem Tod seiner Mutter hatte seine Großmutter ihn zu sich genommen und für ihn gesorgt. Er machte eine Handwerkerausbildung zum Tischlergesellen und bekam ein gutes Angebot als

Bühnentischler beim Rostocker Theater. Er nahm den Job an und kam dort gut zurecht.

Vor Vollendung seines 25. Lebensjahres holte ihn die Volksarmee im Rahmen der Wehrpflicht unter ihre Fittiche und vereidigte ihn auf die sozialistische Fahne mit Hammer und Sichel. Er war im Grenzkreis Hagenow an der Demarkationslinie zur Bundesrepublik Deutschland eingesetzt und musste dort Patrouille gehen. Nach einigen Monaten glaubte er, dort jeden Zentimeter Boden, jede Mine genau zu kennen und nahm sich vor, in den Westen zu fliehen.

»Ich verlor meine Spur, kam vom Weg ab, musste mich verstecken, weil man schon nach mir suchte. So rannte ich wahllos irgendwo hin, nur um nicht geschnappt zu werden«, berichtete er aufgeregt, als sei es gerade erst passiert. »Ich habe mich acht Wochen nur im Kreis bewegt. Ernährt habe ich mich von Gras und Beeren. Ich habe vor Hunger lebendige Frösche, Käfer und Regenwürmer gegessen und unter freiem Himmel geschlafen, auch wenn du mir das nicht glauben wirst. Einmal habe ich eine Kuh auf der Weide gesehen. Da musste ich ziemlich weit vom 500 m-Streifen abgekommen sein. Ich habe mich unter sie gelegt und ihren Euter direkt ausgesaugt. Die Kuh hat sich das gefallen lassen, als wäre ich ihr Kalb.«

Ich hörte ihm fasziniert zu und fragte gespannt: »Wie ging das dann weiter?«

»Würmer, umherliegende Blätter, einfach alles, was Lebewesen zur Ernährung zu sich nehmen, schluckte ich einfach herunter. Bei einer Bäuerin schlich ich in der Dämmerung auf den Hof und klaute ein Huhn, erwürgte es mit meinen eigenen Händen und trank das Blut. Anschließend nagte ich das frische, rohe Fleisch vom Knochen ab. Mein Hunger war unbeschreiblich groß.« Er machte eine Pause und erinnerte sich offenbar an die Zeit der Entbehrung. Dann fuhr er fort: »Und plötzlich, ich hatte die Hoffnung schon aufgegeben, stand ich am Grenzsee zur Bundesrepublik, dem Schaalsee bei Zarrentin. Ich war so schwach, dass ich mir nicht zutraute, über den See zu schwimmen. Dabei war es von dort gar nicht mehr weit bis in den Westen. Zweifel und Hoffnung kämpften in meiner Brust, verliehen mir für den Moment übermenschliche Kräfte und großes Selbstvertrauen, und vor allem: es gab kein Zurück. Ich sprang in voller Montur ins Wasser und schwamm im Dunklen los. Sogar meine Waffe, dieses Grenzergewehr, hatte ich dabei. So erreichte ich tatsächlich unbeschadet das andere Ufer.«

»Dann ist ja alles gut gegangen«, sagte ich erleichtert und stellte fest, dass meine Hände bei der Erzählung klitschnass geworden waren und mein Herz bis zum Halse schlug.

»Ja, zunächst schon, aber die Geschichte ist ja noch nicht zu Ende«, erwiderte »Bett eins« – ich kannte seinen richtigen Namen immer noch nicht.

»Zunächst wollte mir im Westen meine Geschichte niemand glauben. Ich sah wohl auch so verwahrlost und grauenhaft aus, nachdem ich so lange in der Wildnis gehaust hatte, dass sich alle vor mir zu fürchten schienen«, fuhr er fort. »Später sah ich eine Foto von mir, das man nach meiner Ankunft im Westen von mir geschossen hatte. Ich wollte nicht glauben, dass ich das auf dem Bild tatsächlich gewesen war. Ich sah aus wie ein wildes Tier«, ergänzte er kleinlaut.

Dabei dachte ich: »Wenn du wüsstest, wie du jetzt aussiehst...«

»Doch mit allen Einzelheiten, mit meiner Waffe und meinen Papieren von der Nationalen Volksarmee konnte ich dann doch beweisen, dass meine Geschichte stimmte und sich wirklich so abgespielt hat, wie ich es erzählt hatte«, ließ er verlauten und schloss diese spannende Phase seines Lebenslaufes mit dem Satz ab: »Bei der Prozedur, dem Irrlauf durch das Sperrgebiet, habe ich mehr als 50 Pfund abgenommen.«

»Und wie bist du dann wieder hierher ins Gefängnis gekommen, wenn du doch schon in der sicheren Freiheit warst, das versteh ich nicht, das musst du mir genauer erklären«, setzte ich nach, immer noch der Meinung, er wolle mir da einen tollen Bären aufbinden.

»Ich erzählte dir doch, dass ich als Kind bei meiner Oma aufgewachsen war. Sonst hatte ich niemanden mehr auf der Welt«, sagte er leise, fast flüsternd und eröffnete mir behutsam weitere Einzelheiten seiner düsteren Vergangenheit:

»Von der Bundesrepublik war ich weiter nach Schweden gegangen, fand dort in meinem Beruf als Tischler sehr schnell Arbeit und verdiente nicht schlecht. Aber ich wollte meine Großmutter unbedingt wiedersehen. Die Sehnsucht wurde immer größer, zumal ich in dem fremden Land völlig allein lebte. Eines Tages beschloss ich mit der Fähre nach Saßnitz zu fahren, um mich dort mit ihr zu treffen ohne von Bord zu gehen. Ich wollte nur von der Reling aus Blickkontakt aufnehmen und mit ihr über Zuruf sprechen. Diesen Plan setzte ich dann in die Tat um.

Ich verabredete mich mit ihr, und es klappte alles wie vorgesehen. Nur, als ich sie da hilflos am Kai stehen sah, auf ihren Handstock gestützt, die weißen Haare im Sturm zerzaust, und sie mich dann über die Entfernung bei dem starken Wind und den vielen Nebengeräuschen eines Fährhafens weder verstehen, noch mit ihren schlechten Augen erkennen konnte, drehte ich durch.«

Er machte eine längere Pause und kämpfte mit den Tränen, setzte seinen Bericht aber bald fort, wobei seine Stimme bebte, als wolle sie mit emotionalen Schwingungen den Wahrheitsgehalt der Erzählung unterstreichen:

»Ich stürmte von Bord, ohne mir etwas dabei zu denken. Mir war in diesem Augenblick alles egal. Vorbei an den Kontrollen lief ich auf sie zu, umarmte sie und war für Sekunden der glücklichste Mensch dieser Welt. Dann holte mich die Wirklichkeit ein.«

»Passkontrolle«, sagte plötzlich eine Stimme zu mir, und ich zückte meinen bundesdeutschen Pass. Dienstbeflissen blätterte der Volkspolizist in einem kleinen Büchlein, bis sein Blick ganz unvermittelt einen starren Ausdruck bekam. Er holte Verstärkung. Ich versuchte wegzurennen, wollte zurück an Bord, es fehlten nur noch wenige Meter. Es gelang mir nicht den Häschern zu entkommen. Unbarmherzig quetschten sie meine Handgelenke in die stählerne »Acht« und führten mich ab. Über mir rasten die fetzigen Wolken am Himmel in Richtung Norden und zeigten mir den Weg, den ich gekommen war. So sperrte man mich hier das erste Mal ein. Im Schnellverfahren wurde ich wegen Fahnenflucht zu fünf Jahren Haft verurteilt.«

Nach einer beklemmenden Pause, während der mein Gesprächspartner hohläugig ins Leere blickte und in seinen Gedanken sicher noch einmal das Szenario von damals Revue passieren ließ, brachte ich gerade noch den einen Satz heraus: »Das ist ja eine unglaubliche Geschichte.« Sein spannender Bericht hatte mir die Sprache verschlagen.

»Nachdem ich mehr als zwei von fünf Jahren abgesessen hatte, konnte ich es nicht mehr aushalten«, fuhr er fort. »Als Strafgefangener war ich dem Arbeitslager in Warnemünde zugeteilt worden. Hier mussten wir schwerste Arbeiten mit unseren bloßen Händen verrichten und bekamen fast kein Geld dafür.« Er unterbrach seinen Bericht wieder für kurze Zeit. Offensichtlich fiel es ihm nicht leicht, seine schicksalsschwere Biografie vor mir auszubreiten. Doch dann berichtete er weiter und zeigte dabei mit dem Zeigefinger seiner rechten Hand erregt auf seinen schwächlichen Brustkorb: »Sieh mich an, kann dieser Körper Zentnersäcke schleppen, Schienengleise tragen oder gar frisch angerührten Beton in Spezialkiepen über Leitern in luftige Höhen transportieren? Nein, ich war damals schon völlig kaputt. Wollte ich überleben, dann musste ich fliehen. So ersann ich den Plan für einen verwegenen Ausbruch.«

Wieder machte er eine längere Pause, blickte ins Leere, und sein Gesicht bekam einen merkwürdigen, leblosen Ausdruck, als habe er mit seinem Leben schon abgeschlossen. Er holte tief Luft und begann mit dem letzten Teil seiner traurigen Geschichte:

»Eines Tages überwältigte ich den Busfahrer, der uns zur Arbeit fuhr und lenkte das Fahrzeug selbst. Ich hatte zwar noch nie einen Bus gefahren, aber was macht das schon. Einen normalen Führerschein, auch für Lastkraftwagen, besaß ich immerhin. Meine Absicht war, ins Gebiet von Hagenow zu gelangen, wo ich mich gut auszukennen glaubte, und von wo aus ich ja schon einmal einen erfolgreichen, wenn auch schwierigen Fluchtversuch unternommen hatte. Nur der Weg dorthin war zu weit. Die Schweine stellten Straßensperren auf und zwangen mich zum Anhalten. Jetzt bin ich hier. Wahrscheinlich werden sie mich für den Rest meines Lebens einsperren.«

Wir wurden unterbrochen und einzeln zur sogenannten Freistunde in die Betonkäfige geschickt. Ich hatte mir angewöhnt, die gesamte Zeit auf dieser begrenzten Fläche zu laufen. Schließlich war dies die einzige Gelegenheit, den Kreislauf in Wallung zu bringen und so drehte ich eine Runde nach der anderen. Innerhalb der knappen halben Stunde erreichte ich so die stattliche Zahl von 350 bis 400 Umrundungen und kam dabei natürlich, und das war für mich der Zweck der Übung, anständig ins Schwitzen. Ich wollte mir eine gewisse körperliche Fitness bewahren, weil ich fest daran glaubte, psychische Strapazen besser verkraften zu können, wenn ich in möglichst guter physischer Verfassung war. Danach brachte mich der diensthabende Schließer in die Zelle zurück. Dort war ich alleine. »Bett eins« war nicht da. Man hatte ihn offensichtlich erneut zur Vernehmung abgeholt.

So hatte ich Zeit, meine Gedanken zu ordnen und ließ die Ereignisse der letzten Tage Revue passieren. Ich ertappte mich bei Erinnerungen daran, wie ich vor unserer Abreise nach Leipzig Abschied von allen Dingen genommen hatte, die mir im Laufe der Jahre lieb geworden waren und ließ zu, dass dieser Film vor meinem inneren Auge in meinem Gedächtnis abspulte…

Wehmütige Erinnerung an den Tag unserer Flucht

Ich sah mich noch einmal um unser Haus schleichen. Es war jener ungewöhnlich kalte Novembertag. Die klare Ostseeluft roch nach Tang und Meer. Der Strand, das Wasser zogen mich unwiderstehlich an, und ich musste den kurzen Weg noch ein letztes Mal gehen. Vorbei an unserer großen Wiese, deren sommerliches Grün von einer hauchdünnen, durchsichtigen weißen Decke überzogen war, den der Frost mit seinen bizarr glitzernden Kristallen hervorgezaubert hatte, näherte ich mich den vielen, von mir selbst gepflanzten Koniferen und der prächtigen Forsythienhecke, die inzwischen schon eine beträchtliche Höhe erreicht hatte. Sie schützte vor den Blicken neugieriger Urlauber und naseweiser Spaziergänger. Ich bog um die Ecke und erreichte den von Herbststürmen glatt gefegten Sandstrand. Mein Blick glitt in der Morgendämmerung, deren schwaches Licht die gespenstischen Schleier des frühen Nebels langsam besiegte und allen Strukturen mehr Tiefenschärfe verlieh, über die weite, in Dunst gehüllte, fast schwarze Wasserfläche. Die Ostsee sah tatsächlich jeden Tag anders aus. Es pfiff ein scharfer Wind aus Nordost. Wehmütig sah ich zu der Stelle, an der im Sommer unsere Strandkörbe standen. Hier hatten unsere Kinder ganz sicher die unbeschwertesten Jahre ihres Lebens verbracht. So unbekümmert und ungezwungen, eng mit der Natur verbunden, von allen geliebt und verwöhnt, eigentlich mehr im Wasser als am Strand, stets schokoladenbraun vom Kopf bis zu den Füßen erlebten sie hier ihr erstes Lebensjahrzehnt. Dort war im Sommer der Treffpunkt für all unsere Freunde und die Familie. Hier spielten wir Boccia und Volleyball, bauten Burgen, veranstalteten Strandfeten und Picknicke und führten wunderbare Gespräche über tausend interessante Themen. Doch hin und wieder musste ich an diesem herrlichen Strand auch Badeunfälle medizinisch versorgen, Kinder und Greise beatmen und reanimieren, nicht immer erfolgreich. Für etliche von ihnen kam jede Hilfe zu spät. Ich sah sie unter meiner Atemspende sterben.

»Absurd der Gedanke, dass dies vielleicht für lange Zeit, möglicherweise sogar für immer das letzte Mal ist, dass ich hier stehe«, sagte ich leise zu mir und kehrte nachdenklich zu unserem Haus zurück, still und bedrückt.

Danach starteten wir und fuhren langsam den schmalen Sandweg zur Chaussee hinunter, den vor noch nicht allzu langer Zeit unser Freund Shakes gefahren war, als wir uns vor seiner Flucht das letzte Mal gesehen hatten. Sicher wirbelten wir genau so eine unruhige Staubwolke auf, wie er es damals getan hatte. Doch an diesem Tage saß keiner auf der Veranda unseres Hauses und schaute dem Wagen nach, dessen Insassen einen unendlich weiten Weg vor sich haben sollten.

Nach einem letzten Blick zurück auf das gemütliche Fachwerkhaus, in dem wir gute Jahre und zuletzt bedrückende Zeiten erlebt hatten, bogen wir auf die Hauptstraße. Der Weg führte uns am Krankenhaus vorbei, wo die Kollegen schon fleißig bei der Arbeit waren. Der Gedanke, ich würde sie im Stich lassen, machte mich unsicher und noch trauriger. Ob sie mich wohl verstehen würden, wenn sie all das wüssten, was ich in den letzten Monaten erleben musste?

Weiter ging die Fahrt. Ein letztes Mal standen die Kastanienbäume rechts und links der Straße zwischen Boltenhagen und Klütz für uns Spalier. »An dem Baum dort links habe ich mit meinem Wagen geklebt«, erinnerte ich Heide und die Kinder an meinen Unfall vor fünf Jahren, der trotz Totalschaden zum Glück für mich glimpflich ausgegangen war. Mir war beim Überholen eines Krankenwagens mein rechter Vorderreifen geplatzt, worauf sich das Auto zwei Mal überschlug und ich, da ich – in diesem Fall glücklicherweise – nicht angeschnallt war, durch die zerdrückte Vorderscheibe auf den Acker geschleudert wurde. Außer einer

Schramme an der Stirn und einem gehörigen Schock war mir nichts passiert.

Oberhalb der Wohlenberger Wiek musste ich noch einmal anhalten. Wir stiegen aus und ich sagte leise zu Heide: »Das ist unsere Heimat.« Dabei kämpfte ich gegen die Tränen an, die meine Augen verschleierten und den wunderschönen Blick trübten, der über die mit Wintergetreide bestellten Äcker auf dem Hang vor der Wismarer Bucht bis zur Insel Poel reichte. Verschwommen, wie durch Milchglas, nahm ich die zahllosen Vögel wahr, die sich entschieden hatten, den Winter hier zu verbringen. Im Frühjahr, wenn der Raps in Blüte stand, war hier alles in gleißendes Gelb getaucht, so weit das Auge reichte. So intensiv, wie hier die verschiedenen Farben der Jahreszeiten mit den unterschiedlichen Blautönen des Meeres korrespondieren, habe ich die Natur nirgendwo empfunden. Mein Gesicht sog noch einmal mit den Augen dieses einmalige Panorama in sich auf und brannte den Blick über die unbebaute, naturbelassene Landschaft, an deren Ufern viele Kormorane beheimatet waren, fest in mein Gedächtnis ein.

Dies war der Aussichtspunkt, zu dem ich unsere Besucher stets führte, um mit unserem schönen Mecklenburg zu protzen, und jetzt war ich bemüht, ein Bild für mich selbst einzufangen und abzuspeichern, als ob es je verloren gehen könnte.

Unsere Reise führte uns weiter über Wismar zu meiner Geburtsstadt Schwerin. Als wir über den Spieltordamm am Ziegelsee vorbei fuhren, warf ich einen letzten Blick auf unsere Brauerei. An den langen Eisrutschen erkannte man die Fabrik bereits aus weiter Ferne. Sie rührten aus der Zeit direkt nach dem Krieg, als es noch kein industriell hergestelltes Eis für die Kühlung von Lebensmitteln in Hotels, Restaurants und anderen Gewerben gab. Damals zerhackten Arbeiter im Winter die Eisfläche auf dem Ziegelsee mit schwerem Gerät in große flächige Platten. Diese wiederum wurden über lange, schräg in die Höhe geführte Schleppwege, die so genannten Eisrutschen, hoch hinauf auf das Dach einer Lagerhalle transportiert, wo sie durch Luken in riesige Gewölbe, die Eiskeller, hinabstürzten. Der Vorrat reichte den ganzen Sommer. Eine stolze Zahl speziell isolierter Kastenwagen, die von Pferden gezogen wurden, sorgte für die Verteilung in der ganzen Stadt. In dieser frühen Morgensonne präsentierte sich die alte Bierbrauerei von ihrer schönsten Seite. Der Panoramablick über den See auf die alte Werksilhouette reihte sich in meine Erinnerungsgalerie ein. Tausend Gedanken gingen gleichzeitig durch meinen Kopf. Immerhin hatte ich hier die wichtigsten Kinder- und Jugendjahre erlebt.

Nur wenige Minuten später sahen wir auf der linken Straßenseite die Chirurgische Klinik des Bezirkskrankenhauses, in der ich 15 Jahre zuvor meine ersten medizinischen Gehversuche gemacht hatte, als ich dort als OP-Hilfspfleger ein Praktisches Jahr vor dem Studium absolvierte. Die Erfahrungen aus dieser Zeit konnte mir niemand nehmen. Einen Kilometer weiter erreichten wir den Alten Garten. Fahles, spätes Novembersonnenlicht tauchte diesen wunderschönen Platz am Schweriner See mit seinen monumentalen Gebäudekomplexen – Schloss, Museum, und Theater – in ein dunkelgold-glänzendes, ehrwürdiges Gewand. Beim Blick auf das Theater fielen mir die 57 Aufführungen der »Verkauften Braut« von Bedrich Smetana ein, in denen ich als Schüler im dritten Akt zusammen mit meinem Bruder eine kleine Statistenrolle spielen durfte, wofür es neben dem Spaß auch noch 1,75 Mark pro Vorstellung gab.

Zehn Minuten später befuhren wir die Autobahn nach Berlin. Hier war das Erinnerungsmuster nicht mehr so dicht. Entsprechend lockerer wurde die Atmosphäre in unserem Fahrzeug.

Es war fast unheimlich, aber ich hatte noch kein verdächtiges Fahrzeug bemerkt, das meine sensiblen Antennen als Verfolger ausgemacht hatten.

Und so kamen wir schließlich unbeschadet in Leipzig an.

Alltag in der U-Haft

Durch ein lautes, schepperndes Geräusch wurde ich aufgeschreckt und aus meinen Gedanken in die Gegenwart zurückgeholt. Die Klappe in der Tür war gefallen und eine Stimme schrie: »Nehmen Sie sich ein Buch, aber Tempo...«

Ein Mal im Monat wurden Bücher ausgegeben. Man griff durch das Loch in der Eisentür in einen Berg von Büchern, ohne die Titel erkennen zu können. Wenn man Pech hatte, wählte man eines zum zweiten Mal. Ich hatte mir angewöhnt, die Bücher nach ihrem Umfang auszusuchen, damit ich möglichst lange etwas davon hatte. Dabei gelang mir einmal ein bemerkenswerter Zufallsgriff.

»Wenn die wüssten, was sie hier in ihrer Bibliothek haben«, dachte ich, und las das Buch mehrere Male, einige Passagen ganz sicher auch zehn Mal. Es waren die Erinnerungen Iwan Maiskis, der in den wichtigen Jahren von 1932 bis 1943 sowjetischer Botschafter in London war. Das Buch hieß: »Memoiren eines sowjetischen Botschafters«. Darin finden sich interessante historische Augenzeugenberichte aus jener Zeit. Es wird aber darin mit den brutalen »Reinigungsaktionen« abgerechnet, die zwischen 1935 und 1939 im Auftrag Stalins zur Durchsetzung seiner kommunistischen Machtherrschaft im eigenen Land stattfanden. So werden in dem Buch die Liquidationen des Militärattachés PUTNA, die des Luftwaffenattachés TSCHERNI, des Oberbefehlshabers der sowjetischen Luftstreitkräfte ALKSNIS und die des Marschalls der Sowjetunion TUCHATSCHEWSKI namentlich erwähnt und kritisch angemerkt.

Die Verhöre nahmen und nahmen kein Ende. Zu allem und jedem wurde ein neues Protokoll angefertigt. Man legte mir Stellungnahmen der Leitung des Gesundheitswesens unseres Kreises vor. Auch eine Beurteilung des Ortsausschusses der Nationalen Front über mich sollte ich kommentieren. »Natürlich sind die Menschen alle von mir enttäuscht«, sagte ich, »aber das müssen sie ja auch, solange sie nicht wissen, was sich hinter den Kulissen dieser sauberen sozialistischen Wirklichkeit abspielt, solange sie über die wahren Gründe unserer Flucht nichts wissen. Mir war ja sogar untersagt worden, meinen Kollegen meine Abwesenheit nach den ganztägigen Verhören auf Ihrem Kreisamt wahrheitsgemäß zu erklären«, schleuderte ich dem Leutnant erregt entgegen und fuhr fort: »Man verlangte von mir, dass ich lügen und mir fadenscheinige Ausreden zurechtlegen sollte. Ich musste unterschreiben, dass ich Stillschweigen über alle Vernehmungen bewahren würde.«

Im Laufe der Zeit wurde mir die Funktion des zivilen Offiziers klar, der mich am Tage meiner Ankunft in Rostock mit seinen guten Manieren beeindruckt hatte. Sein Auftrag war wohl herauszufinden, bei welcher Vernehmungstaktik ich am ehesten bereit war, über die Fluchtzusammenhänge zu sprechen. Ich erinnerte mich daran, dass an jenem Einlieferungstag im November während des ersten Kontaktgespräches zwischendurch einmal ein anderer, ein uniformierter Offizier im Range eines Oberstleutnants das Verhör fortgesetzt hatte. Dieser Zyniker hatte einen unverschämten Ton am Leib und drohte immer wieder mit Gewalt. Da hieß es: »Wenn Sie nicht spuren, können wir auch andere Saiten aufziehen. Sie wären nicht der erste, dem hier die Knochen gebrochen werden.« Oder: »Haben Sie schon einmal eine Woche nichts zu essen bekommen? Wir haben auch andere Zellen. Da kommt kein Lichtstrahl hin. Da können Sie schreien und winseln. Niemand hört Sie dort.« Dabei grinste er so abscheulich und fies, als stellte er sich gerade vor, mich dorthin zu verbannen.

Es dauerte nicht lange, da platzte mir der Kragen. Ich weigerte mich, ihm weiter zu antworten, so unflätig benahm er sich. Er behandelte mich wie den letzten Dreck.

Ich schleuderte ihm wütend entgegen: »Mit Ihnen spreche ich kein einziges Wort mehr! Mit Schlägen oder anderer Gewalt werden Sie nichts aus mir heraus bekommen.«

Dieser Offizier verschwand so unvermittelt wie er gekommen war. Er ist mir nie wieder begegnet. Dafür setzte sich der smarte Typ wieder auf den Stuhl mir gegenüber und nahm mit der bewährten Ruhe den Faden wieder auf, als wäre nichts geschehen.

An diesem ersten Tag in der Untersuchungshaft wählte dieser psychologisch geschickt agierende, einfühlsame, mit allen Wassern gewaschene STASI-Leitoffizier für mich wohl den richtigen Untersuchungsführer aus.

Ein alerter Leutnant führte während der gesamten Untersuchungshaftzeit geduldig die Befragungen durch, ohne jemals laut zu werden. Stets ging er behutsam vor. Er signalisierte in hunderten von Stunden, die wir zusammen verbrachten, immer einen Hauch von Kompromissbereitschaft.

Doch er hatte es faustdick hinter den Ohren. Seine psychologische Ausbildung ließ ihn zum Wolf im Schafspelz werden. Wie perfide seine Gedankenspiele waren, zeigte sich in der sensiblen Zeit vor Weihnachten. Wenige Tage vor dem 1. Advent saß ich bei ihm, wurde noch einmal zu einem Protokoll verhört, das ich schon einmal Korrektur gelesen hatte, als das Telefon klingelte.

»Ja, bitte«, meldete sich der Leutnant.

Man konnte von weitem hören, wie eine Stimme wasserfallartig in den Hörer sprach. So sehr ich mich auch anstrengte, ich konnte kein Wort verstehen. Doch die Miene meines Gegenübers verfinsterte sich von Sekunde zu Sekunde. Er ließ empfindsam seine mimische Muskulatur alle Nuancen von Betroffenheit bis Entsetzen durchlaufen und sprach in den Hörer die Worte:

»Was sagen Sie da? Das ist ja schrecklich. Und das zu Weihnachten. Meinen Sie denn, die Kleine schafft es? Ich wäre Ihnen wirklich dankbar, wenn Sie mich auf dem Laufenden halten würden. Immerhin habe ich hier den direkten Kontakt zu den Eltern.«

Ich saß hilflos dabei und musste tatenlos zusehen, wie dieser Kerl mit seinen butterweichen Gesichtszügen und der sanften Stimme dieses Gespräch führte, von dem ich annehmen musste und sollte, dass es eines meiner Kinder betraf. Als er den Hörer aufgelegt hatte, konnte ich nicht mehr an mich halten und attackierte ihn.

Erst bat ich ihn höflich und freundlich, mir etwas über meine Kinder zu sagen, schließlich flehte ich ihn an.

Doch er sagte nichts, ließ seiner Physiognomie freien Lauf und schwieg. Dieses Verhalten brachte mich so in Wut, dass ich einen regelrechten Kontrollverlust erlitt und schrie: »Sie werden eines Tages gewiss dafür büßen müssen, was Sie anderen Menschen angetan haben. Sie sind genau so ein mieser Handlanger dieses Verbrecherstaates, wie all die anderen unter diesem Dach. Nur meinen Sie wohl, dass Sie sich mit Ihrer glatten, gefälligen Art von den anderen abheben könnten.«

Noch immer sagte er nichts, kein einziges Wort. Er drückte nur auf den Klingelknopf. Sofort erschien ein Soldat in Uniform und Knobelbechern und führte mich ab.

Nach dieser Gemeinheit, dieser widerlichen Provokation war ich tagelang so aufgewühlt, dass ich weder essen noch trinken konnte. Mir wurde schwindelig, und ich glaubte, krank zu werden. Es war eine kritische Phase für mich, die ausgerechnet in die Adventszeit fiel, deren besinnliche Tage und Stunden für unsere Familie immer etwas ganz besonderes gewesen war.

Einige Tage später, ich glaube es war der 16.12.1975, wurde ich völlig unverhofft in der üblichen Weise abgeführt. Ich dachte, es ginge zum Verhör. Man brachte mich jedoch in einen anderen Trakt. Um dorthin zu gelangen, musste ich etliche Schleusen passieren. Wie war ich überrascht und glücklich, als ich einen Raum betrat, in dem meine Schwiegereltern auf mich warteten. Damit hatte ich zu diesem Zeitpunkt überhaupt nicht gerechnet. Ich nahm meine Schwiegermutter, meine kleine Hertha, knapp einen Meter fünfzig groß, in den Arm und drückte sie so, dass sie kaum noch atmen konnte. Mir rannen die Tränen die Wangen herunter, und ich dankte dem Schicksal, dass es mir in meiner ehelichen Verbindung so gute, zuverlässige Menschen beschert hatte. Natürlich war während der halbstündigen Unterredung immer ein Staatssicherheitsbeamter anwesend. Trotzdem unterhielten wir uns freimütig. Das wichtigste an diesem Tage war jedoch die Information, dass es unseren Kindern körperlich gut ging und dass Heino, mein Schwiegervater, es erreicht hatte, sie aus einem staatlichen Kinderheim, wohin man sie zunächst nach unserer Verhaftung gebracht hatte, in seine Obhut zu bekommen. Eine Riesenlast war mir von der Seele genommen. Jetzt würde ich ruhiger schlafen können.

An der Sorge um die Kinder erkannte ich genau, dass unsere Zwillinge bei allen Vorgängen im Zusammenhang mit unserer beabsichtigten Flucht der am wenigsten berechenbare und sensibelste Punkt war, dass mein tiefstes Gewissen mich immer wieder gemahnt hatte, bei allen Fluchtabsichten die Kinder vielleicht doch überfordert oder zumindest nicht in der richtigen Weise berücksichtigt zu haben. Bei dieser Unterredung erhielt ich noch weitere Informationen. Heino nannte mir unverblümt den Namen des einzigen Rechtsanwalts in Rostock, der Kompetenz im Umgang mit Ausbürgerungsanträgen und Ausreisen in den Westen besaß, weil er sich als Verbindungsanwalt zur Ostberliner Anwaltskanzlei Dr. Vogel einen Namen gemacht hatte. Rechtsanwalt Dr. Vogel, das wussten wir alle, war Mittler zwischen den Regierungen der Bundesrepublik und der DDR. Ohne sein Mitwirken kam niemand auf die Liste der Personen, die gegen harte Währung aus der DDR herausgekauft wurden. Weiter erfuhr ich, dass mein Vater in Lübeck über unser Schicksal informiert war und auch von westlicher Seite die nötigen Schritte veranlassen wollte.

Bei diesen Worten atmete ich erleichtert durch, denn ich wusste, auf meinen Vater und meinen Bruder konnte ich mich verlassen. Ich durfte ganz sicher davon ausgehen, dass meine Familie in der Bundesrepublik alle Hebel in Bewegung setzen würde, um uns zu helfen, dass sie auch versuchen würde, über diplomatische Kontakte die Änderung unserer Situation zu beschleunigen.

Während ich diese Neuigkeiten in mich einsog, durfte ich nebenbei sogar ein dickes Wurst- und ein Käsebrötchen essen. Ich hatte immer Hunger, dass wusste meine Schwiegermutter. Das war hier in der Haftanstalt natürlich eher schlimmer geworden.

Man gab sich an diesem Tage nach außen sehr großzügig, und meine Schwiegereltern mussten den Eindruck gewonnen haben, dass wir korrekt behandelt wurden. Sogar ein Passbild von Heide und unseren Zwillingen durften sie mir übergeben. Ich nahm es sofort und versteckte es an einer Stelle, die zu erwähnen ich mich schäme.

Doch ich wusste, warum.

Nachdem wir uns verabschiedet hatten – ich war überaus glücklich und seit der Inhaftierung das erste Mal innerlich entspannt – führte man mich wieder zurück in den militärischen Trakt der Einrichtung. Sofort nahm man mir den Rest meines Käsebrötchens weg. Ich hatte es nicht aufgegessen, weil ich nicht während der ganzen Zeit des Besuchs kauen wollte. Dann folgte eine Leibesvisitation. Ich musste mich splitternackt ausziehen. Zum Glück waren die Akteure jetzt andere als bei der Familienbegegnung. Das kleine Bild von Heide und den Kindern, das ich zwischen meine beiden Po-Backen geklemmt hatte, blieb unentdeckt. Ich hütete es wie meinen Augapfel. Es sollte lange dauern, bis sie es fanden. Dabei wurden in jeder Woche die Zellen gründlich gefilzt. Man fragte sich, was bei dieser hermetischen Abriegelung eigentlich gefunden werden sollte.

Weihnachten verlief trostlos. Es passierte nichts, und so war ich froh darüber, dass der Leutnant mich kurz nach den Festtagen – es muss ein Tag vor Silvester gewesen sein – noch einmal zu einer Vernehmung holen ließ.

Dabei erfuhr ich zwar nichts über unsere Kinder, doch wurde die Absicht dieses gesonderten Verhörs und des ungewöhnlichen Zeitpunktes sehr bald deutlich. Er machte mir unverhohlen das Angebot, ich könne mit meiner Frau sofort, ohne jede Formalität und völlig unkompliziert in unser Haus zurückkehren, wenn wir Abstand von unserem Vorhaben nehmen würden, in die Bundesrepublik überwechseln zu wollen.

»Ihre Frau hat diesem Vorschlag bereits zugestimmt«, fügte er frohlockend hinzu und ergänzte: »Sie brauchen nur diese Erklärung hier zu unterschreiben« – bei diesen Worten schob er mir ein vorgefertigtes Schreiben über den Tisch – »und alles andere regeln wir dann für Sie. Wir werden dafür sorgen, dass sich die ganze Angelegenheit als ein großer Irrtum herausgestellt hat, und Sie werden ohne jedes Aufsehen wieder in Ihre bisherige Funktion als Ärztlicher Leiter eingesetzt.«

Der Zeitpunkt war geschickt gewählt. Ich kannte Kollegen, die in ähnlichen Situationen aufgegeben hatten, dann aber ihres Lebens nicht mehr froh geworden waren. Sie mussten in untergeordneter Stellung die Arbeiten verrichten, zu denen die anderen keine Lust hatten und fühlten sich als Versager, ohne jegliche berufliche Perspektive. Von einem Anästhesisten, der einer solchen Versuchung erlegen war und den Weg zurück in den DDR-Alltag gewählt hatte, wusste ich, dass er dem Alkohol hoffnungslos verfallen und inzwischen auch an den Folgen gestorben war.

Nachdem ich mir Gedanken über das fingierte Telefongespräch gemacht und auch dieses neue Angebot überdacht hatte, wurde mir klar, dass es wohl ein letzter Versuch war, uns umzustimmen. Möglichst sachlich und emotionslos antwortete ich auf das im ersten Moment verlockend klingende Angebot:

»Erstens glaube ich Ihnen kein Wort. Meine Frau würde diesem Vorschlag niemals zustimmen. Sie können mich mit dieser erlogenen Behauptung nicht beeindrucken. Zweitens nehmen Sie bitte unwiderruflich zur Kenntnis, dass es für mich unter keinen Umständen einen Weg in diese sozialistische Gesellschaft zurück geben wird. Meine Erlebnisse in diesem Land, die rücksichtslosen Attacken des Geheimdienstes gegen meine Familie, unsere Freunde und mich mit Bedrohungen, Verfolgung und Bespitzelung und schließlich unsere Verhaftung lassen keinen Raum für die Vorstellung, in diesem Staat je wieder ein glückliches Leben mit der Hoffnung auf eine unbeschwerte Zukunft führen zu können. Und Sie müssen zugeben, dass ein Leben ohne diese Zutaten für eine junge Familie nicht erstrebenswert sein kann.«

Nach diesem Schlusswort von mir war die Begegnung in Sekunden beendet. Der Leutnant sprach an diesem Tag mit mir kein Wort mehr, betätigte den schon bekannten Knopf zur Entfernung des lästigen Probanden, und eh ich mich versah, stolperte ich über die eisernen Flure dieser grauenhaften Anstalt vor einem diensthabenden Soldaten her, der an diesem Tage gar nichts sagte, nicht brüllte, nicht kommandierte, mich einfach laufen ließ, denn ich kannte den Weg ja schon...

Zu Weihnachten hatte mich mein Zellenkumpel, dessen deprimierende Lebensgeschichte mich tief berührt hatte, einmal mehr verblüfft. Er stellte ein komplettes Schachspiel auf den kleinen Klapptisch. Ich war wirklich überrascht, wie professionell er das gefertigt hatte. Aus durchgekautem Schwarz- und Weißbrot hatte er kleine, absolut ästhetische und typische Figuren geformt. So hatten wir acht Bauern aus Weißbrot und acht aus Schwarzbrot. Damen, Türme und Läufer waren so typisch und unverwechselbar hergestellt, als wären sie gedrechselt. Die Springer jedoch erschienen wie eine Meisterarbeit.

So possierliche Tierchen mit schmalen Köpfen und langer Mähne hätte ein Kunsttischler in seiner Werkstatt nicht besser arbeiten können. Und das ganze »en miniature«.

Er hatte daran immer arbeiten können, wenn ich bei einem Verhör war und das waren – von den Wochenenden abgesehen – jeden Tag vier bis acht Stunden. Stolz war seinem Gesicht anzusehen, und ich sparte auch nicht mit ehrlichem Lob.

Wir spielten Schach auf unserem Tischchen, welchen wir mit feinen, kaum sichtbaren Kratzern in ein Schachbrett verwandelt hatten, immer darauf bedacht, dass uns niemand dabei beobachtete. Die Figuren waren so winzig klein, dass sie durch den Spion nicht ohne weiteres zu entdecken waren. Außerdem saß einer von uns stets seitlich mit dem Rücken zur Tür, so dass dadurch die direkte Sicht auf das Spiel verwehrt war. Mein Leidensgenosse überraschte mich mit einer außergewöhnlichen Kombinationsfähigkeit im Schachspiel. Zwar war ich nicht gerade ein Experte in diesem königlichen Spiel, beherrschte aber damals doch die wichtigsten Eröffnungen und bildete mir ein, etwas mehr als für den Hausgebrauch spielen zu können. Gegen ihn jedoch hatte ich keine Chance. Er schlug mich beliebig, so dass ein Unentschieden für mich schon ein Erfolg war.

Wenn an den langen Wochenenden die schweren Schritte der diensthabenden Soldaten auf den metallenen Korridoren verstummten, das immerwährende Rasseln der schweren Schlüssel und das laute Knallen der Metalltüren seltener wurden, machte sich Norbert – jetzt kannte ich endlich seinen richtigen Namen – mit Begeisterung an unserem gusseisernen Klosett zu schaffen. In Windeseile entleerte er mit der Faust seines rechten Armes das Wasser im oberen Knie des S-förmigen Geruchsverschlusses und wandelte so die Stätte unserer Notdurft in ganz besonderer Weise in ein Sprachrohr und gleichzeitig in eine Empfängerstation um.

So konnte man zu anderen Gefangenen Sprechverbindungen herstellen. Das war zwar streng verboten, doch erlebte ich niemals, dass man ihn dabei schnappte. Es sollen gehörige Strafen auf diese unerlaubte Kontaktaufnahme gestanden haben.

Das technische Prinzip eines solchen »Knasttelefons« war denkbar einfach. Man gewann Anschluss an das Rohrsystem der gesamten senkrechten Ebene und konnte sich mit normaler Umgangssprache durch die Abflussröhren mit anderen Häftlingen unterhalten. Ich war überrascht, wie viele andere Zellen sich an dieses System anschlossen. Zeitweilig funktionierte dieser Sprechfunk wirklich vorzüglich. Im Hause war nur ein dumpfes, hohles Raunen zu hören, das jedoch offensichtlich von den Gängen nur sehr schwer bestimmten Zellen zuzuordnen war.

Man erfuhr so etwas über Neuzugänge, hörte die neuesten Urteile, insbesondere das jeweilige Strafmaß für einzelne Vergehen und Verbrechen und rechnete sich dann aus, welcher Gefängnisstrafe man selber eines Tages entgegensehen musste. Auch über Schikanen einzelner STASI-Bediensteter wurde berichtet, und man fühlte sich mit seinen eigenen Problemen für kurze Zeit nicht mehr so alleine.

Die Nachteile dieses Kommunikationssystems lagen auf der Hand, oder besser gesagt in der Nase.

Um sprechen oder Botschaften empfangen zu können, musste man sich tief über das Toilettenbecken beugen. Immer wieder wurde man dabei von der Notdurft eines Häftlings in einer darüber oder darunter gelegenen Zelle überrascht, was natürlich nicht spurlos, das heißt geräusch- und geruchlos, vonstatten ging. Mir wurde derart schlecht dabei, dass ich meist die vorzeitige Beendigung des Buschfunks veranlasste.

Natürlich gab es auch ein ausgeklügeltes Klopfsystem.

Vor allem Ehepartner versuchten, sich über Klopf- und Morsezeichen zu verständigen. Viel ist zumeist nicht dabei herausgekommen, weil durch die vielen verschiedenen Signale Überlagerungen entstanden, die alles unkenntlich machten.

Einmal in der Woche wurde geduscht und die Wäsche gewechselt. Während dieser Zeit nahm die operative Abteilung der Stasi eine Generalfilzung vor. Das ist eine bis ins kleinste Detail gehende Untersuchung der Zelle und aller beweglichen Dinge, die sich dort befanden, wie Kleidungsstücke, Bücher, Betten, Decken und übriges Mobiliar, und natürlich gehörte eine gründliche Leibesvisitation dazu, deren Ziel es war, irgend etwas Verbotenes zu entdecken. Einer solchen Filzaktion fielen Ende Januar leider auch unsere schönen Schachfiguren zum Opfer, die wir geschickt getarnt hoch oben zwischen den verdreckten Glasbausteinen in der zweiten Reihe versteckt hatten.

Drei Tage später, als ich vom Verhör zurückkehrte, war mein Zellenkumpel, Norbert, »Bett eins«, nicht mehr da. Er war einfach weg, und es gab niemanden, den ich nach ihm fragen konnte.

Nun war ich in meiner Zelle Herrscher aller Reusen. Zunächst fand ich das nicht so schlecht, denn trotz der Möglichkeit zum Gedankenaustausch war der enge Raum für zwei Menschen auf Dauer nicht leicht zu ertragen, insbesondere unter Berücksichtigung der abenteuerlichen Hygienevorstellungen meines Nachbarn. Abgesehen von dem Körpergestank, den Norbert ausströmte, und dem Umstand, auf so engem Raum nie ausweichen zu können, auch dann nicht, wenn einer von uns auf dem eisernen Klosett seinen Bedürfnissen nachkam, hatte er merkwürdige Angewohnheiten. Er sammelte Klosettpapier wie andere Briefmarken. Dann versteckte er es irgendwo in der Zelle, obwohl er in jeder Woche aufs Neue die Erfahrung machen musste, dass es der Wochenfilzung zum Opfer fiel. Er konnte diese Mengen an Papier nur zusammen bekommen, weil er ein absurdes Verhalten offenbarte. Während ich für ein normales »Geschäft« etwa fünf bis sechs Blatt Papier verbrauchte, was mir regelmäßig seine Unmutsbekundungen einbrachte, kam er seinerseits mit einem halben Stück aus. Dieses faltete er dann fein säuberlich bis zur Größe einer Briefmarke der Sorte »Notopfer Berlin«, um es dann stolz wie einen Stein im Metallschacht zu versenken.

Doch nach einigen Tagen des Alleinseins fühlte ich mich in der öden, tristen Gefängniszelle noch erbärmlicher. Die Einsamkeit wurde nur noch durch die Vernehmungen unterbrochen. Außer dem Monatsbuch, dem regelmäßigen »Essen fassen« und der sogenannten Freistunde in den kahlen Betonverschlägen gab es keinerlei Abwechslung.

In diesen endlos währenden Stunden fliegen einem die unterschiedlichsten Gedanken zu. Was muss in Menschen vorgehen, die keine Familie, keine Arbeit, vielleicht nicht einmal Freunde haben?

Wenn heute die psychischen Probleme Millionen junger, arbeitsloser Menschen Krankheitswert erreichen und so zu einem wichtigen Thema in Hausarzt- und psychiatrischen Facharztpraxen werden, kann ich deren Lage – eingedenk meiner Zeit der Isolation in der Untersuchungshaft bei der Staatssicherheit – gut nachvollziehen.

Jeder Mensch braucht ein Ziel, einen Silberstreifen am Horizont, das Gefühl, irgendwo gebraucht zu werden. Nur werden diese bescheidenen Wunschvorstellungen in unserer anonymen Gesellschaft immer seltener erfüllt. Vereinsamung, psychische Traumen, Verlust an Selbstwertgefühl, Hoffnungs- und Perspektivlosigkeit gehören zum Alltag und führen dazu, dass zunehmend mehr Menschen in der Kriminalität oder aus Verzweiflung im Suizid landen.

In den vergangenen Monaten hatte ich noch mit keinem Rechtsanwalt gesprochen. Auch in der DDR benötigte man professionellen Rechtsbeistand, um eine Strafsache vor dem Bezirksgericht zu verhandeln. Das Ende der Prozedur war also noch nicht abzusehen, obwohl ich mir nicht vorstellen konnte, was die geheime Untersuchungsabteilung aus mir noch herausquetschen wollte. Die Burschen nahmen sich viel Zeit.

Zeit! »Was ist das«, fragte ich mich später immer wieder, wenn ich mich aus der Erinnerung heraus mit Abläufen beschäftigte, die weit zurücklagen. In dieser Phase, die wohl zu den schwärzesten und herausforderndsten meines Lebens gehörte, galt sie nicht viel. Zumindest hatte ich genügend, ja überreichlich davon. Sie muss also ein relativer Begriff sein, obwohl Sekunden, Minuten, Stunden, Tage, Monate und Jahre exakt definierte Größen sind. Offensichtlich sind es die Menschen, die versuchen, die Zeit zu verändern. Einerseits kommen sie mit ihr nicht zurecht, zum anderen beklagen sie ihren Mangel und können nicht genug von ihr bekommen, möchten sie immer dann anhalten, wenn es am schönsten ist. Allerdings streben sie eine Beschleunigung an, wenn Langeweile aufkommt oder Arbeit lästig und langatmig wird. In den Jahren politischer Haft hatte ich reichlich Gelegenheit, über die Relativität der Zeit nachzudenken. Der 64-jährige Thornton Wilder soll gesagt haben:

»Von jetzt an werde ich alles zum letzten Mal machen.«

Damit wollte er wohl ausdrücken, dass eine wesentliche Erkenntnis im Leben darin besteht, mit der zur Verfügung stehenden Zeit geizig und sinnvoll umzugehen.

Wehe, man wird krank...

Eines Morgens wachte ich mit entsetzlichen Zahnschmerzen auf. Bei meiner stereotypen Frühmeldung: »Bett eins zur Zählung angetreten« – ich war nach Norberts Verlegung von Bett zwei nach Bett eins aufgerückt, quasi umbenannt worden – machte ich eine Zusatzbemerkung und bat um einen kurzfristigen Termin bei einem Zahnarzt. Ich erfuhr, dass einmal in der Woche ein Zahnarzt in die Einrichtung kommt und Notbehandlungen bei Schmerzen durchführt.

Die Meldung hatte ich an einem Dienstag gemacht. Den Zahnarzt bekam ich am Freitag der darauffolgenden Woche zu sehen. Zehn Tage plagte ich mich mit pochenden, hämmernden Schmerzen und einer zunehmend dicker werdenden Backe herum.

Bis dahin erhielt ich ab und zu eine Tablette Aspirin von einem Sanitäter. Der »Sani« war ein groß gewachsener, gut aussehender Mann. Wenn er gerufen wurde erschien er stets in einem schlohweißen Kittel, dessen strahlender Glanz mit seiner gesunden, braunen Gesichtsfarbe kontrastierte. Um den Hals hatte er lässig ein Stethoskop geschlungen, wie man das aus Arztfilmen im Fernsehen kennt. Doch seine medizinischen Kenntnisse hielten sich in engen Grenzen. Ich bezweifelte, dass er überhaupt eine Ausbildung zum Pfleger oder Arzthelfer hatte. Meine unterschiedlichen Zellengenossen hatten diverse akute medizinische Probleme. Der Sanitäter war bei keiner einzigen Situation in der Lage, eine richtige Entscheidung zu treffen.

Der Zahnarzt beschäftigte sich etwa drei Minuten mit mir. Er bohrte mir den betroffenen Zahn ohne Betäubung auf, worauf sich reichlich stinkender Eiter entleerte und der Schmerz abrupt nachließ. Dann füllte er den Zahn provisorisch und sagte beiläufig – und das war Balsam für meine Seele: »Richtig lassen Sie das dann machen, wenn Sie im Westen sind.« Damit war die Behandlung abgeschlossen.

Ich dachte nur: »Wehe dem, der hier richtig krank wird.«

Jedoch sollte ich über die gesundheitliche Betreuung von Gefangenen in der DDR später viel mehr erfahren, als mir lieb sein konnte.

Nun vergingen etliche Wochen ziemlich eintönig. Die Häufigkeit der Verhöre nahm ab, die Dauer der einzelnen Sitzungen und somit der Umfang der Protokolle auch. Vernünftige Inhalte gab es schon lange nicht mehr zu besprechen. Jeder Tag erschien mir unendlich lang und überflüssig. Das Leben plätscherte langweilig, spannungslos und ohne griffige Aufgabe dahin. Ich hatte seit Wochen keinen Gesprächspartner mehr und sehnte mich nach der Hauptverhandlung. Von ihr erhoffte ich etwas mehr Dynamik in unserer Angelegenheit.

Mein zweiter Zellenkumpan

Statt der Verhandlung kam »Mäcki«.

Einmal mehr öffnete sich krachend die schwere, eiserne Zellentür, und überraschend stolperte ein blonder Berliner mit irischem Aussehen und einem irischen Namen herein. Er sollte fortan mit mir die Zelle teilen.

»McKancy***, Karl-Heinz McKancy«, stellte er sich vor.

Mäcki sah völlig deprimiert aus, er war es auch. Er sagte als erstes zu mir: »Ick weeß ja nich, wat die von mir wolln, ick will doch jar nich wech von hier.«

Er war total verzweifelt, weil man ihm nicht glauben wollte, dass er selbst nie Fluchtabsichten gehegt hatte. Später erfuhr ich, dass er sich in der DDR sogar sehr wohl gefühlt hatte. Er stammte aus Potsdam. Dort war er verheiratet, hatte vernünftige Arbeit und einen guten Bekanntenkreis. Freunde, die türmen wollten, überredeten ihn, sie mit seinem PKW an die Autobahn Berlin-Hamburg zu fahren, wo sie in ein anderes Fahrzeug umsteigen wollten, um über die Transitwege in den Westen zu fliehen. Gutmütig, wie er war, wollte er ihnen diese Gefälligkeit nicht ausschlagen. In seiner Arglosigkeit hatte er über mögliche Nachteile für sich nicht weiter nachgedacht. Bei der Kontaktaufnahme zu den Schleusern auf der Autobahn wurden seine Freunde geschnappt. Mäcki wurde als Zubringer gleich mitverhaftet.

Zu Hause warteten eine Frau und ein Hund auf ihn, ein Wachtel, von dem er mir die tollsten Geschichten zu erzählen wusste. Mäcki war todunglücklich darüber, dass er in den Westen abgeschoben werden sollte. Er hatte sich total in die Gesellschaft in-

*** Name geändert

tegriert, war Jäger und Schütze mit eigenem Gewehr und hatte keinen Grund, sich über irgendetwas zu beklagen. Außerdem war er fest davon überzeugt, dass seine Frau den unvermittelten Wechsel in den Westen nicht mitmachen würde. Schließlich hatte sie von seinem Freundschaftsdienst, der Spritztour an die Autobahn, der ihn in die Stasi-U-haft nach Rostock brachte, keine Ahnung gehabt.

Er musste ein exzellenter Schütze sein. Jedenfalls berichtete er mir von etlichen Meisterschaften im Skeet- und Trap-Schießen. Das sind verschiedene Disziplinen im Tontaubenschießen. Dabei hatte er bei nationalen Vergleichskämpfen oft gesiegt. Dass er Eigentümer einer eigenen Waffe war, machte mich zunächst stutzig, denn ich wusste, dass man schon ein linientreuer Genosse sein musste, um ein eigenes Gewehr mit Waffenschein zu besitzen.

Er liebte seine Frau über alles, verehrte sie geradezu. Nun hatte er Angst, sie zu verlieren. Er durfte sie in unserer gemeinsamen Zeit verschiedene Male sehen und sprechen. Wenn er von derartigen Terminen zurückkam, war er völlig verstört und deprimiert. Einmal berichtete er mir nach einem solchen Treffen, seine Frau habe sich entschlossen, ihn zu verlassen. Sie hatte in der Zwischenzeit einen anderen Mann kennen gelernt. Zum Glück kam sie dahinter, dass es ein Stasi-Spitzel war, der sich während der Zeit ihrer Zugfahrten von Potsdam nach Rostock an sie herangemacht hatte, um sie auszuspionieren. Beide waren von diesem Erlebnis so geschockt, dass sie beschlossen, den weiteren, schwierigen Weg gemeinsam zu gehen. Von Stund' an stabilisierte sich Mäckis Seelenzustand spürbar.

Ende März kam für mich der große Tag. Ich durfte meine Frau und meinen Rechtsanwalt kurz sprechen.

Es ging alles sehr schnell, viel zu schnell. Zunächst sahen wir uns nur an und konnten gar nichts sagen. Wenn überhaupt etwas über unsere Lippen kam, dann etwa dieses:

»Mir geht es gut, pass gut auf dich auf, es wird schon alles gut werden.«

Dieses Gespräch fand in unmittelbarer Nähe einer Aufsichtsperson statt, so dass jedes unserer Worte überwacht wurde. Für Absprachen zu unseren Vernehmungen oder die anstehende Gerichtsverhandlung war da wenig Raum. Doch wenn man länger verheiratet ist, hat man Gespür und Sensibilität für einander. Bei Gleichklang der Gefühle bedurfte es nicht vieler Worte. Um uns beiden Mut zu machen, erzählte ich Heide von meinen nächtlichen Visionen und Träumen. Ich sah uns immer auf einem der weißen Fährschiffe sitzen und über die Ostsee nach Skandinavien fahren, einfach so, ohne ein Visum, ohne jemanden um Erlaubnis fragen zu müssen.

Dieser Traum war schon alt. Ich kannte ihn schon aus Zeiten in unserem Häuschen an der Ostsee, von wo aus wir so oft sehnsuchtsvolle Blicke in die Richtung der Fahrrinne Travemünde – Gedser oder Travemünde – Trelleborg geschickt hatten.

Nachdem ich aber einmal mehr Glück bei der Auswahl eines Monatsbuches hatte und eine wundervolle Schilderung der Stadt Wien lesen konnte, war ich von einem heimlichen Wunsch beseelt. Ich wollte mit Heide diese Stadt besuchen, sie durch Fußmärsche erobern, all ihren Charme, die gewachsene Kultur, Theater, Museen, die historischen Baudenkmäler, gemütlichen Kaffees, die Hofreitschule und die skurrilen Wiener erleben mit ihren verschrobenen Ansichten und der komplizierten, höflichen Art sich auszudrücken. Wie oft hatte ich schon in Gedanken im verrauchten Café »Hawelka« gesessen, einem der über tausend Cafés in Wien, ein Ort, der durch seine Anziehungskraft auf die Künstler in der ersten Hälfte des 20. Jahrhunderts berühmt geworden war und hatte die österreichischen Kaffee-Spezialitäten, vom »Melange« über den »Einspänner« bis hin zum »großen Braunen« gekostet.

Als nach 20 Minuten das Treffen zwischen Heide und mir abrupt abgebrochen wurde, schwelgte ich noch in meinen österreichischen Wunschträumen und sagte beim Abschied, ohne einen Zusammenhang hergestellt zu haben: »Wir fahren nach Wien.«

Das sollten für Monate meine letzten Gedanken und Worte sein, mit denen ich sie alleine ließ, deren Deutung ich ihrer eigenen Phantasie überließ. Heide durfte darüber nachdenken, was ich mit dem einsamen Satz wohl gemeint haben mochte.

Das zweite wichtige Ereignis in diesen Tagen war die Begegnung mit unserem Rechtsanwalt. Obwohl wir ihn selbst ausgesucht hatten, war er uns fremd. Wir wussten lediglich von ihm als einem Verbindungsmann zu Anwalt Dr. Vogel in Ostberlin, der wiederum im Auftrag der DDR-Führung über zwei Westberliner Anwaltskanzleien Kontakte zur Regierung der Bundesrepublik unterhielt. Es war angenehm mit ihm zu sprechen. Seine Offenheit machte ihn außerordentlich sympathisch. Am Schluss unserer kurzen Begegnung flüsterte er mir zu, ohne dass es jemand hören konnte: »Alles was hier passiert, ist nur Fassade. Das Urteil in Ihrem Prozess steht fest, bevor Sie den Gerichtssaal betreten haben.«

So war ich richtig eingestimmt auf das, was mich erwartete. Heides und mein taktisches Konzept für die gesamte Zeit der Ermittlungen bestand darin, alle Initiative zur Flucht auf mich zu projizieren und Heide als passiven Mitläufer in Erscheinung treten zu lassen. Dahinter stand die Absicht, ein möglichst kleines Strafmaß für sie zu erwirken und alle Schuld, von der Idee bis zur Ausführung, auf mich zu laden.

Die stundenlangen Protokolle über die monatelangen Verhöre waren von uns deshalb immer geschickt in diese Richtung gelenkt worden. Aus der praktischen Erfahrung mit den Ergebnissen der Freikaufkampagne der Bundesrepublik als Resultat der Verhandlungen zwischen den Unterhändlern aus Ost und West wusste man, dass nach Überführung eines Ehepartners in den Westen der andere mit einer baldigen Entlassung rechnen durfte, egal wie hoch sein Strafmaß war. Natürlich war das Spekulation.

Vieles war Spekulation in diesem Staat, vor und ganz besonders hinter den Gefängnismauern, der Stelle, an der ich mich jetzt befand. Gesetzmäßigkeiten gab es wenige.

Für Mäcki war ich in der Zeit unseres gemeinsamen Zellenaufenthaltes so etwas wie ein Psychotherapeut. Seine suizidalen Gedanken bedrückten mich sehr. In Alpträumen sah ich ihn stranguliert an einem Fensterkreuz hängen. Wenn seine Frau nicht zu ihm gehalten hätte, wäre er zu allem fähig gewesen. Natürlich hatte die Stasi am ersten Tag herausgefunden, wie er am günstigsten zu packen war. Einmal kam er vom Verhör zurück und war ziemlich schlimm zugerichtet, wie ein Boxer nach einem verlorenem Kampf. »Was haben die denn mit dir gemacht?«, fragte ich ihn entsetzt. »Ick wollt nich so wie die, und da hamm se mich jeprüjelt, bis ick uff'm Schrank jesessen hab.«

Er hatte Beulen und blutunterlaufene Schwellungen am Kopf und an anderen Stellen seines Körpers. Ohnehin trug er ein ständiges Handicap mit sich herum. Bei einem Jagdunfall war sein linkes Bein am Oberschenkel schwer verletzt worden. Während einer Treibjagd, bei der ein Jäger ihn mit einem Wildschwein verwechselt hatte, erwischte ihn eine Kugel. Schwer verletzt war er in ein Krankenhaus gebracht und mehrfach operiert worden. Seitdem war das linke Bein in seiner Funktion geschwächt. Er klagte über ständige Schmerzen in der großen Narbe, die sich besonders unter den miesen Bedingungen der Haftanstalt verstärkten.

Im Gegensatz zu unserem Untersuchungsführer war seiner brutal und wandte gerne Gewalt an. Er scheute offensichtlich nicht davor zurück, gewünschte Aussagen aus seinem Delinquenten herauszuprügeln.

Dass eine solche Vorgehensweise bei mir nicht fruchten würde, hatten die Kerle bereits beim Eingangsverhör am ersten Tage sehr clever herausgefunden.

In all den Jahren hatte sich bei mir eine Menge Wut und Hass gegen alles angesammelt, was mit Sozialismus und DDR zusammenhing. Trotzdem musste ich zugeben, dass die Geheimdienstorganisation, der Staatssicherheitsdienst, vielleicht das einzige war, was hier richtig funktionierte. Bespitzelungen von Personen konnten schließlich ohne besondere Genehmigungsverfahren durchgeführt werden. Es bedurfte auch keines parlamentarischen Vorganges, Telefone anzuzapfen, Wanzen in Wohnungen zu installieren oder verdächtige Personen einfach vorübergehend in Gewahrsam zu nehmen.

Bei meinem Überfluss an Zeit dachte ich über den Unfug nach, mit Menschen wie mir einen solchen Aufwand zu treiben. Welch ein teurer Apparat musste das sein, der Personenüberwachungen rund um die Uhr betrieb, Telefongespräche jahrelang protokollieren ließ und riesige Untersuchungshaftanstalten für politisch Verdächtige unterhielt. Unter wirtschaftlichen Gesichtspunkten dürfte das in keiner Weise zu vertreten gewesen sein. All die perfiden Scheußlichkeiten, die dazu gehörten, Menschen zu überwachen, zu bedrohen, einzuschüchtern, zu verhören, einzusperren und in Abhängigkeit zu bringen, mussten ein Vermögen verschlingen. Kein Wunder, dass dieser Staat am Ende war. Aber wahrscheinlich war das Sicherheitssystem gerade die Korsettstange, die dem maroden Staat noch eine restliche, aus Angst und Misstrauen geflochtene, vage Stabilität verlieh, ohne die er viel früher zerbrochen wäre.

Dann war es endlich so weit. Am 20. April 1976 sollte die Verhandlung gegen uns vor dem Bezirksgericht in Rostock stattfinden. Eine groteske Veranstaltung auf unserem steinigen Weg in die Freiheit.

Die Gerichtsverhandlung

In der Nacht vor unserer Verhandlung schlief ich schlecht. Obwohl ich den Tag lange herbeigesehnt hatte, fürchtete ich nun das Urteil, das uns für Jahre hinter düstere Zuchthausmauern verbannen und unser Schicksal für die nächsten Jahre besiegeln sollte.

Ich gestand mir die Angst, die Unsicherheit ein, die sich mit diesem Gedanken verband. Es war mir auch klar, dass die Halbwertszeit des medizinischen Fachwissens nur etwa fünf bis sechs Jahre ausmacht. Was nützte mir die beste Ausbildung, wenn ich im Knast die Zeit verplemperte, fachlich verblödete und vorgealtert in ein Land entlassen würde, in dem ich hilflos der Hightech-Gesellschaft der westlichen Welt gegenüber stünde? Je mehr ich die außerordentliche Bedeutung und Tragweite solcher Überlegungen begriff, desto unsicherer wurde ich.

Schon früh holte uns der diensthabende Schließer aus der Zelle ab. Ausgerechnet der Soldat, der mich am ersten Tag in Rostock in Empfang genommen und mich bei jeder Gelegenheit schikaniert hatte, trieb mich auch jetzt vor sich her. Ob das ein schlechtes Omen war? Jedenfalls ließ er an diesem frühen Morgen keine Gelegenheit aus, mich zu beschimpfen.

»Jetzt kriegen Sie endlich die gerechte Strafe für das, was Sie unserem Staat, unseren Genossen angetan haben«, fühlte er sich bemüßigt mir mit hämischer Stimme mit auf den Weg zu geben.

Verblüfft war ich, als ich bei den »Effekten«, der Abteilung, die das persönliche Eigentum der Untersuchungshäftlinge aufbewahrte, einen meiner Maßanzüge in Empfang nehmen durfte. Ich hatte ihn in Berlin im »Atelier unter den Linden« anfertigen lassen. Meine Schwiegereltern mussten ihn eigens für die Gerichtsverhandlung nach Rostock geschickt haben.

»Was soll der Blödsinn«, dachte ich, »die Verhandlung wird doch wie alle politischen Verfahren unter Ausschluss der Öffentlichkeit durchgeführt. Die schaffen sich ihre eigenen Potemkinschen Dörfer. Man hätte uns doch genau so gut in den ausgeleierten Trainingsanzügen auftreten lassen können.«

Schließlich brachte man mich in den Gefängnishof. Hier sah ich Heide wieder. Beide standen wir uns gefesselt gegenüber. Dann bestiegen wir eine »grünen Minna«. Unter starker Bewachung wurden wir zum Bezirksgericht gefahren – ein Erlebnis der besonderen Art.

»Bei jedem noch so kleinen Fluchtversuch wird sofort scharf geschossen«, gab man uns beim Verlassen der STASI-Untersuchungsbehörde mit auf den Weg. Ich musste grinsen, obwohl mir angesichts des bevorstehenden Ereignisses wirklich nicht danach zumute war und sagte mit einem verächtlichen Blick zum STASI-Soldaten neben mir, der mich gerade so eng an die »Acht« anschloss, dass meine Handgelenke schmerzten und die Finger abzusterben drohten: »Wie soll da wohl einer fliehen können, mit Handfesseln und an Ketten angeschlossen, wie im Mittelalter.«

»Halten Sie das Maul und reden Sie gefälligst nur, wenn Sie gefragt sind, Bett eins«, schrie er mich an. Ich schwieg fortan und ließ geschehen, was geschehen musste.

Vor dem Bezirksgericht war ein Menschenauflauf zu sehen. »Woher die wohl wissen, dass heute unsere Verhandlung ist?«, dachte ich und konnte unter den Neugierigen unseren Freund Jochen sehen, der sich davon überzeugte, dass wir noch lebten. Er wollte uns durch seine Anwesenheit natürlich ein Gefühl seiner Verbundenheit zeigen. Der Rechtsanwalt, unser Verteidiger vor Gericht, wartete schon. Gemeinsam mit ihm betraten wir das Gerichtsgebäude. In den geschlossenen Räumen nahm man uns die Ketten und Handschellen ab.

»Die Verhandlung wird heute nicht lange dauern«, flüsterte der Anwalt uns zu, »der Staatsanwalt hat keine Zähne im Mund. Seine Prothese ist gerade zur Reparatur beim Zahnarzt und nicht rechtzeitig zur Verhandlung fertig geworden.«

So nahm eine Schmierenkomödie ihren Lauf.

»Wenn alles nicht so traurig wäre, könnte man daraus einen witzigen Einakter machen«, dachte ich hinterher.

Die Oberrichterin Greiner eröffnete das Verfahren. Der zahnlose Staatsanwalt hauchte die Anklageschrift zwischen Lippen und Kehlkopf hervor, Floskeln, die jeder kannte. Die Anklage warf uns vor:

»Versuchte Republikflucht in schwerem Fall, staatsfeindliche Verbindungsaufnahme und Vergehen gegen das Zollgesetz.«

Punkt 1 war nach geltendem DDR-Recht sachlich richtig. Nur, man konstruierte einen besonders schweren Fall aus der Tatsache, dass unser Fluchtversuch »in Gruppe« stattfand. Mit der Gruppe war unsere vierköpfige Familie gemeint.

Die »staatsfeindliche Verbindungsaufnahme« leitete man aus der Kontaktaufnahme zu einer Schleuserorganisation ab, die wir selbst nie gesehen hatten, weil mein Bruder vom Westen aus diese Fäden geknüpft hatte. Schließlich waren wir des »Vergehens gegen das Zollgesetz« beschuldigt. Das Mitführen einiger Hundert DM-West, sowie einiger Silberbestecke, an denen wir besonders hingen, und die wir gerne als Erinnerungsstücke aus der Familie behalten hätten, sollten diesen Straftatbestand erfüllen.

Bei dem Verfahren waren drei Schöffen anwesend. Einer von ihnen schlief fest und schnarchte so laut, dass er ermahnt werden musste. Während der ganzen Verhandlung kam ich kein einziges Mal zu Wort.

Nur an Heide stellte man einige banale Fragen, um die Bestätigung unserer Fluchtabsicht aus ihrem Munde zu hören.

Alles in allem fühlten wir uns als Marionetten in einer inszenierten Theatervorstellung. Das Urteil ließ dann auch nicht lange auf sich warten.

Für mich hatte man drei Jahre und sechs Monate Freiheitsentzug beantragt und auch verkündet, für Heide zu unserer Freude »nur« die Mindeststrafe von zwei Jahren.

Trotzdem sackte mir das Herz bei der Vorstellung in die Hose, ich solle dreieinhalb Jahre meines Lebens im Zuchthaus mit ausgebufften Ganoven verbringen. In der Furcht, dieser schweren Herausforderung nicht gewachsen zu sein, spürte ich neben existentiellen Zukunftsängsten nun auch körperliche und psychische Minderwertigkeitskomplexe.

Immerhin war unsere Rechnung bis zu diesem Zeitpunkt aufgegangen.

Wir sprachen uns gegenseitig Mut zu, und ich sagte beim Abschied optimistisch – ich wollte auf keinen Fall ein Zeichen der Schwäche zu erkennen geben: »Spätestens im November 1977 sind wir frei.«

»Frei«, wie das klang. Ein imaginärer Begriff für uns, unendlich weit entfernt von der Wirklichkeit. Wir wollten dieses kleine Wort »frei« mit Leben erfüllen, wir wollten erfahren, wie es sich lebt in der Freiheit – mit der Freiheit.

Den Kopf voller Zukunftsgedanken und unter dem Eindruck der abgelaufenen Verhandlung fand ich mich nachmittags in meiner ausgebeulten Trainingsuniform in meiner Zelle wieder. Mäcki war nicht da. Wahrscheinlich quälten sie ihn wieder beim Verhör.

Ich spielte in meinem Gehirn mit dem Wort »Freiheit«. Wie gingen Menschen mit ihr um, wenn sie niemals die Erfahrung gemacht haben, wie es ist, in »Unfreiheit« zu leben? Sie können doch gar nicht nachempfinden was Menschen entbehren, die unter anderen Umständen leben müssen. Freiheit ist für mich ein Begriff der unbegrenzten Möglichkeiten. Sie schürt Sehnsüchte und erweckt Hoffnungen. Dabei bevorzugt sie die Begabten und Tüchtigen, jene Gruppe von Menschen, die ihre Vorteile unter solchen Lebensbedingungen uneingeschränkt ausleben kann. Freiheit heißt auch Freizügigkeit im Denken, Reisen, Sprechen, im Treffen von Entscheidungen für das eigene berufliche und private Leben. Während der Alltag in den westlichen Demokratien dieser Vorstellung schon recht nahe gekommen war, suchten die unterdrückten und gedemütigten Menschen in den Ostblockstaaten nach einer Lebensformel, die sie einerseits ihr Gesicht wahren, zum anderen aber unauffällig im totalitären Regime leben ließ. Sie träumten von der Freiheit, wie ich.

Angesichts dieser Überlegungen wuchsen meine Zukunftsängste, aber auch meine Erwartungen ins Unermessliche.

Im Grotewohl-Express

Noch etwa vierzehn lange Tage saßen wir auf Abruf in unserem Verlies bei der Staatssicherheit in Rostock. Kein Verhör, kein Rechtsanwalt, keine Begegnung mit Heide oder ihren Eltern. Es passierte tagelang nichts. Doch dann war es plötzlich so weit. Eines frühen Morgens im Mai ratterte die Metalltür, und der Befehl: »Ab geht's, Bett eins«, galt mir.

Zum Abtransport in den Strafvollzug wurde ich zunächst in die allgemeine Untersuchungshaftanstalt verlegt. Theoretisch bedeutete das lediglich eine Verlegung um eine Straßenecke, die zu Fuß in fünf Minuten zu erledigen gewesen wäre. Praktisch durfte ich noch einmal alle Schikanen eines Polizeistaates über mich ergehen lassen. Mit Handfesseln und an Ketten gelegt, verfrachtete man mich in das andere Gefängnis. Dort angekommen, erlöste man mich von den Metallzwingen und Eisenketten, an die ich auf dem Transport wegen vermeintlicher Fluchtgefahr angeschlossen war.

Zunächst wurden die üblichen personellen Erfassungsformalitäten erledigt. Dann landete ich in der anonymen Menge anderer Strafgefangener, die sich eine Etage tiefer in einem dunklen, verräucherten Kellergewölbe aufhielten, und niemand kümmerte sich mehr um mich. Was war das für ein Menschengewimmel!

Hier ging es laut zu, und es wurde nicht so viel Aufhebens um jeden einzelnen Gefangenen gemacht. Politische Häftlinge waren dort eine Rarität. Da fanden sich die schweren Jungs, die richtig etwas auf dem Kerbholz hatten und die untereinander damit prahlten, das wievielte Mal sie gerade »einfuhren«, also »eingesperrt« wurden. Das hervorstechende Merkmal dieser neuen Umgebung war der grenzenlose Dreck. Wohin man blickte, überall lag Müll und Unrat herum. In diesen Massenzellen wurde wohl niemals sauber gemacht. Von Hygiene hatte hier offensichtlich noch niemand etwas gehört.

»Es soll mich wundern, wenn sich in diesem Saustall keine Infektionskrankheiten ausbreiten«, dachte ich angesichts solch stinkender Müllberge und war froh darüber, dass ich hier nur einen Tag verbringen musste.

Dann wurde ich sogar namentlich aufgerufen, allerdings statt »Herr...« mit der Anrede »Strafgefangener...«.

In aller Frühe ging es zum Bahnhof. Wir wurden mit einem großen »Menschentransporter« abgefahren, auf dem sich ausschließlich Strafgefangene befanden, die zu irgendeiner Vollzugsanstalt unterwegs waren. Zu welcher, wusste keiner von ihnen. Wie die Hühner auf der Stange saßen wir auf harten Holzbänken eines LKW, der nach oben offen war, die Hände an die berüchtigte »Acht« angeschlossen und alle miteinander noch einmal durch eine dicke Eisenkette verbunden, wie Galeerensträflinge im Mittelalter. Die Menschen auf den Bahnsteigen zeigten mit Fingern auf uns und ließen ein hämisches Lächeln über ihr Gesicht huschen, als wir uns in langer Reihe mit unseren eisernen Bandagen über den Bahnsteig schleppten. Sie waren offensichtlich zufrieden, dass man Verbrecher hinter Schloss und Riegel brachte. Ihre Blicke drückten Abscheu und Verachtung aus. Mir stieg die Schamröte ins Gesicht, obwohl mich Gott sei Dank niemand kannte. Ich war ein »Anonymus«, »Bett eins«, ein »Nichts«, ein Strafgefangener unter Strafgefangenen und ließ mich willenlos von der Menge der anderen an die schwere Kette angeschlossenen Häftlingen mitziehen.

Mein Atem wurde erst wieder ruhiger, mein Herzschlag regelmäßiger, als ich einen Platz im Eisenbahnwagen eingenommen hatte. Man hatte uns nach dem Besteigen des Zuges auch von den eisernen Befestigungen befreit, so dass wir Arme, Beine und Füße in dem begrenzten Abteil frei bewegen konnten. Ich sah mich um. Die Bänke waren noch deutsche Wertarbeit, aus schwerem Eichenholz gearbeitet. Meine Augen nahmen Maß. Es war eng im Abteil, doch hatte jeder – außer mir befanden sich hier drei weitere Gefangene – genügend Platz. An der Decke war eine schmutzige Lampe mit schwacher Birne fest installiert. Mehrere Schichten verschiedener Farben blätterten von den Wänden ab. Wir saßen zu zweit auf den harten Bänken einander gegenüber. Nach draußen konnte man nicht blicken, Mattglasfensterscheiben versperrten die Sicht.

Ich hatte keine Ahnung, wohin, in welche Strafanstalt ich gebracht werden sollte. Deshalb fragte ich in dieser neuen Umgebung einen der Insassen: »Wohin werden Sie gebracht?« Ein polterndes Gelächter legte sich nur langsam, bis mir einer aus der Runde endlich antwortete: »Zunächst sitzen hier alle in einem Boot und sagen ›du‹ zu einander, sonst gibt es garantiert Probleme. Zum anderen befindest du dich hier im ›Grotewohl-Express‹.« »In was für einem Express sitzen wir hier?«, fragte ich zurück, weil ich die merkwürdige Bezeichnung für den Zug, in dem wir transportiert wurden, noch nie gehört hatte. »Du hast richtig gehört, du fährst im ›Grotewohl-Express‹«, sagte mein Gegenüber und fuhr fort: »Das ist ein Zug, der im Bummelzugtempo und entgegen dem Uhrzeigersinn permanent durch die DDR fährt, ins ›Geratewohl‹ hinaus, von Gefängnis zu Gefängnis. Daraus haben die Gefangenen in Erinnerung an den ersten Ministerpräsidenten der DDR – Otto Grotewohl – den ›Grotewohl-Express‹ gemacht. Eine solche Runde dauert ziemlich genau drei Wochen. Wenn du Pech hast, musst du von Rostock nach Stralsund in den Vollzug. Das bedeutet, du bist fast drei Wochen unterwegs und darfst jede Nacht in einer anderen ›Drehscheibe‹ schlafen.« »Drehscheibe?«, fragte ich verdutzt, »was ist das?« »Ja«, antwortete mir der gleiche, sympathische Mann von der anderen Seite der Sitzbank, der mit seinen tief liegenden Augen, die groß und rund waren wie Wagenräder, völlig übernächtigt aussah, »als ›Drehscheibe‹ bezeichnen wir die Durchgangsstationen in den Gefängnissen auf dem Weg zum Zielort. Im Allgemeinen liegen die im Keller und sind völlig versiffte, verrottete Katakomben. Da musst du verdammt gut aufpassen, dass du dir nichts wegholst. Kein Klosett ist intakt. Die pissen und scheißen da, wo sie gerade stehen.«

Nach kurzer Pause fuhr er fort: »Wohin man dich allerdings verbannen will, kann dir in diesem Abteil niemand sagen.« Er griff den Gedanken noch einmal auf und ergänzte: »Was hast du denn ausgefressen, und woher kommst du?«

Ich zögerte mit meiner Antwort, doch hatte ich bei ihm den Eindruck, dass er diese Frage nicht aus Neugierde stellte. Vielmehr wollte er mir wohl bei der Suche nach dem für mich vorgesehenen Zuchthaus behilflich sein.

»Ich bin mit meiner Frau zusammen auf der Flucht in den Westen geschnappt worden und komme nach knapp sechs Monaten aus der Stasi-U-haft in Rostock«, ließ ich leise vernehmen.

Bei diesen Worten hellten sich die Augen meines Gesprächspartners auf, er sprang auf, klopfte mir auf die Schulter und sagte:

»Ich bin auch ein ›Ausweiser‹, war leitender Arzt eines Medizinischen Zentrums im Bezirk Rostock und fahre zurück nach Cottbus, wo ich eine viereinhalb jährige Strafe verbüßen soll. Man will uns unsere Tochter wegnehmen und zur Adoption freigeben. Deshalb war ich hier oben im Norden, bin wochenlang unterwegs, weil ich einen zivilen Gerichtstermin wahrnehmen musste. Wir hatten unsere Tochter aus Sicherheitsgründen nicht mit auf die Flucht genommen, was uns jetzt zum Verhängnis werden soll.«

Der Atem stockte mir, ein Schaudern lief mir über die Haut, und es dauerte einige Zeit, bis ich mich gefangen hatte. Welch vielfältiger Gefahr hatten wir unsere Kinder ausgesetzt! Dann fragte ich: »Hat es so etwas schon gegeben? Zwangsadoption per Gerichtsbeschluss? Schrecken die nicht einmal davor zurück?«

Er lachte nur kurz und ironisch auf: »Die schrecken vor nichts, vor gar nichts zurück, das müsstest du doch eigentlich auch gemerkt haben, oder warum wolltest du dieses glorreiche Land verlassen?« Damit hatte der Mann zweifellos Recht. Das konnte ich nach allem, was ich selbst erlebt hatte, unterstreichen. Ich sah ihn noch einmal genau an. Er war ziemlich fertig. Schütteres schwarzes Haar bedeckte unvollständig seinen Kopf. Die Wangen hingen schlaff herab. Neben dem trostlosen Blick seiner Augen, die in tiefen Höhlen steckten, fielen mir seine ungesunde, graue Hautfarbe und die wulstigen, spröden Lippen auf.

Plötzlich hatte ich unheimliche Angst um unsere Kinder. Das wäre das einzige Mittel, mit dem man Heide unter Druck setzen könnte. Sie war ein richtiges Muttertier und würde sich ihre Kinder unter keinen Umständen wegnehmen lassen.

Eine ganze Weile war es sehr still im Abteil. Niemand sprach ein Wort. Nur das eintönige Rattern des Zuges, sein rhythmisches Gepolter im Wechselspiel zwischen Waggon und Gleis dröhnte in meinen Ohren. Meine Stimmung hatte einen Tiefpunkt erreicht. Ich blickte auf die matte Fensterscheibe. Gerne hätte ich hinausgesehen. Hatte es geschneit? Durch welche Landschaft fuhren wir wohl gerade? Wann würde ich endlich erfahren, wohin ich verfrachtet werde?

Peter, so hieß mein neuer Kamerad, erahnte wohl meine geheimsten Gedanken. Er klopfte mir beruhigend auf die Schulter und sagte: »Wenn ihr eure Kinder bei der Flucht dabei hattet, kann der Staat sie euch nicht einmal nach geltendem DDR-Recht wegnehmen. Ihr hattet sie ja zu keinem Zeitpunkt alleine gelassen.«

Er war ein exzellenter Psychologe, durchschaute meine Nöte und Sorgen sofort und widerlegte sie mit logischen Argumenten. Dafür war ich ihm unendlich dankbar. Nun konnte ich wieder klarer denken.

Zwischendurch ging die Tür auf, und wir bekamen ein Paar magere Scheiben Brot mit der üblichen, viel zu süßen Marmelade und lauwarmen Tee. Oft hielt der Zug auf freier Strecke stundenlang. Wir versäumten ja auch nichts. Meine Gesprächspartner waren seit langem die interessantesten, mit denen ich unbeobachtet sprechen konnte. Natürlich hatte ich mich dann auch mit Namen und Herkunft vorgestellt und auch über meinen beruflichen Werdegang berichtet. An Zeit mangelte es uns nicht.

Außer meinem Arztkollegen aus dem Bezirk Rostock war noch ein Chemiker in unserem Abteil, dem man Sabotage vorgeworfen hatte, und ein dritter Mann, eine etwas undurchsichtigere Gestalt, die sich bei allen Gesprächen bedeckt hielt.

»Wahrscheinlich kommst du auch nach Cottbus«, prophezeite mein Kumpel von der gleichen Fakultät, »dort ist nämlich das Sammelbecken der ›Ausweiser‹.« Er fügte hinzu:

»Etwa die Hälfte der ungefähr 500 Strafgefangenen in Cottbus sind politische Gefangene. Du wirst staunen, wie viele davon Akademiker sind. Den anderen Teil stellen Kriminelle, zum Teil mit Strafen bis zu zehn Jahren, sogenannte Langstrafer, zumeist Rückfalltäter. Beide Gruppierungen werden geschickt miteinander vermischt. Die Kriminellen sind zum Teil kreuzgefährlich, weil sie rücksichtslos und brutal nur ihren eigenen Vorteil verfolgen. Für eine Zigarette verraten die ihre eigene Großmutter. Man muss immer auf der Hut sein und darf eigentlich niemandem vertrauen.«

Er fragte mich dann: »Hast du denn schon einen ›Ausweise-Antrag‹ gestellt?«

»Was meinst du mit einem ›Ausweise-Antrag‹?«, fragte ich zurück und er antwortete:

»Ein ›Ausweiseantrag‹ ist so ziemlich das Wichtigste was es für dich im Moment gibt, wenn du weiterhin in die Bundesrepublik willst. Den Antrag musst du bei nächster Gelegenheit an das Ministerium des Inneren schicken.«

»Was man alles so nebenbei erfährt«, dachte ich nur und nahm mir fest vor, demnächst diese Formalität nachzuholen. Diese Informationsquelle wollte ich nutzen, solange sie mir zur Verfügung stand. Obwohl ich in meinem Inneren im Hinblick auf meine bevorstehende Situation total verunsichert war und auch nicht genau wusste, wer die drei in meinem Abteil wirklich waren, hatte ich doch zu Zweien von ihnen Zutrauen. Außerdem, was wollte man von mir noch erfahren, ich hatte aus meinen Zukunftsplänen niemals ein Geheimnis gemacht und alle Details dutzendfach zu Protokoll gegeben.

»Was für Arbeiten muss man denn in Cottbus verrichten?«, bohrte ich weiter.

»Da gibt es im Wesentlichen zwei große Betriebe«, klärte Peter mich auf, »einige von uns arbeiten bei Sprela, die meisten bei Pentacon. In beiden Betrieben gilt das Dreischichtsystem, so dass jeder im wöchentlichen Wechsel, eine Früh-, Spät- und Nachtschicht abreißen muss. Bei SPRELA werden Platten für die Bauwirtschaft hergestellt ›Sprelacartplatten‹, wie der Name schon sagt. PENTACON hingegen macht alles rund um die Kamera, nur keine Linsensätze. Die sind zu kostspielig, um sie uns Knastbrüdern anzuvertrauen«, fügte er lächelnd hinzu.

»Bei PENTACON landet man entweder in der ›Stanze‹ oder in der Bohrerei«, setzte er seinen Bericht bereitwillig fort. »In der ›Stanze‹ werden die Rohlinge für die verschiedenen Fotoapparate hergestellt und alle anderen formbaren, festen Bestandteile einer Kamera. Die Arbeit dort ist nicht ganz ungefährlich. Die Stanzen, mit denen wir dort arbeiten müssen, sind uralt, aus anderen Betrieben ausrangiert, weil sie den Arbeitsschutzbestimmungen nicht mehr entsprachen. Was meinst du, wie viele Finger, ja sogar ganze Hände diesen Maschinen alleine im letzten Jahr zum Opfer gefallen sind? Die Leute kommen dann nach Moisdorf bei Leipzig, ins zentrale Gefängniskrankenhaus und sind für den Rest ihres Lebens Krüppel.«

»Das klingt ja alles ziemlich entmutigend, was du da erzählst, kann man sich denn gar nicht davor schützen?«, wollte ich wissen.

»Doch, man kann«, sagte Peter, »man muss sich unbedingt hüten, nicht der vorgeschriebenen Norm davonlaufen zu wollen, auch auf die Gefahr hin, dass man diese Norm nicht schafft. Es geht, wie immer im Leben, um das liebe Geld. Verdient einer 10000 Mark, ist es nicht genug, es muss mehr sein. Bekommt er aber, wie bei uns im Knast, für seine erfüllte Norm einen monatlichen Einkaufsgutschein von 30 Mark, ist es natürlich nicht genug. Also benutzt man, um einige Teile mehr zu stanzen, nicht die zeitaufwendigen Einlegehilfsmittel, mit denen die Maschinen beschickt werden sollen, sondern nimmt der Einfachheit halber seine Hände. Und dabei passiert es dann immer wieder. Die alten, verrotteten Apparate lösen ab und zu einmal einen Stanzvorgang von alleine aus, und unter der Wucht von Tonnen werden Finger und Hände in Sekundenbruchteilen zerquetscht. Das riskieren einige tatsächlich für vielleicht zwei Mark Einkauf im Monat, das musst du dir mal vorstellen!«

Es trat eine beklemmende Pause ein. Doch ich wollte möglichst viel erfahren, und deshalb setzte ich das Frage- und Antwortspiel fort: »Was kann ich denn überhaupt mit dem auf diese Weise verdienten Geld im Gefängnis einkaufen?«

»Drehscheibe« Brandenburg

Da hielt der Zug jäh an. Ein Polizist riss die Tür auf und rief:

»Alles aufstehen, einzeln vortreten!«

»Wir haben unser heutiges Ziel erreicht«, raunte Thomas, der Chemiker, mir von der Seite her zu, »dann geht's wieder zu einer neuen ›Drehscheibe‹.« Er sollte Recht behalten. Wir wurden zunächst wieder an die »Acht« geschlossen, dann durch eine lange Kette noch einmal mit einander verbunden, so dass wirklich niemand auf die Idee kommen konnte zu fliehen. Aber selbst wenn man hier einen Fluchtversuch machen würde, ging es mir durch den Kopf, wo sollte man denn hin? Wir befanden uns doch im Gefängnis eines noch viel größeren Gefängnisses, in einem Käfig im Käfig.

So schleppten wir uns mühsam an Ketten und Handgelenkfesseln über Bahnsteige zum Gefängnisbus, der vor dem Bahnhof bereitstand. Scheele, schadenfrohe Blicke zahlloser Schaulustiger, die überall die Gleise säumten, begleiteten jeden unserer Schritte. Mancher von ihnen spuckte vor uns aus. Niemand von denen ahnte etwas davon, welches Einzelschicksal sich hinter jedem Strafgefangenen verbarg, der sich vor ihren Augen stumm und hilflos über das Pflaster bewegte.

Wir waren in Brandenburg angekommen, einer der berüchtigtsten Strafanstalten der DDR. Hier saßen diverse Schwerverbrecher ein. Die Palette ihrer Straftaten reichte von Einbrüchen und Sittlichkeitsdelikten bis hin zu Mord und Totschlag. Mir war ganz mulmig bei dem Gedanken zu Mute, mit diesen Kerlen die Nacht unter einem Dach verbringen zu müssen.

»Das ist Brandenburg, der ›Gläserne Sarg‹, erklärte mir Thomas, der links von mir stand. Das sagt man, weil die Piloten beim

Überfliegen von oben immer dieses riesige gläserne Dach sehen können, das den Himmel des zentralen Traktes bildet.«

»Brandenburg gehört zu den drei großen ›B‹«, ergänzte Peter und dozierte weiter, »die anderen sind Bützow, auch die ›Rote Hölle‹ genannt, weil es aus roten Ziegelsteinen gebaut ist und ziemlich schreckliche Bedingungen für die Gefangenen bietet, und Bautzen, das ›Gelbe Elend‹. Hier streiten sich die Geister, ob es die gelben Klinker sind, aus denen das Zuchthaus gemauert wurde, oder die hohe Zahl an Hepatitis-Kranken, ansteckender Gelbsucht, die ihm den Namen gegeben hat.«

An diesem Tage hatte ich sehr viel dazugelernt. Und es sollte noch nicht alles sein.

Inzwischen waren wir in der ›Drehscheibe‹ des Zuchthauses Brandenburg angekommen. Ich traute meinen Augen nicht. Es war ein Dreckstall ohnegleichen. Dunstschwaden hingen in der Luft. Sie hoben sich gespenstisch von den nackten, schmutziggrauen Wänden ab, die mit dem sparsamen, schummerigen Licht nur schwer auszumachen waren. Zerbeulte Blechdosen, Glassplitter, Holzlatten, Zeitungsfetzen, verschlissene Plastiktüten und vieles andere mehr lag inmitten stinkender Pfützen auf dem Boden verstreut umher. Überall dazwischen bewegten sich quirlige, graue Menschen, die hastig flüsternd Informationen austauschten. Obwohl wir nach der langen, eintönigen Fahrt hundemüde waren, vermieden wir es, uns in dieser verwahrlosten Umgebung irgendwo auf den Boden zu legen.

Etwas mehr als hundert Männer befanden sich mit uns in dem düsteren Kellergewölbe. Die meisten rauchten selbstgedrehte Zigaretten, die bestialisch stanken. Wahrscheinlich hatten sie den Tabak mit dem Inhalt der Strohmatratzen gestreckt, die überall zerfetzt und dreckig herumlagen, und Zeitungspapier benutzt, wie das die Russen im Krieg getan hatten, wenn sie ihre berüchtigten »Machorka« rauchten.

»Schlimmer kann es in keiner Opiumhöhle der Welt aussehen«, war mein Gedanke beim Anblick dieses Chaos – und dann der Gestank…

Peter trat dicht an mich heran und flüsterte: »Wir sollten uns irgendwo in der hinteren Ecke aufhalten, mit dem Rücken zur Wand und im Wechsel versuchen zu schlafen. Einer von uns muss aber wach sein und aufpassen, was hier um uns herum passiert. Die klauen wie die Raben, können alles gebrauchen und werden bei jeder Lappalie gewalttätig. Alleine ist man da ziemlich aufgeschmissen. Gemeinsam haben wir es leichter.«

Diese Nacht wollte gar nicht zu Ende gehen. In dieser Durchgangsstation mit so vielen Menschen gab es immer Bewegung. Durch den Widerhall der Stimmen herrschte in dieser riesigen Grotte ein ziemlich hoher Geräuschpegel. Es wurde zwar viel gestritten, größere Ausschreitungen blieben in dieser Nacht aber aus.

Am nächsten Tag wiederholte sich der Vorgang: Abtransport an Ketten und Handfesseln, beim Verladen auf dem Bahnhof verächtliche Blicke der Passanten auf uns, den Abschaum der Welt, Einpferchen in den »Grotewohl-Express«, Fahrt ins Ungewisse.

Der Zug hielt wieder etliche Male. Die Zusammensetzung der Mitreisenden in meinem Waggon hatte sich Gott sei Dank nicht geändert.

An der ersten Station vermuteten wir den Standort Berlin. Sicher kamen einige der Strafgefangenen aus diesem Transport ins »Lager X«, das berüchtigte Gefängnis in Berlin-Hohenschönhausen. »Wenn zutrifft, was in Knastkreisen erzählt wird, sind hier vornehmlich politische Häftlinge aus dem Berliner Raum eingesperrt,« berichtete einer aus der Runde. Die Gefängnisaufseher standen in dem Ruf besonders brutal und skrupellos mit den Häftlingen umzugehen. Der Kelch, hier in den Strafvollzug zu kommen, ging an mir vorüber.

Der »Grotewohl-Express« fuhr mit uns weiter, und ich vermutete, dass ich auch nach Cottbus gebracht werden sollte.

Wieder saßen wir Vier uns einander in einem kleinen Zugabteil gegenüber und setzten das Gespräch vom Vortage fort.

»Du wolltest mir noch erzählen, was man für sein mühsam verdientes Geld im Cottbuser Gefängnis kaufen kann«, knüpfte ich an meine Frage vom Tag zuvor an und sah Peter in die Augen.

»Das ist eine gute Frage«, sagte er nachdenklich. »An erster Stelle stehen natürlich Zigaretten, beziehungsweise Tabak. Alle drehen hier ihre Glimmstängel selbst, das ist billiger. Dann geht es ums Essen. Jeder versucht, sich etwas Nahrhaftes zu kaufen und da wird es schon schwieriger, weil die Auswahl nicht sehr groß ist. Eigentlich kann man an Nahrungsmitteln nur Butter, Quark und Kunsthonig kaufen. Ja, das ist wirklich das einzige. Es gibt kein Obst oder Gemüse, auch keine Säfte. Nichts. Das Schlimme und Gemeine ist, dass die Ware, die uns zum Kauf angeboten wird, bereits verdorben ist. Das Haltbarkeitsdatum ist längst überschritten. Wenn du dir beispielsweise Quark kaufst, na, du wirst es ja bald selber zu sehen bekommen, dann ist der hoffnungslos überaltert. Das liest du nicht nur auf dem Deckel, das siehst du spätestens, wenn du die Folie abreißt. Du musst erst einmal eine mehrere Millimeter dicke Schimmelschicht abkratzen, um an den Quark heranzukommen. Natürlich stinkt der und ist auch etwas bitter, aber man gewöhnt sich daran. Immerhin besser als gar nichts.«

»Und das muss man einfach so hinnehmen?«, fragte ich empört zurück.

»Und ob du das musst! Muckst du auf, kriegst du gar nichts zu kaufen, handelst dir nur einen Haufen Ärger ein«, lautete prompt die Antwort: »Das ist alles Ware, die draußen liegen geblieben ist, weil das Verfallsdatum erreicht ist und die aus lebensmittelhygienischen Gründen nicht mehr an die Bevölkerung verkauft werden darf.«

So verliefen unsere Gespräche und brachten so manche nützliche Information. Ich war froh, in dieser Situation Leute getroffen zu haben, die mir etwas darüber sagen konnten, was mich in der nächsten Zeit erwarten sollte. Sie konnten sich in meine Lage versetzen, weil sie ähnliche Probleme hatten wie ich und nahmen meine Naivität zum Anlass, mich schonungslos aufzuklären.

Eines stand jedenfalls fest. Es überlebt immer nur der Stärkere. Das Leben im Gefängnis orientierte sich ausschließlich an praktischen Gesichtspunkten. Die lagen in der Befriedigung elementarer Bedürfnisse wie Hunger, Durst, Alkohol und Tabak, sowie Schlaf. Aber auch die Suche nach einer wenig anstrengenden, trotzdem lukrativen Arbeit, die nach Möglichkeit mit ein bisschen Macht über andere Gefangene verbunden sein sollte, gehörte zu den Urinstinkten eines richtigen Knastbruders. Um diese Ziele zu erreichen wurde kein Trick, keine Hinterlist ausgelassen.

Es galt, sich so gut wie möglich mit diesen Gedanken vertraut zu machen, zumindest sollte man darauf vorbereitet sein, dass Menschen im Zuchthaus nach anderen Regeln leben und Werte wie Menschlichkeit, Treue, Ehrlichkeit, Fleiß, Redlichkeit, Freundschaft, Toleranz oder Zuverlässigkeit anders interpretiert werden.

Theoretisch war ich gewappnet.

Im Zuchthaus Cottbus

Wir erreichten Cottbus nach zwei weiteren Zwischenstationen. Die »Drehscheibe« hier unterschied sich nicht wesentlich von denen in Rostock und Brandenburg, die ich kürzlich kennengelernt hatte. Wenn es noch eine Steigerung an Dreck und Morast gab, dann war hier wohl die höchste Stufe erreicht.

Eine Kloake, eine Höhle des Grauens, ein zerfallener, riesiger Bunker empfing uns mit fahler Beleuchtung aus Glühbirnen, die in rohen Fassungen an nackten Elektrokabeln in den Raum hinunterhingen. Eingestaubte Spinnweben und verquarzte Luft, die zum Schneiden dick war und das Atmen schwer machte, umgaben uns. Dazu rottete sich in dem finsteren Gewölbe eine gute Hundertschaft von Männern zusammen, die nur darauf bedacht war, irgendwelche Geschäfte abzuwickeln.

Stinkende, defekte Toilettenbuden ohne Türen, aus denen ekelhaft riechende Jauche quoll – die Becken lagen als Scherben auf dem Betonfußboden herum – rundeten ein Szenario ab, das einer Verwahrlosung entsprach, wie sie für mich in zivilisierten Ländern nicht vorstellbar gewesen war. Die Atmosphäre war bedrückend. Knisternde Spannung lag in der Luft. Alles, was hier geschah, war illegal, und die Zukunft versprach jede Menge unliebsame Überraschungen. Tabletten, meist Valium oder andere Beruhigungs- oder Schlafmittel, wanderten von einer Hand in die andere und wurden für Messer, Uhren, Kugelschreiber oder irgendwelche süßlich riechenden Parfüms eingetauscht. Weiß der Himmel, wie diese Typen an die Sachen herankamen.

Es herrschte eine Art Schützengrabenatmosphäre, Ruhe vor dem Sturm. Diese Ahnung sollte sich bestätigen. In den frühen Morgenstunden überfiel uns urplötzlich etwa ein Dutzend bewaffneter Beamter aus der Riege des Wachpersonals und veranstaltete in dieser menschenunwürdigen Gruft eine Generalfilzaktion. Alles verlief derartig schnell, dass niemand mehr Gelegenheit fand, etwas zu verstecken oder verschwinden zu lassen.

Was alles zum Vorschein kam: die verschiedensten Geldwährungen dieser Welt, ein Haufen unterschiedlicher Pillen, Uhren, Schmuck, Kosmetika, Messer, Dolche, Korkenzieher, selbst kleine Flaschen mit Alkohol.

Die Leibesvisitation war schlicht und ergreifend eine Frechheit, doch man musste stillhalten, wollte man nicht von Anfang an mit Sonderstrafen belegt werden. Nachdem sich jeder einzelne von uns in einem Vorraum nackt ausgezogen hatte, hieß es zuerst:

»Vorhaut zurück.« Dann das Kommando: »Nach vorne bücken!«

Ein Sanitäter führte dann die obligatorische rektale Untersuchung durch. Natürlich hatte er nicht die Qualifikation, um Größe, Form und Oberfläche der Prostata zu beurteilen, aber das war auch nicht sein Auftrag. Er sollte den Enddarm nach Kassibern absuchen, verkapselten kleinen Hülsen, in denen geheime Informationen versteckt waren, die immer wieder auf diese Weise ins Zuchthaus geschmuggelt wurden. Natürlich wurden auch Mund, Rachen und Ohren inspiziert. Die Prozedur nahm einige Stunden in Anspruch, und wir hatten wieder kein Auge zugemacht. Mit einem gehörigen Schlafdefizit gelangte ich auf die nächste Station.

Dieser folgende Schritt, der mich als Neuankömmling in die Aufnahmeabteilung führte, trennte mich von meinen neuen Freunden Peter und Thomas. Die üblichen Formalitäten gingen schleppend voran: Personalien überprüfen, Kleiderkammer zur Ausrüstung mit Arbeits- und Freizeitkleidung, Gesundheitsuntersuchung einschließlich Röntgenaufnahme der Lungen, Einteilung für eine bestimmte Arbeit und damit Zuordnung auf einen »EB« – in Cottbus die Abkürzung für »Erziehungsbereich«.

Bevor ich verlegt wurde, nutzte ich die Zeit auf der Aufnahmestation, um den für mich so wichtigen ›Ausweise-Antrag‹ in die Bundesrepublik zu stellen. Ich verlangte Papier, Briefumschlag und etwas zum Schreiben und formulierte frei und schnörkellos mein Anliegen. Nachdem ich den Brief verschlossen und ihn an das Ministerium des Inneren der DDR adressiert hatte, übergab ich das Couvert dem Offizier vom Dienst mit der Bitte um Beförderung. Dabei rechnete ich mit Einwänden und Schwierigkeiten. Wie erstaunt war ich jedoch, als mein Brief kommentarlos angenommen wurde, begleitet von den Worten: »Wird erledigt«.

»Das kann nur daran liegen, dass bei der hohen Anzahl an politischen Gefangenen in Cottbus täglich solche Postsendungen zur Beförderung anstehen«, dachte ich und war erleichtert, diese Hürde genommen zu haben.

Bald darauf folgte die Verlegung. Ich kam auf den Flur des Erziehungsbereiches II. Mein Herz schlug heftig vor Ungeduld und nervöser Erwartung, als ich den langen, spiegelblank gewienerten Gang entlang geführt wurde. Viele Gedanken gingen mir durch den Kopf:

»Was wird mich hier erwarten? Mit welchen Menschen werde ich zusammengebracht werden? Wo muss ich arbeiten? Lande ich in der gefährlichen Stanzerei, wo Hände und Finger, meine wichtigsten Arbeitsinstrumente, besonderer Gefahr ausgesetzt sind, oder werde ich bei Sprela Bauplatten herstellen? Wie sehen hier die Zellen aus, sind die Betten groß genug? Mit wie vielen Leuten werde ich in einem Raum leben müssen?«

Diese Fragen schwirrten mir durch den Kopf, als der Wachhabende, der mich die ganze Zeit geführt hatte, mit ruhiger, kräftiger Stimme sagte: »Halt. Wir sind da.« Vor der Tür »313« blieben wir stehen.

Das sollte also meine neue Behausung sein, die hier übrigens nicht »Zelle«, sondern »Verwahrraum« hieß. Der Wachhabende mit dem übergroßen Schlüsselbund öffnete die Tür mit elegantem Schwung. Jeder Polizist im Strafvollzug hatte eine besondere, ganz eigene Art, die Zellentüren aufzuschließen und dabei das überdimensionale Schlüsselbund in irrwitziger Geschwindigkeit zu handhaben. Das Ziel war immer das gleiche. Das Öffnen sollte blitzschnell und überraschend geschehen. Je geschickter der Betreffende war, desto rascher öffnete er die Tür und umso größer war der Überraschungseffekt. Bei manchem Aufseher war das so raffiniert wie ein Taschenspielertrick. Da flogen die Schlüssel förmlich ins Schlüsselloch und in Zehntelsekunden war die Tür geöffnet.

An der Art des Türschließens vermochte ich später exakt zu sagen, welcher Polizeimeister oder Offizier Dienst hatte.

Als ich den »Verwahrraum 313« betrat, war niemand anwesend. »Die sind alle auf Schicht in der Bohrerei«, erklärte mir der Polizeiwärter angesichts meines fragenden Blickes, »am besten, Sie warten ab, suchen sich ein Bett, das noch nicht belegt ist und richten sich schon ein. Die anderen werden Ihnen dann beibringen, wie's hier langgeht.«

Mit diesen Worten ließ er mich mit meinem Päckchen erlaubter Habseligkeiten, bestehend aus einem Kamm, einem Stück Seife, Zahnbürste und Zahnpasta, einem Kugelschreiber, einem Bleistift sowie einem Schlafanzug und der Arbeitskleidung im Raum stehen, drehte sich um und schloss mich ein.

In der Stellung, in welcher ich den Raum betreten hatte, muss ich einige Zeit verharrt haben. Ich ließ die neue Umgebung auf mich einwirken. Es war ein merkwürdiges Gefühl, so verlassen in dem großen Zuchthaus in einer leeren, fremden Zelle zu stehen, deren Grundriss etwa sieben mal fünf Meter betrug, wobei in der Mitte zwischen den beiden Fenstern ein eineinhalb Quadratmeter großer Extraraum aus Holz fest abgetrennt war. Darin befand sich die Toilette. Die schon erwähnten Fenster waren außen mit großen, schräg nach oben stehenden Stahlblechblenden versehen. So war der Blick nach draußen versperrt, und kein Sonnenstrahl konnte eindringen. Trotzdem war durch einen schmalen Seitenschlitz ein Teil des Innenhofes zu erkennen. Durch ihn konnte auch ein gewisser Luftaustausch stattfinden. Mit etwas Mühe gelang es mir, die westliche Seite der Zuchthausbegrenzung auszumachen. Ich sah auf eine etwa sechs Meter hohe mit Rollendraht und Glasscherben bestückte Mauer, vor der ein wohl drei Meter schmaler Korridor mit Stacheldraht abgegrenzt war. Hier liefen Schäferhunde frei herum. Diese Sicherheitsbarriere schien unüberwindlich zu sein.

Über die Wachhunde hatte ich bereits auf der Fahrt hierher von Thomas eine tolle Geschichte gehört: Er erzählte mir, dass im vergangenen Jahr ein Strafgefangener in Cottbus einen Fluchtversuch gewagt hatte, der entdeckt worden war. Nachdem man den Häftling oben auf der Mauer aufgespürt hatte, schoss man auf ihn. Er stürzte verletzt ab, fiel dabei aus sechs Meter Höhe herunter und landete im Bereich der Hundelaufgitter. Doch statt über ihn herzufallen, stellte sich ein Schäferhund behütend vor den Strafgefangenen und ließ keinen Uniformierten an ihn heran. Der Sträfling verbrachte einige Tage und Nächte in der Hundehütte und konnte erst festgenommen werden, nachdem man den Hund erschossen hatte.

Mein nächster Blick galt dem Bettenaufbau innerhalb des Raumes. Ich erschrak, denn so etwas hatte ich noch nie gesehen. Drei Türme von jeweils vier über einander gebauten Metallbetten standen um mich herum. Die Betten schienen zwar fest in einander verankert zu sein und hatten die richtige Länge von zwei Metern, aber sie waren so hoch über einander getürmt, dass dem ganz oben Liegenden wohl schwindelig werden musste.

»Wenn sich da oben jemand im Schlaf umdreht und herunterfällt, kann er seine Knochen einzeln zusammensuchen«, sinnierte ich und erinnerte mich an eine unangenehme Situation, als ich beinahe aus drei Meter Höhe von einer Mauer gestürzt war, weil ich alles andere als schwindelfrei war. Zu meinem Entsetzen musste ich dann auch sogleich feststellen, dass sich das einzige noch nicht belegte Bett im vierten Stock befand.

»Der Tag fängt gut an«, dachte ich, als ich meine wenigen Sachen auspackte und in einem noch freien Regal verstaute. Dann kletterte ich in das unbewohnte Bett, um zu erleben, auf welche Perspektive sich mein Lebensraum reduziert hatte.

»Das ist schon sehr gewöhnungsbedürftig«, sagte ich verbittert zu mir, »mal sehen, wer unter mir wohnt, vielleicht habe ich dabei ja mehr Glück.« Es dauerte nicht lange, da schlief ich ein.

Ein ohrenbetäubender Lärm brachte mich in die Gegenwart zurück. Ein kurzes Schließen »zuck-rack« und der Offizier vom Dienst stand mitten im Raum. Er sah, dass ich im Bett lag und brüllte mich an: »Wissen Sie nicht, dass Sie am Tage nicht liegen dürfen? Das war das erste und letzte Mal, dass ich Sie dabei erwischt habe, sonst gibt es eine Sonderstrafe. Und außerdem, wo bleibt Ihre Meldung?«

»Welche Meldung?«, fragte ich zurück.

»Das heißt nicht ›welche Meldung‹, das heißt höchstens, ›welche Meldung Herr Leutnant‹, wenn Sie schon so blöde sind und nicht wissen, was gemeint ist.«

»Also, welche Meldung, Herr Leutnant?«, wiederholte ich meine Gegenfrage in aller Gelassenheit. »Das werden Ihnen die anderen schon noch beibringen, Sie scheinen der Neue zu sein«, lautete seine lapidare Antwort. Damit ließ er von mir ab. Er hatte wohl gemerkt, dass mit mir nicht viel anzufangen war und ich derlei Kommandos und Meldungen nicht kannte. Im Übrigen war ich so hoffnungslos übermüdet, dass mir ziemlich alles egal war. Dann verließ er den Raum genau so schnell, wie er ihn betreten hatte. Danach versuchte ich krampfhaft, in unbequemer Sitzposition ein wenig Schlaf nachzuholen. Gegen 22 Uhr 15 wurde ich durch eine anschwellende Geräuschlawine geweckt. Die Schicht in der Bohrerei war zu Ende, und die anderen Mithäftlinge des Verwahrraums 313 wurden in die Zelle eingeschlossen.

Die hatten keine Ahnung davon, dass ein neuer Zellenkumpan auf sie wartete. Wie einen Aussätzigen betrachteten sie mich und pirschten sich sehr vorsichtig von allen Seiten an mich heran, wie Raubkatzen an ihre Beute.

Zuerst stellten sie allgemeine Fragen. Dann allerdings wurden sie sehr schnell konkret und wollten alles von mir wissen. Ich stellte meine kleine Geschichte im Telegrammstil vor, damit die Fronten geklärt waren und jeder wusste, auf welche Seite ich gehörte.

Unter den zwölf in diesem Raum untergebrachten Gefangenen waren mit mir sieben »Ausweiser«. Alle hatten – wie ich – politische Delikte und beharrten auf ihrer Absicht, in den Westen zu wollen. Ein Zurück in die DDR gab es für keinen von uns. Um diesem Vorhaben Nachdruck zu verleihen, hatten alle bereits Ausweisungsanträge gestellt. Die anderen fünf waren echte Kriminelle, die sogenannten schweren Jungs, wie sie der unbescholtene Bürger hinter den Kerkermauern vermutet. Sie saßen wegen Einbruchs, Körperverletzung, Betrugs und ähnlicher Straftaten zumeist schon zum wiederholten Male ein und fühlten sich hier offensichtlich wie zu Hause.

Die kannten jeden Trick und wussten sich auch auf jede Eigenheit des einzelnen Wachsoldaten einzustellen. Sie verstanden geschickt für sich Vorteile beim Gefängnispersonal zu ergattern. Das gelang ihnen einerseits durch willfähriges Verhalten, zum anderen aber durch die Weitergabe von Informationen. Solche versuchten sie aus Gesprächen mit uns »Politischen« zu erfahren. Sie belauschten deshalb auch gerne unsere Unterhaltungen. Mit anderen Worten: unsere Zelle setzte sich aus zwei scharf von einander getrennten Gruppen zusammen. Es gehörte wohl zur Methode des sozialistischen Strafvollzugs, eine Gruppe von Strafgefangenen in einer abgeschlossenen Zelle so inhomogen zusammenzusetzen. Kameradschaft, gutes Einvernehmen, Interessengleichheit, Teamgeist, hätten Hafterleichterung bedeutet. Die Anstaltsleitung strebte das Gegenteil an. In meiner Gruppe, damit meine ich die Ausweisungswilligen in unserer Zelle, die alle wegen versuchter Republikflucht verurteilt waren, befanden sich ausnahmslos nette, zivilisierte Männer, die ernst zu nehmen waren und deren Urteil und Meinung für mich bald sehr wichtig wurden. Sie vertraten vernünftige Ansichten, waren hilfsbereit und sensibel. Zwei von ihnen waren musisch begabt, einer ein strenggläubiger Christ. Außer mir war ein weiterer Mediziner unter ihnen. Er hieß Franz, ein Facharzt für Urologie. Franz verhielt sich auffällig ruhig, war besonnen und hielt sich bei allen Diskussionen zurück. Sein Körperbau war schmächtig. Er hatte Untergewicht und sah elend aus.

Seine Leidenszeit im Gefängnis hatte 30 Monate schon überschritten.

Horst, ein habilitierter, hochqualifizierter Diplomingenieur mit Lehrauftrag an einer Hochschule, lag mir besonders. Er war feinsinnig, sensibel und konnte gut zuhören. Ihm konnte man vom ersten Moment an vertrauen. In keiner seiner Aussagen tauchte jemals ein Zweifel an seiner Überzeugung auf. Er hielt mit seinem vernichtenden Urteil über das menschenverachtende, undemokratische Regime mit seinen desolaten Strukturen nicht hinterm Berg. Er sah verhärmt aus. Seine braunen Augen steckten in tiefen, dunklen Höhlen. Darunter sprangen scharfe Jochbeine aus dem Gesichtsschädel hervor, die ihm zusammen mit der wohlgeformten Nase unter der hohen, mit nur wenigen Falten besetzten Stirn einen klugen und intelligent aussehenden Kopf verliehen. Nur sein Körperbau war für die Verteidigung etwaiger Angriffe nicht sehr günstig geschaffen. Er wirkte schwächlich. Dünne Beine, schmächtige Oberarme und ein schlanker Rücken verrieten dem Eingeweihten, dass man es bei ihm nicht mit einer Sportskanone zu tun hatte. Mit seiner sonoren, ruhigen Stimme brachte er alles Gesagte rasch auf den Punkt. Er machte den Verzweifelten Mut und konnte auch manche fröhliche Anekdote erzählen.

Da gab es noch Volker, den Blondschopf, immer gut aufgelegt, ebenfalls Diplomingenieur. Er stotterte fürchterlich, worüber sich natürlich Wachmannschaften und die Krimis lustig machten. Sie ließen keine Gelegenheit aus, ihn zu foppen. Sein Herz war aus Lebkuchen gebacken, so schien es. Warmherzig und gutmütig, in seinen Gedanken stets positiv, vielleicht mit einem etwas zu sonnigen Gemüt, verhielt er sich immer wie ein guter Freund, ein echtes Vorbild. Er schwärmte pausenlos von einer Autofahrt rund um das Mittelmeer. In Gedanken hatte er in jeder Nacht einen Teil dieser Route absolviert. Am Morgen gab er dann seinen Streckenbericht ab.

So ähnlich ging es jedem von uns. In unseren innersten Gedanken hingen wir irgendeiner Wunschvorstellung nach. So, wie ich eine paradiesische Vorstellung von Österreichs Hauptstadt in meinem Kopf entwickelt hatte, träumte Volker von einem schnellen Sportwagen, mit dem er das Mittelmeer umrunden wollte. Diese Region der Erde, die DDR-Bürgern entweder nur aus der Literatur oder einigen wenigen, die die ARD oder das ZDF empfangen konnten, aus dem Fernsehen bekannt war, besaß für uns alle etwas Magisches, Märchenhaftes. Wer von uns hatte sich früher ernsthaft vorstellen können, dass er tatsächlich einmal »unter Palmen am Meer« liegen würde.

Andererseits gab es ein paar zwielichtige Gestalten unter den Zelleninsassen. Die ließen sich nicht so einfach in die Karten gucken.

Steffen beispielsweise war ein verschlagener Hund. Er saß wegen wiederholter Brandstiftung ein und hatte Schäden in Millionenhöhe verursacht. Natürlich war er unschuldig, wie alle kriminellen Strafgefangenen, die mir während meiner Zuchthauskarriere begegneten, wenn sie ihre herzzerreißende Geschichte erzählten. Dabei war Steffen nicht dumm, vielmehr ein schlauer, aalglatter Typ, der gerissen vorging. Sein Äußeres war typisch für einen Knastbruder, der mehr Jahre hinter Gittern als in der Freiheit zugebracht hatte. Er trainierte seinen Körper wie ein Besessener, indem er Stühle, Tische, einfach alle losen Gegenstände, die sich in seiner Reichweite befanden, in die Höhe stemmte. Seine Arme, sein Nacken und die Rückenpartie glichen denen eines Bodybuilders in gutem Trainingszustand. Doch seine Beine hatte er total vernachlässigt. Sie sahen aus wie dünne Stöckchen, vergleichbar den Stelzen, mit denen wir als Kinder beim Spielen umherliefen. Dieses Missverhältnis ließ ihn völlig disproportioniert erscheinen. Aber wie hätte er auch seine Beinmuskulatur stärken können, wo er sich doch die meiste Zeit seines Lebens in den engen Räumen der Gefängnisse aufgehalten hatte. Sein Gesicht zierte eine Hakennase, die er nicht ohne Stolz trug. Die Augen hingegen blickten eiskalt aus dem Schädel heraus. Trotz zweier Narben an Stirn und Wange hatte er weiche Gesichtszüge, jedoch konnte man seinem harten, abweisenden und verschlagenen Blick nicht lange standhalten. Er war ein Hitzkopf, im Nu auf 180 und ließ keine Gelegenheit aus, sich mit Schwächeren anzulegen. Seine guten Beziehungen nutzte er, um sich immer einen guten Arbeitsposten zu verschaffen, der wenig Aufwand verlangte und ihm ein gutes Einkaufsgeld sicherte. Natürlich saß er in der Kontrolle.

Bei ihm mussten wir unsere gefertigten Teile abliefern, damit er sie mit einer eigenen kleinen Mannschaft noch einmal auf einwandfreie Bearbeitung überprüfen konnte. Dort wurde kontrolliert und nachgemessen, ob wir an den richtigen Stellen gebohrt, vernünftig gefeilt und alles sorgfältig entgratet hatten, damit die Teile für die Endfertigung einer Kamera geeignet waren.

In dieser Kontrollstation fiel die Entscheidung, welche Einzelteile nach Jena zum VEB Carl Zeiss zur Weiterverarbeitung geliefert werden konnten.

Auf dem Bohrboden hatte ich mich schnell eingearbeitet. Meinen Händen, die sich auch in der Vergangenheit handwerklichen Arbeiten nicht verweigert hatten, fiel es nicht schwer, mit den unterschiedlichen Werkzeugen umzugehen. Natürlich brach auch mal ein Bohrer ab, das war normal und wurde nicht besonders registriert. Manche Arbeiten waren sehr diffizil. Es schien unmöglich, die vorgegebene Norm zu schaffen.

Der Bohrerei stand ein Zivilmeister vor, der den ganzen Tag nur herumstand, kontrollierte, schikanierte und nichts Produktives zustande brachte. Dieses Ekelpaket namens Holz hatte mich aufs Korn genommen. Er gab mir die kompliziertesten Arbeiten, bei denen man unter keinen Umständen die geforderte Stückzahl pro Stunde schaffen konnte. Jedem von uns bereitete die Bearbeitung der Verschlussbuchsen Probleme, denn es galt immer die vorgeschriebene Norm zu schaffen. Diese »078er Teile« waren deshalb so kompliziert zu bearbeiten, weil an diesen winzigen Rohlingen, deren Durchmesser gerade 15 mm betrug, neun verschiedene Arbeitsgänge anfielen. Wenn man davon 80 Stück in einer Stunde zur Zufriedenheit der Kontrolleure fertigte, hatte man die Norm geschafft, eine Leistung, für die es einen Monatseinkaufsgutschein von 30 Mark gab. Selbst wer eingearbeitet war, sich beeilte und Geschick an den Tag legte, konnte höchstens die Hälfte, also 40 sauber gearbeitete Teile abliefern. Verständlich, dass die Motivation nicht übermäßig groß war.

Immer wieder gab mir Meister Holz mit verschmitztem Lächeln diese Arbeit. Ich hasste ihn, diesen Kerl, von dem ein Spruchrätsel in Umlauf war: »Was ist der Unterschied zwischen unserem Meister Holz und richtigem Holz?«

Die Antwort lautete: »Richtiges Holz arbeitet«.

Eines Tages jedenfalls reichte es mir mit der komplizierten, undankbaren Aufgabe, die »078-Verschlußteile« herzustellen, und ich erinnerte mich an einen alten Freund in Budapest, der mir seinerzeit auf meine Frage, ob er mir einige Forint für eine Busfahrkarte leihen könne, weise lächelnd antwortete: »Mein lieber junger Freund, jeder Betrug am sozialistischen Staat ist eine Sprosse auf der Himmelsleiter nach oben. Also werde ich dir kein Geld leihen.« Ich sollte schwarzfahren. Nach diesem Prinzip wollte ich auch im Knast handeln, und ließ es deutlich ruhiger bei der Arbeit angehen. Dabei bediente ich mich allerdings eines hinterhältigen Tricks. Mein Zimmergenosse Steffen saß in der Kontrolle. Seit ich ihm einmal einen vernünftigen medizinischen Rat gegeben hatte, war er mir wohl gesonnen. Ich verwickelte ihn in ein Gespräch, leerte meine Kiste mit Rohlingen unauffällig in den großen Topf der bereits kontrollierten und begutachteten Stücke und ließ mir von Steffen eine Quittung über 640 Teile geben. Das bedeutete Normarbeit für acht Stunden und das Vergnügen, der sozialistischen Volkswirtschaft eins ausgewischt zu haben. Nach Meinung meines ungarischen Freundes hatte ich gerade mehrere Sprossen zum Paradies erklommen.

Angesichts dieses Erfolges machte ich es mir zur Gewohnheit, mit Steffen immer dann einen »Klönschnack« zu halten, wenn Meister Holz mir wieder diese fiese Arbeit mit den »078er Teilen« übertragen hatte. So wurde alles erträglicher, die Arbeit machte in gewisser Weise sogar Spaß, und ich hatte an Sabotage ein gewisses Vergnügen. Nach solchen erfolgreichen Schichten schlief ich besonders gut.

Brutalität im Vollzug

Außer mir gab es noch eine Reihe anderer, die diesen schikanösen Zivilmeister nicht ausstehen konnten. Während einer Nachtschicht spielte sich ein Drama ab.

Plötzlich erlosch in der gesamten Fabrikhalle das Licht. Es war stockdunkel im Saal und überall herrschte Verwirrung. Keiner von uns wusste, was wirklich geschehen war. Immer wieder hörten wir Hilferufe und Schmerzensschreie, Kreischen und Wimmern. Ich suchte mir sofort einen Platz mit dem Rücken an der Wand und bemühte mich, meine Augen an die stockdunkle Umgebung zu gewöhnen. Es dauerte dennoch einige Minuten, bis ich die ersten Konturen in der Finsternis erkennen konnte. Dann ertönte ein weiterer greller Schrei.

Innerhalb weniger Minuten war die Dienststreife mit riesigen Notlichtaggregaten zur Stelle. Niedergestreckt von einer fremden Faust lag Meister Holz in seiner Bude auf dem Boden und blutete aus Nase und Mund.

An den Wänden und an der Tür standen etliche Parolen wie: »Nieder mit dem Sozialismus!«

Natürlich hatte das böse Folgen. Die gesamte Belegschaft dieser Schicht musste draußen vor der Fabrikhalle in Reih' und Glied antreten, die Kleinen ganz vorne, die Großen hinten. Vor uns baute sich der diensthabende Offizier, Oberleutnant Knobloch, auf, rechts und links gut bewacht von weiteren bewaffneten Uniformierten, unterstützt von zwei scharfen Diensthunden.

»Wer war das?«, brüllte er in die vor ihm aufgereihte Menschenmenge hinein. Doch aus der Schar der Strafgefangenen, die sich zu dieser nächtlichen Stunde in ihrer tristen Arbeitskleidung vor dem Werkgebäude aufgestellt hatte, kam keine Antwort. Eine blödsinnigere Frage hätte ich mir in solch einer Situation auch nicht vorstellen können. Immerhin ging es für denjenigen, der diesen oppositionellen Krawall initiiert und Meister Holz ernsthaft verletzt hatte, um Leben und Tod.

Immer wütender gebärdete sich da vorne der hochmütige, für Brutalität berüchtigte Oberleutnant vom Dienst. Er hatte mittlerweile einen hochroten Kopf, wie eine Tomate, vergleichbar einem Patienten, der an einer Hochdruckkrise litt und dem Schlaganfall nahe war.

Er schnaufte, brüllte, schrie in die Menge, drohte mit Tod und Teufel. Ganz unvermittelt zückte er sein riesiges Schlüsselbund, zog es dem Erstbesten, der ganz vorne in der Reihe stand, durchs Gesicht, ohne ihm auch nur den Hauch einer Chance zu geben.

Ich stand auf gleicher Höhe drei Reihen dahinter und musste tatenlos zusehen, wie dem armen Kerl die Frontzähne aus dem Mund fielen, seine Wange und Lippen großflächig aufrissen und wie er schließlich blutüberströmt zusammenbrach.

Ohnmächtiger Hass, unbändiger Zorn und eine Wut, die ich nur mit allergrößter Mühe bändigen konnte, stiegen in mir hoch. Nie zuvor war ich mir meiner Machtlosigkeit so bewusst gewesen. Man konnte nichts, gar nichts tun.

Völlig verkrampft, wie gelähmt standen wir da, sahen hilflos zu, wie ein Mithäftling, nur, weil er klein von Wuchs war und deshalb ganz vorne stehen musste, Opfer der Willküraktion eines militanten, brutalen, gewalttätigen, sadistischen Vollzugsbeamten wurde.

»Dieses Gesocks«, dachte ich, »dieses ganze verdammte, elende, menschenverachtende Pack, wann wird es endlich für diese Unmenschlichkeiten bezahlen müssen?«

Andere dachten wie ich. Nur musste man jetzt mit jeder Äußerung besonders vorsichtig sein, denn unser Kommando, die Belegschaft der Bohrerei, wurde nach diesem Vorfall mit noch größerem Argwohn beobachtet. Die Kriminellen in unserer Zelle hatten offensichtlich den Auftrag bekommen, uns politische Gefangene scharf im Auge zu behalten. Es dauerte lange, bis wieder Ruhe einkehrte.

Die Mumpe

»Arafat« und der »Rote Terror«, zwei besonders brutale und rücksichtslose Polizeiwärter, die ihre Spitznamen natürlich von politischen Gefangenen bekommen hatten, wurden unserem »Erziehungsbereich« vorübergehend zugeordnet, damit sie bei jeder kleinsten Gelegenheit mit zynischer Gewalt dazwischen schlagen konnten.

Doch das Leben musste weitergehen. Das Zuchthaus ist ein Extrastaat im Staate. Wer draußen in der sogenannten Freiheit lebt, hat keine Ahnung, welche Tragödien sich hinter diesen Mauern abspielen. Aus Protest glaubten manche der politischen Gefangenen ihrem Frust Luft machen zu müssen, indem sie aus Opposition das Deutschlandlied, die Bundesdeutsche Nationalhymne sangen. Wer dabei erwischt wurde, hatte eine lebensgefährliche Probe zu bestehen. Er verschwand für drei Wochen in der »Mumpe«.

Die Mumpe war ein dunkler, feuchter Keller mit einem winzigen Lichtschacht an der Decke, der nur einen Hauch Tageslicht hereinließ. Der Fußboden, ein feuchter, glitschiger Steinholzbelag, war nasskalt. Gefangene, die sich hier aufhalten mussten, durften sich nachts auf ein Holzbrett legen, das tagsüber hochgestellt und an der Wand festgeschlossen wurde. Dazu bekamen sie eine Decke. Ob diese als Unterlage benutzt wurde, um sich gegen die Kälte und die Härte des Holzes zu schützen, oder ob man es vorzog, sich mit ihr zuzudecken, blieb jedem selbst überlassen. Zum Einrollen war sie auf jeden Fall zu klein. An jedem dritten Tag gab es eine warme Suppe, im Übrigen nur Wasser und Brot. Wer die Mumpe überlebte, nahm rund 30 Pfund ab.

»Kurz bevor du hierher nach Cottbus gekommen bist, ist ein Berufskollege von uns, den ich gut gekannt habe, da unten in der

Mumpe gestorben – für einmal Deutschlandlied singen«, flüsterte Franz mit tränenerstickter Stimme und hinter vorgehaltener Hand und fügte hinzu: »Er hatte sich offensichtlich eine Lungenentzündung geholt, die niemand behandelt hat und ist daran verreckt.«

Wir schwiegen eine Weile, bevor er leise weitersprach: »Und wenn die Schweine glauben, dass ich das jemals vergesse, dann haben sie sich geirrt. Irgendwann komme ich hier heraus. Dann werde ich den Fall aufrollen und detailliert darüber berichten. Zum Glück gibt es ja noch Gerechtigkeit in der Welt. In Salzgitter, der Zentralen Erfassungsstelle für Verbrechen gegen die Menschlichkeit, werden sich die Herren Knobloch & Co in der Kartei wieder finden, und sie werden ihrer gerechten Strafe zugeführt werden.«

Einen solchen Gefühlsausbruch hatte ich diesem sonst immer beherrschten, ruhigen Menschen gar nicht zugetraut. Ich war Franz sehr dankbar für das Vertrauen, das er mir schenkte, dafür, dass er diese Geschichte preisgab.

Ein zweites klassisches Delikt, das die Mumpe zur Folge hatte, war wiederum das Singen eines Liedes.

Das Lied, das auf dem Index stand, war das »Cottbus-Lied«. Ich lernte es bald kennen, denn alle politischen Gefangenen kannten es.

Ich muss zugeben, dass es mir auch durch Mark und Bein ging, wenn jemand nachts plötzlich durch die Metallblenden hindurch dieses Lied anstimmte. Ich erlebte mit, wie sich dabei ein gewaltiger Chor bildete, der aus allen Richtungen des hufeisenförmig angelegten Gefängnisses das Cottbus-Lied aus voller Kehle sang. Ich selbst konnte mich dem Zwang mitzusingen auch nicht entziehen. Der Widerhall im Hof und das Echo von den Metallblenden vor den Fenstern erschwerten es dem Gefängnispersonal, die Quelle des Gesangs zu orten.

Wären da nicht die Kriminellen gewesen, die sich durch Verrat Vergünstigungen in Form von Fernsehgutscheinen, Besuchserlaubnis oder Paketscheinen verschaffen wollten, man hätte die Verursacher niemals herausgefunden.

Das Cottbus-Lied wird nach der Melodie »Wir sind die Moorsoldaten« gesungen und hat folgenden Text:

Cottbus heißt die öde Stätte,
wo ein Zuchthaus fest erbaut,
dient politischen Gefangenen
jahrelang als Aufenthalt.

Das ist das Zuchthaus Cottbus,
Symbol des Sozialismus,
in Aktion!

Rings um uns sind hohe Mauern,
und das Leben wird zur Qual,
doch wir werden nicht bedauern,
was das Schicksal uns befahl.

Das ist das Zuchthaus Cottbus,
Symbol des Sozialismus,
in Aktion!

Einmal, deutsches Volk, erwache
und erkenne Deine Macht!
Reiß hinweg die Kerkertore,
schmeiß' hinaus die rote Schmach!

Das war das Zuchthaus Cottbus,
Symbol des Sozialismus,
in Aktion!

Sozialistischer Strafvollzug

Täglich fand auf dem staubigen Hof die obligate Freistunde statt. Da sah ich dann auch meine Freunde vom Transport wieder – natürlich nur aus der Ferne. Aber für ein Handzeichen oder einen kurzen Zuruf, wenn die Entfernung nicht zu groß war, fand sich oft eine Gelegenheit. Wir marschierten ungefähr 30 Minuten in Reihen zu jeweils sieben Gefangenen.

Seit Tagen fiel mir ein uralter Mann auf, der sich mühsam auf einen Gehstock gestützt, über den holperigen, staubigen Platz schleppte. Ich fragte Horst neben mir: »Weißt du, wer das ist? Der muss doch mindestens 80 Jahre alt sein.« »Ja«, antwortete Horst nachdenklich, »er ist nicht 80 Jahre alt, aber immerhin schon 78. Er sitzt hier ein, weil er auf seinem Boden eine alte Wehrmachtpistole gefunden hat und im Suff in der Silvesternacht ein Paar Böllerschüsse in die Luft abgegeben hat. Das nennt man unerlaubten Waffenbesitz, und da kennen die kein Pardon und keine Altersgrenze. Er hat zwei Jahre bekommen.«

Mit Bohren und Entgraten, einer Arbeit, die Ecken und Kanten, scharfe Bohrlöcher und Stanzöffnungen glättet, vergingen die Wochen zwar schneller als in der Stasi-Untersuchungshaft, aber mir war durchaus bewusst, wie verloren diese Zeit war, wie nutzlos, wenn ich daran dachte, wie viel wertvollere Arbeit ich zu leisten imstande war.

In unserer Zelle hatte immer jemand einen »Moralischen«. Oft lag es an schlechten oder gar ausbleibenden Nachrichten von zu Hause. Zwar durften wir Schach spielen und uns einigermaßen vernünftige Bücher aus der Bibliothek leihen, aber die Bedingungen auf so engem Raum boten genug Zündstoff für Reibereien und Aggressionen. Gewalt war im Zuchthaus zu Hause. Hier regierte das Gesetz des Stärkeren. Verletzungen und Übergriffe waren an der Tagesordnung. Getreu meinen Grundsätzen von körperlicher Ertüchtigung hatte ich mir angewöhnt, jeden Tag ein kleines Krafttrainings- und Fitnessprogramm zu absolvieren. Dabei brachte ich es auf 180 Liegestütze hintereinander. Dass ich damit den Krimis imponierte, war mir klar. Andererseits zeigte ich ihnen, dass sie mit mir nicht machen konnten, was sie wollten. Ich ließ auch keine Gelegenheit aus zu betonen, dass ich mich gegen jeden Angreifer mit aller Kraft und ohne Rücksicht zur Wehr setzen würde. Ganz bewusst erzählte ich ein Erlebnis, das einige Jahre zurück lag. Damals war ich nachts nach einer Theatervorstellung mit einem Freund in Schwerin über den Marktplatz gegangen, als wir von drei Russen in Uniform angepöbelt und körperlich attackiert wurden. Da es keine Lücke zur Flucht gab, schlug ich dem ersten Angreifer ohne lange zu zögern mit der Faust die Vorderzähne aus, worauf alle drei von uns abließen und wegrannten. Zum Beweis hielt ich den fünften Finger meiner rechten Hand hoch, der steif und krumm ist. Ich hatte mir bei dem heftigen Schlag die Strecksehne des kleinen Fingers abgerissen.

Nur einmal in der Woche wurden wir zum Duschen in den Keller gebracht. Die Hygienevorstellungen in diesem großen Zuchthaus waren, gelinde gesagt, skandalös. Wir arbeiteten alle vollschichtig in der Metallverarbeitung und sahen am Ende eines Arbeitstages aus wie die Schweine. Beim Bohren, Schleifen und Entgraten staubt es fürchterlich, und natürlich gingen wir auch mit Fetten und Ölen um. Von den Körpergerüchen des Einzelnen, die bei physischen Anstrengungen als notwendiges Übel in Kauf genommen werden mussten, soll an dieser Stelle gar nicht berichtet werden. Für eine Körperreinigung nach solchen Arbeitstagen in einer Fabrik stand uns in unserem Verwahrraum lediglich ein kleines »60er Waschbecken« zur Verfügung. Das Wasser kam kalt aus der Leitung, und einen Abfluss gab es nicht. Das Schmutzwasser lief in einen Eimer, der nach jeder Reinigungsprozedur ins Toilettenbecken gekippt werden musste. Dann erst konnte sich der Nächste waschen. Es bedurfte bei so vielen verschiedenen

Charakteren schon einer gehörigen Portion Geduld, Nachsicht und Gleichmut um seine Beherrschung zu bewahren und nicht durchzudrehen.

Nervenaufreibend waren die ständigen »Latrinenparolen« von einer Amnestie. Es verging kein Monat, in dem nicht solche »Enten gepresst« wurden, wie Gerüchte in der Knastsprache genannt werden. Anlässe, wie Feiertage verschiedenster Art oder politische Höhepunkte wie die Gipfelgespräche der Politiker in Helsinki, fanden sich beliebig und zu jeder Zeit. Ich leugne nicht, dass ich solchem Gerede auch immer wieder erlag. Die Vorstellung war einfach zu schön, der ganze Spuk könnte ganz plötzlich vorbei sein. Da war der Wunsch der Vater des Gedankens. Dann hatte man nach vergeblichem Warten auf die erhoffte befreiende Botschaft immer aufs Neue mit einem mehr oder weniger starken depressiven Schub zu kämpfen, der das Zusammenleben in einer solchen Gemeinschaft nur noch schwerer machte.

Schlimm waren die Wochenenden in den heißen Sommermonaten 1976. Hinter den Metallblenden unserer Fenster staute sich die Hitze gewaltig auf. Wir hatten zeitweise über 55° Celsius in unserer Zelle. Da kollabierten wiederholt etliche von uns, vor allem die Schmalbrüstigen und Untrainierten. Hätten wir uns nicht selber geholfen, von außen war keine Hilfe zu erwarten.

Es gab Tage, da hatte der Hunger mich so fest im Griff, dass ich am liebsten in die Matratze gebissen hätte. In der STASI-Untersuchungshaft hatte ich schon 25 Pfund abgenommen. Jetzt, unter den Bedingungen körperlicher Arbeit im Drei-Schicht-System, bei diesen extremen Temperaturen, brachte ich sicher noch einige Kilo weniger auf die Waage.

Höhepunkte im Gefängnisalltag

Dann, im August, passierte endlich etwas Positives. Innerhalb von Minuten durfte Franz sein Päckchen packen. Er ging auf »Transport«. So hieß es, wenn jemand aufgerufen und abgefahren wurde. Wir waren sicher, er hatte es geschafft und würde die Reise in Richtung Westen antreten.

An solchen Tagen waren wir schrecklich aufgewühlt und konnten nicht zur Ruhe kommen. Jeder von uns hing seinen eigenen Wunschvorstellungen nach und betete still für sich, dass er der nächste sein würde, der auf Transport gehen dürfe.

Ich war sicher, dass ich noch lange nicht an der Reihe war. Doch profitierte ich von Franzens Glückstag, denn nun konnte ich sein Bett belegen und von der vierten in die zweite Etage umsteigen.

Die Schatten wurden schon länger, der Sommer neigte sich dem Ende zu, womit sich die Innentemperatur unserer Zelle wieder annähernd normalisierte. Endlich konnte man wieder besser schlafen.

Mir war ein Sprechtermin mit Heide bewilligt worden. Für diese lächerlichen 20 Minuten hatte sie vom »Schloss Hoheneck«, dem berüchtigten Frauengefängnis bei Stollberg, wo sie mit Kindesmördern, primitivsten Gewalt- und Trickverbrecherinnen, die alle denkbaren kriminellen Delikte auf ihrem Konto hatten, eingesperrt war, viele Tage gebraucht, um zu mir nach Cottbus zu kommen. Natürlich musste sie auch die verschiedenen »Drehscheiben« passieren, an der »Acht« und an Ketten über Bahnsteige gehen und sich von unbekannten Menschen in der Öffentlichkeit feindselig angaffen lassen.

Trotzdem waren diese 20 Minuten etwas ganz besonderes. Wir sahen uns an und stellten fest, wir leben noch, wir sind noch da.

So bescheiden waren wir geworden. Doch diese Bescheidenheit schärfte unsere Sinne. Freude und Vorfreude wurden auf einem ganz anderen Niveau wahrgenommen. Wir machten uns gegenseitig Mut und schöpften Stärke und Kraft aus der Standhaftigkeit des anderen.

Im Gefängnis hatte ich immer Hunger. Dabei musste ich an die Nachkriegszeit denken, die ich als Kind sehr bewusst miterlebt hatte. Damals hungerten fast alle Menschen. Unsere Familie gehörte zu den wenigen, die genug zu essen hatten. Meine Großmutter kochte sogar jeden Tag in unserer Waschküche für Dutzende fremder Menschen im Waschkessel Gemüsesuppen. Die Zutaten schaffte sie in aller Herrgottsfrühe aus unserem Brauereigarten mit einem vierrädrigen Bollerwagen heran.

So konnte ich eine gewisse Gerechtigkeit im Leben darin sehen, wenn ich nun Entbehrungen auf mich nehmen musste und haderte nicht mit dem Schicksal. Die Philosophie des positiven Denkens, der ich mich hier bediente und die mir in dieser schweren Phase meines Lebens hilfreiche Dienste leistete, sagt, dass die Summe allen Elends und die Summe aller Freuden im Leben immer gleich sind. Daraus leitete ich ab, dass nach einer Periode der Entbehrungen und des Verzichts auch wieder eine Etappe schöner Erlebnisse folgen müsse, dass auch für meine kleine Familie und mich wieder die Sonne scheinen würde. Daran glaubte ich fest.

Entlassung oder Verlegung?

Dann kam der 3. September 1976. Wir saßen vor Beginn der Spätschicht in unserem Verwahrraum. Einige von uns lasen, andere spielten Schach oder schrieben ihren Monatsbrief nach Hause, wieder andere – wie ich – sahen einfach nur in die Luft und hingen ihren eigenen Gedanken nach, als wir vom Flur her eine anschwellende Geräuschlawine wahrnahmen: Stimmen, das Scheppern und Klappern von Stiefelschritten und dann urplötzlich blitzschnelles Türschließen. Alle Vollzugsbeamten, die zu unserem Zuchthaustrakt gehörten, standen plötzlich in der Tür. Jeder von uns erhob sich von seinem Lager so schnell er konnte und suchte sich einen sicheren Platz zum Stehen. Unser Zellenältester meldete dem Offizier vom Dienst weisungsgemäß: »Verwahrraum 313 mit elf Strafgefangenen angetreten, Herr Leutnant.«

»Strafgefangener Maltzahn, Sachen packen. In fünf Minuten Raustreten zum Transport!«, posaunte der Leutnant in den Raum.

Mir wurde schwindelig. Ich dachte, ich träume: »Das kann doch nicht wahr sein. Schon nach nicht einmal zehn Monaten soll ich auf Transport gehen?«

In meinem Kopf wütete ein Kampf zwischen Wunschdenken und Vernunft. Der Wunsch flüsterte mir zu: »In Kürze bist du im Westen und kannst dein neues Leben beginnen.«

So verführerisch dieser Gedanke auch war, die Vernunft in mir hielt dagegen: »Denk doch nach und lass dich nicht blenden, dann bist du nachher nicht so enttäuscht, nach so kurzer Zeit geht hier keiner auf Transport in den Westen. Wahrscheinlich hast du einen Sprechtermin bei Heide im »Schloss Hoheneck« oder gar eine Verlegung in eine andere Einrichtung?«

Puls 140, schweißnasse Haut, so ging ich auf Transport mit unbekanntem Ziel. Niemand sagte mir, wohin es gehen sollte. Weder bei den Effekten, noch in der Sammelzelle für Entlassungsanwärter konnte ich Näheres erfahren. Mein ganzer Körper befand sich in einem Hochspannungszustand. Ich schwitzte und fror zugleich, meine Haut schien zu vibrieren. Ich war das personifizierte Wechselbad der Gefühle. Doch die Maschinerie in diesem Gefängnis arbeitete reibungslos und anonym.

Man verlud mich nicht, wie ich es erwartet und erhofft hatte, mit anderen Entlassungshäftlingen auf ein Fahrzeug, um mich zum Bahnhof zu bringen, wo ich den »Grotewohl-Express« mit dem Ziel Karl-Marx-Stadt, der letzten Station vor der Ausweisung in den Westen, schon vor Augen hatte. Nein. Ich wurde in einem Einzeltransporter abgefahren, ohne zu wissen, wohin die Fahrt ging.

Nach ungefähr drei Stunden hielt der Wagen an.

Ich glaubte meinen Augen nicht zu trauen, als ich aus dem Fahrzeug ausstieg und mir die Gegend ansah, in die man mich gebracht hatte. Lauter gelbe Mauersteine, wohin das Auge blickte.

Ich war im »Gelben Elend«, in BAUTZEN gelandet, im Sorbenland.

Das »gelbe Elend«

Der Schock saß tief. Natürlich war mir bei sachlicher Überlegung klar, dass meine Ausweisung in den Westen zu diesem Zeitpunkt reines Wunschdenken war. Dass ich jedoch in Bautzen landen sollte, wohin die meisten Schwerstverbrecher der Kategorie Wiederholungstäter und Langstrafer kamen, wenn sie nicht in Bützow oder Brandenburg interniert wurden, konnte ich mir einfach nicht erklären.

Hatte ich doch in Cottbus versucht, unauffällig zu bleiben, keinen Anlass zu bieten, auf mich aufmerksam zu werden.

Außer mit dem Zivilmeister Holz, der in der Bohrerei für unsere Arbeitseinteilung zuständig war, hatte ich mich mit niemandem angelegt. Mit dem nächtlichen Überfall auf diesen verhassten Menschenschinder oder gar mit seiner Körperverletzung hatte ich nichts zu tun gehabt. Warum nur hatte man gerade mich in das berühmt-berüchtigte Zuchthaus nach Bautzen gebracht?

5000 Strafgefangene wohnten hier wie in einer kleinen Stadt. Während die Gefangenenflure mit ihren vollgepferchten Zellen in Cottbus EB oder Erziehungsbereiche hießen, nannte man hier die Abteilungen deutlicher beim Namen. In Bautzen wurde man in VZA oder Vollzugsabteilungen untergebracht. Zur Eingewöhnung kam ich zunächst in das Aufnahmekommando. Wenn ich mich nach der Einzelhaft im Untersuchungsgefängnis jemals einsam und verlassen gefühlt hatte, dann war das hier in den ersten Wochen in Bautzen der Fall. In diesem riesigen, unbarmherzigen, kalten Gestein aus gelben Klinkern kannte ich niemanden. Ich durfte auch ganz sicher sein, dass hier keine politisch Gleichgesinnten auf mich warteten, die für meine sehnsüchtigen Zukunftsvisionen Verständnis hatten.

Viel später, bei der Reflexion des Zustandes alleine zu sein, niemanden als Ansprechpartner für Gefühle und Gedanken zu haben, wurde mir bewusst, wie unwichtig, ja sogar schädlich es ist, sich Fremden mitzuteilen. Die wichtigen Weichenstellungen im Leben, die anstehenden Entscheidungen, egal ob hinter hohen Zuchthausmauern oder im normalen Leben, muss man ohnehin alleine treffen. Die Preisgabe innerster Gefühle kann im ungünstigsten Fall wie eine Speerspitze gegen einen selbst gerichtet sein, ganz besonders unter Menschen, die sich von der Weitergabe auch nichtiger Informationen Vorteile versprechen.

Im Aufnahmekommando arbeitete jeder Neuankömmling vom ersten Tag an bei der Firma Markant. Hier wurden Kugelschreiber und andere Schreibartikel in der Endfertigung hergestellt. Wir schraubten den ganzen Tag die unterschiedlichsten bunten Teile zu Kugelschreibern zusammen und produzierten davon derartige Massen in verschiedensten Ausführungen, dass ich mich immer wieder fragte, welche Generationen von Menschen diese gigantische Zahl an Plastikschreibern je verbrauchen sollten. Die Tätigkeit war eintönig und stupide.

In diesem Kommando arbeiteten fast ausschließlich rückfällige Gewalttäter und Einbrecher, Sittlichkeitsverbrecher und Betrüger. Einer von ihnen hatte gerade wieder einen Rentner krankenhausreif geschlagen und ganz nebenbei sein Schlüsselbund entwendet, um danach die Wohnung auszurauben. Natürlich waren es widrige Umstände gewesen, und es hatten selbstverständlich immer die anderen Schuld, was der Betreffende nicht vergaß hinzuzufügen. Von derlei Typen erfuhr ich eine Menge über das berüchtigte, alte Zuchthaus. Bautzen war mit seiner kompletten Infrastruktur eine autarke Einrichtung. Alle Gewerke der Handwerkszünfte waren vertreten: Bäckerei und Fleischerei, auch eine Großwäscherei natürlich. Hier arbeiteten Gärtner, Schlosser, Dachdecker, Maurer, Klempner, Tischler, Elektriker. Es existierte eine Glaserei, auch Maler- und Lackierwerkstätten waren vorhanden. Alles, was auf diesem großen Gelände angesiedelt war, hatte einzig und allein dafür zu sorgen, dass diese Kleinstadt funktionierte.

»Sogar ein eigenes Krankenhaus mit mehreren Bettenstationen, Operationssälen, Röntgenabteilung und Labor haben die hier«, erzählte mir mein Nachbar an der Arbeitsplatte bei MARKANT.

»Die sollen gerade einen neuen Arzt, einen ›Gefangenenarzt‹, bekommen«, fuhr er fort.

»Was versteht man denn im Knast unter einem Gefangenenarzt«, fragte ich neugierig, noch völlig arglos zurück. Doch plötzlich schwante mir Unheilvolles. Mir wurde warm und kalt zugleich, und ein ängstliches Gefühl beschlich mich. Sollte ich womöglich derjenige sein, auf den sie warteten, der Neue, der hier im Knast aller Knäste den Gefängnisarzt abgeben sollte?

Schlagartig waren alle meine Antennen in Alarmbereitschaft, und ich quetschte den Kerl aus wie eine Zitrone, ohne preiszugeben, dass ich derjenige sein könnte, auf den sie hier warteten: »Was muss denn der machen, dieser Gefängnisarzt, was darf denn der eigentlich, wenn er selbst Gefangener ist?«

»Das ist einer, der hat immer da zu sein. Den schicken sie schon morgens in aller Frühe über die einzelnen Kommandos, bei denen er dann in sehr kurzer Zeit entscheiden muss, wer von denen, die behaupten krank zu sein, wirklich krank ist. Auf jeder VZA muss er halbstündig eine kurze Sprechstunde für alle jene abhalten, die sich krank fühlen und glauben, nicht zur Arbeit gehen zu können. Und das sind hier viele, das kannst du mir glauben. Dem machen wir Druck, den linken wir, was das Zeug hält. Der ist ja einer von uns. Wenn der nicht so will, wie wir, dann Gnade ihm Gott!«

Meine Stimmung war an einem Tiefpunkt angekommen und ich dachte nur: »Das kann ja heiter werden. Sollte ich tatsächlich der neue Gefängnisarzt sein, so wird das Leben und die Arbeit mit diesen ausgebufften Ganoven bestimmt alles andere als ein Zuckerschlecken für mich.«

Trotzdem behielt ich auf der Aufnahmestation meine Gedanken für mich und verriet niemandem meine geheimen Befürchtungen. Schließlich wusste ich zu diesem Zeitpunkt tatsächlich noch nichts Genaues darüber, was man mit mir vorhatte. Außerdem glaubte ich, unvoreingenommen mehr über die Einrichtung und die Funktion des medizinischen Dienstes in Bautzen erfahren zu können.

Für mich stand fest, dass für so viele Menschen ein straff organisiertes System auch in der gesundheitlichen Versorgung erforderlich war und dass dafür Ärzte, Schwestern und eine stationäre Abteilung mit entsprechendem Personal genau so notwendig waren wie eine einigermaßen technisch-medizinische Ausstattung mit Röntgen, Labor und Operationsmöglichkeiten. Insofern hatte der Kerl mir wohl schon die Wahrheit gesagt.

Hier in Bautzen I, wo einst Ernst Thälmann während der Nazizeit eingesessen hatte, war ich wohl der einzige politische Häftling. Daneben gab es noch »Bautzen II«. Diese Abteilung ist erst viel später aus dem eigentlichen Zuchthaus als eigenständige Abteilung hervorgegangen. Dort saßen wahrhaftig ausschließlich politische Gefangene.

In einem Hochsicherheitstrakt wurden die Insassen untereinander und nach außen total abgeschottet. Hier waren Bundesbürger eingesperrt, die wegen Fluchthilfe verurteilt waren, Mitglieder von Schleuserorganisationen, die man auf frischer Tat erwischt hatte, als sie Menschen in den Westen schmuggeln wollten. Den Gerüchten nach brummten die fünf bis 15 Jahre ab. Vielleicht saßen auch unsere Schleuser dort ein, wenn man sie denn geschnappt hatte.

Beide Einrichtungen waren hermetisch von einander getrennt. Nicht einmal den Ausgebufftesten unter den Langstrafern war es möglich, diese Isolationswand zu durchbrechen und Einzelheiten zu erfahren.

Eine Woche montierte ich unentwegt Kugelschreiber zusammen. Dann war es endlich soweit: »Strafgefangener Maltzahn, 'raustreten«, brüllte jemand von der Eingangstür herüber.

Sofort sprang ich auf und folgte mit meinem dürftigen Bündel Sachen, bestehend aus den wenigen persönlichen Dingen, die nicht bei den Effekten hinterlegt werden mussten, dem Wachtmeister, der mich zum Mitgehen aufgefordert hatte. Meine Armbanduhr hatte ich sogar behalten dürfen. In dem kleinen Päckchen, das ich trug, war auch eine Grundausstattung an Wäsche, die natürlich die klassischen Gefängnisstreifen in blau-weiß aufwies. Dazu war noch ein langer, gelber Balken in den Rücken eingearbeitet, der die Kenntlichkeit des Strafgefangenen als solchem auch bei schlechter Beleuchtung und auf große Entfernung deutlich machte.

So eilte ich schnellen Schrittes mit meinem Begleiter in Uniform durch das weite Gelände. Eingeschlossen von hohen Gebäuden und mit Stacheldraht und Glasscherben bespickten Mauern ließ es keinen Gedanken an Ausbruch aufkommen.

Überall sah ich gelbe Mauersteine, wohin ich auch blickte. Ich musste an die Geschichte von Peter denken, der mir im »Grotewohl-Express« zwischen Rostock und Cottbus die erste Lektion in Knastologie erteilte hatte. Er berichtete damals, man rätselte darüber, ob der Name »Gelbes Elend«, der für das Zuchthaus Bautzen stand, von den gelben Klinkern herrühre, oder von der immensen Zahl Hepatitiskranker hier in der Anstalt. Ich sollte es nun herausfinden.

Letzteres war angesichts meines bevorstehenden Einsatzes natürlich nicht sehr ermutigend für mich, und so betete ich im Stillen, dass die erste Version zutreffend sein möge.

Wir flitzten vorbei an der Bäckerei. Ich sah jedoch weder weiße Bäckermützen, noch konnte ich beobachten, dass jemand frische Brote in den Ofen schob.

Nein, es war meine Nase, das sensibelste meiner Sinnesorgane, die mir sagte: »Hier wird gebacken.« Und richtig, bei genauerem Hinsehen erkannte ich durch die beschlagenen Scheiben eines parkenden Zivilfahrzeuges mehrere Körbe, angefüllt mit frischen Backwaren. Das Wasser lief mir im Mund zusammen.

Weiter führte uns der Weg vorbei an einer Gärtnerei. Das war eine imponierende, unerwartet große Anlage. »Wohl dem, der das Glück hat, hier zu arbeiten«, dachte ich, »kein Zwang, nur Natur, Treibhäuser, viele Mistbeete mit Kräutern und frischem Gemüse, Zwiebeln und allem, was eine Gärtnerei hervorzubringen vermag.«

Wir streiften die Küche, den zentralen Dreh- und Angelpunkt aller Gefangenenphantasie. Nicht nur die Liebe, nein, das ganze Leben schien durch den Magen zu gehen. Wenn es an Grundnahrungsmitteln mangelt, der Saftstrom unserer Verdauungsdrüsen untätig verrinnt, dann ist der Hunger ein guter Lehrmeister in topographischer Anatomie. Er zeigt uns, wo der Magen liegt, wie er knurrt und krampft. Deshalb kommt in allen Gefängnissen dieser Welt ein Job in der Küche dem Gewinn des großen Loses gleich. Hier gibt es Milch, Quark, Wurst, Brot, Kartoffeln und Butter. Sogar frisches Gemüse und Obst ist hier reichlich vorhanden. Die hier arbeiten durften, kannten gewiss keinen Hunger, wie er mich seit nunmehr einem knappen Jahr peinigte.

Hinter dem Küchentrakt bogen wir um die Ecke. Ich erschrak angesichts dessen, was sich meinen Augen bot.

Da stand er, der große, gewaltige Haupttrakt des Zuchthauses Bautzen mit seinen vielen über einander liegenden Etagen einzelner Vollzugsabteilungen, die ich alle noch näher kennen lernen sollte, als mir lieb sein konnte. Ich war beeindruckt.

»Eine ganze Stadt in einem einzigen großen Haus«, ging es mir durch den Kopf. Kein Fenster war ohne Gitter, das verstand sich. Doch gab es hier keine Metallblenden, die den Blick einengten, die Räume verdunkelten, den Luftaustausch behinderten und eine abnorme Wärmespeicherung bewirkten, wie ich es in Cottbus erlebt hatte. Da wirkte dieser Strafvollzug auf den ersten Blick schon ausgewogener, etwas menschlicher.

Auf meinem Weg durch die Anlagen dieser Anstalt freundete ich mich mit dem Gedanken an, dass es vielleicht sogar günstig war, wenn ich nun nicht mehr in einem dieser typischen Zuchthäuser für politische Gefangene, wie dem »Lager X« in Berlin-Hohenschönhausen oder dem Zuchthaus Cottbus untergebracht war, wo die Wachmannschaften darauf getrimmt waren, politische Häftlinge gezielt zu schikanieren, um ihnen das Leben zur Hölle zu machen.

Der mich begleitende Wachtmeister mit dem schnellen Schritt legte noch einen Zahn zu und führte mich in ein dem Haupthaus schräg gegenüber gelegenes, separates, mehrgeschossiges Gebäude. »Hier ist das Gefängniskrankenhaus«, äußerte er beiläufig, »hier soll ich Sie abliefern.« Im ersten Stock übergab er mich dem Dienst habenden Polizeiwärter der Krankenhausabteilung.

»Kommen Sie mit, dort hinauf«, forderte dieser mich mit freundlicher Stimme auf und wies auf die Treppe, die ins Obergeschoß führte. Gemeinsam erklommen wir zwei weitere Etagen dieses Hauses. Im Vorübergehen sah ich auf lange Korridore, die wie Krankenhausflure aussahen. Danach erreichten wir die Dachetage. Vor einem Raum blieb er stehen, schloss auf und forderte mich auf hineinzugehen: »Hier wohnen Sie!«

Mitten in einem Mansardenzimmer stand ich mit meinem Päckchen, alleine, wieder am Anfang einer neuen Etappe, von der ich nicht wusste, welche Überraschung sie bringen würde. Ich fragte mich, ob ich physisch und psychisch stabil genug war, dieser Herausforderung standzuhalten. Was für Menschen würde ich hier begegnen? War ich nicht viel zu arglos für eine solche Tätigkeit? Die ausgebufften Kriminellen würden doch garantiert versuchen mich zu manipulieren oder für ihre Zwecke zu missbrauchen.

Viele Fragen schwirrten mir durch den Kopf, und ich sah meinem neuen Job mit gemischten Gefühlen entgegen.

Irrwitzige Schnellsprechstunde

Das Mobiliar in dem Raum war übersichtlich. Außer dem Bett auf der rechten Seite, das mir zugewiesen worden war, befand sich dort noch eine weitere Schlafgelegenheit. In der Mitte stand ein großer Tisch mit zwei Stühlen und in der Ecke ein geräumiger Schrank. Das Zimmer war bewohnt, das spürte man. Nur es war niemand da.

Einige Stunden später kam Albert.

Albert war ein Berufskollege, Hautarzt, aus Berlin, ein netter Kerl, von kleiner, untersetzter Statur, mit ganz kurz geschnittenen Haaren und einem ständigen übernervösen Zucken im Gesicht. Das machte mich zunächst ganz verrückt. Er sprach derart schnell, dass man ihm kaum folgen konnte. Seine kurzen Beine trugen einen athletischen Oberkörper. Die hohe Stirn wies etliche Falten auf, der Haaransatz Geheimratsecken. Insgesamt war Albert ein gut aussehender Mann in den besten Jahren, der nur etwas zu klein geraten war. Sein ganzer Körper schien elektrisch geladen zu sein. Er vibrierte förmlich, wenn er sprach, und seine Stimme überschlug sich förmlich, wobei seine prächtigen Zähne zum Vorschein kamen. Offensichtlich war er froh über seine Ablösung.

Albert begegnete mir offen und freundschaftlich, ließ mich allerdings nur selten zu Wort kommen, und so hatte ich Mühe, meine Fragen zu formulieren. Er konnte mir nicht in die Augen sehen, hielt meinem Blick nie stand und schaute unruhig von einer Ecke in die andere.

In dieser ersten Nacht im Gefängniskrankenhaus erfuhr ich von ihm alles Wissenswerte über die Menschen, mit denen man es hier zu tun hatte, über den Arbeitsrhythmus, die immensen körperlichen und seelischen Strapazen, schlechthin all das, was mich erwartete. Den normalen Arbeitstag schilderte er mir etwa so:

»Du wirst mit der so genannten ›Vorsortierung‹ deinen Arbeitstag beginnen. Das bedeutet, dass sie dich um zwei Uhr in der Frühe wecken. Keine Angst, du verschläfst nicht, die wecken dich pünktlich. Der Stress hier sind nicht die Termine, der kommt erst, wenn du diese Termine abarbeitest. Was ich damit meine, kann ich schlecht beschreiben, dass musst du selbst herausfinden.«

Bei diesen letzten Worten hatte er ein merkwürdiges Gesicht gemacht, zum Teil war es ein Anflug von Schmunzeln, das über seine Wangen lief, andererseits war mir ein ängstliches Flackern in seinen Augen nicht entgangen. Alles hörte sich so vage, so mysteriös an.

Bisher gab Albert nichts preis, was mir den Einstieg in diese ärztliche Tätigkeit wirklich erleichtern könnte. Deshalb hakte ich nach: »Wenn ich um zwei Uhr geweckt werde, was soll ich denn schon so früh anfangen? Außer den Bäckern arbeitet doch sonst keiner um diese Zeit?«, fragte ich zurück und durchbrach das eingetretene, bedrückende Schweigen.

»Hast du eine Ahnung, wie der Laden hier organisiert ist«, belehrte er mich und fuhr mit schneller Zunge fort:

»Pünktlich um drei Uhr liefert dich der Dienst habende Polizeimeister des Krankenhauses drüben auf der VZA 4 ab.« Dabei wies er mit der Hand in Richtung Fenster, dessen Ausblick über den Freistundenhof auf das Hauptgebäude des riesigen Gefängnisses fiel. Da wartet das Frühkommando vom Stahlwerk Freital auf dich. Wie überall ist der Arbeitseifer nicht sehr groß. Wer will schon für einen Einkauf von 40 bis 60 Mark im Monat so schwere körperliche Arbeiten verrichten, wie sie für Hilfsarbeiter in einem Stahlwerk anfallen. Die müssen da doch den letzten Dreck, die schwerste Arbeit machen. Daraus entsteht dann logischerweise auch dein Problem. Entsprechend viele von denen versuchen sich über die Flucht in die Krankheit vor der Arbeit zu drücken. Bei den Stahlwerkern hast du täglich mit 12 bis 15 % der Belegschaft zu rechnen.«

»Was heißt das?«, erkundigte ich mich erschrocken.

»Das heißt, dass sich von den rund 600 Strafgefangenen dieses einen Kommandos etwa 70–90 krank melden.«

»Und was mache ich mit denen?«, wollte ich jetzt genauer wissen.

»Du hast ganze 25 Minuten Zeit, diese Leute zu untersuchen und musst dann in jedem Einzelfall entscheiden, wen du wegen einer gesundheitlichen Beeinträchtigung im Haus lässt und wer zur Arbeit ausrücken muss oder anders ausgedrückt, wessen Krankheit so schwerwiegend ist, dass sie eine Arbeitsunfähigkeit rechtfertigt.«

Mein Puls schnellte nach oben, als ich blitzschnell überschlagen hatte: »Soll das bedeuten, ich muss pro Minute für ungefähr drei Gefangene die Entscheidung fällen ›drinnen bleiben‹ oder ›arbeiten‹?«

Albert sah meinen ungläubigen, ängstlichen Blick. »Du hast es genau erfasst, bist ein fixes Kerlchen, mein Lieber«, machte er sich ein wenig über mich lustig.

Der Angstschweiß perlte mir von der Stirn. Schon die Vorstellung, ich sollte diese irrwitzige Schnellsprechstunde durchführen, flößte mir Angst und Schrecken ein.

»Da können einem doch schwerwiegende Fehler passieren«, wagte ich einzuwenden, »und überhaupt, wie hast du das denn bewältigt? Du bist Hautarzt und solltest hier unter diesen extremen Bedingungen entscheiden, wer zum Beispiel ein Magengeschwür, eine akute Blinddarmentzündung, Herzkrankheit, eine Hepatitis oder eine andere folgenschwere Erkrankung hat.«

»Was meinst du, warum mein Gesicht so zuckt, warum ich so übernervös, einfach fertig mit den Nerven bin? Ich kann diese Arbeit und alles, was damit zusammenhängt nicht mit Worten beschreiben. Man muss es erlebt haben«, entgegnete mir Albert leise und blickte dabei durch mich hindurch ins Leere, als sähe er sich bei der morgendlichen Arbeit auf einer der Kommandostellen.

Es war eine Weile ganz still. Ich begann zu ahnen, was da auf mich zukam.

In Gedanken spulte ich das Szenario schon einmal ab: »Wie sollte man da bestehen können? Welchen Auseinandersetzungen und Gefahren wird man bei dieser Tätigkeit ausgesetzt sein? Wie man auch entscheidet, einer wird immer unzufrieden sein. Man würde es keiner Seite recht machen können. Entweder hadert die Obrigkeit der Gefängnisanstalt mit dir, weil der Krankenstand zu hoch ist, oder die Gefangenen, die ohne, dass du sie richtig angehört hast, zur Arbeit getrieben werden, verübeln dir, dass du so gnadenlos und hart entschieden hast und vermuten vielleicht, du machtest gemeinsame Sache mit der Anstaltsleitung. Da braucht dir nur ein einziger Fehler zu unterlaufen, und sie lynchen dich.« Mir schauderte bei dem Gedanken.

Dann plötzlich, in diese bedrohliche Stille hinein, setzte mein Kollege, der auf seinem Fachgebiet sicher eine Kapazität war, seinen Vortrag fort:

»Es sind nicht nur die fehlenden Minuten pro Patient, die einem Probleme bereiten. Da drüben lauern ständig Gefahren. Im Grunde genommen sind von denen, die sich morgens melden, nur höchstens fünf Prozent krank. Die anderen versuchen sich zu drücken, sie wollen einfach nicht arbeiten. Die Kunst ist, die wirklich Kranken in so kurzer Zeit herauszufischen und zu schützen. Das Schlimme ist nur, dass du nach wenigen Tagen begreifen wirst, dass unter solchen Bedingungen niemand arbeiten will. Die haben die Schnauze gestrichen voll. Und du sollst ihnen mit deiner Entscheidung dabei helfen, der Arbeit fern zu bleiben. Schreibst du sie jedoch gegen deine Überzeugung krank, weil du deine Ruhe haben willst, ist es mit deiner Autorität für alle Zeiten vorbei. Das spricht sich herum wie ein Lauffeuer, und du kannst dich dieser angeblich Kranken nicht mehr erwehren. Steuerst du hingegen einen zu harten Kurs, wird man es gegen dich auslegen als machtest du gemeinsame Sache mit der Polizei. Mit anderen Worten: Was du auch tust, es wird niemals richtig sein. Wer sich im Knast ungerecht behandelt fühlt, setzt gerne körperliche Gewalt ein, das musst du wissen. Sie bringen ein paar Gleichgesinnte mit, belagern und bedrohen dich und scheuen nicht davor zurück, dich kurzerhand zusammenzuschlagen, wenn du dich nicht willfährig zeigst.«

»Wie soll ich mich denn überhaupt verhalten?«, ließ ich kleinlaut vernehmen.

»Das ist eine wirklich komplizierte Frage«, gab mein nächtlicher Gesprächspartner zu, »darüber habe ich mehr als 18 Monate nachgedacht und bin zu keinem schlüssigen Ergebnis gekommen. Wichtig scheint mir zu sein, dass du unbestechlich bleibst. Alle wollen ständig irgendeine Pille von dir haben. Am liebsten Valium oder andere Beruhigungsmittel. Die pulverisieren sie dann und rauchen ein Gemisch daraus mit Tabak in der Pfeife. Dabei haben sie dann offensichtlich diesen ›Kick‹, wie er beim Rauchen eines Joints vorkommen soll. Für solche Pillen geben sie dir alles; Uhren, Geld, selbst an Alkohol kommen die heran, und natürlich bieten sie dir auch ihren persönlichen Schutz an. Aber hast du denen einmal etwas gegeben, kommen sie immer und immer wieder.«

Dann machte Albert eine längere Pause und fügte nachdenklich hinzu: »Vielleicht bist du ja universell genug ausgebildet und so erfahren, dass du auf all die Fragen eine schnelle Antwort weißt. Ich hatte da meine Probleme. Natürlich gibt es hier eine Menge Hautpatienten. Die haben wir auch alle prima und qualifiziert behandelt. Ich glaube sogar, die haben auf unserer Station eine Maximalversorgung erhalten. Nur, das sind nicht unsere täglichen akuten Problemfälle.

»Sicher habe ich eine solide Ausbildung genossen und bin mit einem breiten Spektrum der Medizin vertraut. Wenn die Voraussetzungen stimmen würden und genügend Zeit zur Verfügung stünde, könnte ich sicher für etliche kranke Menschen nützlich sein«, erwiderte ich und fügte hinzu: »doch muss der Arzt erst geboren werden, der in der Lage ist, dieses Wahnsinnsprogramm einigermaßen befriedigend abzuarbeiten.«

Wieder trat eine längere Pause ein bis Albert behutsam und mit großem Nachdruck hinzufügte: »Eines darfst du nicht verkennen, wer so viele Jahre hinter Gittern lebt, hinter denen normale menschliche und zwischenmenschliche Beziehungen des Lebens zwangsläufig auf der Strecke bleiben, der ist auch in seinem sexuellen Verhalten völlig verändert. Die Bedürfnisse richten sich offensichtlich immer nach den Möglichkeiten. Und ich sage dir, Frauen gibt es hier außer der einen Obermeisterin in der Poliklinik nicht eine einzige, und die eine ist schon jenseits von gut und böse.«

»Mit anderen Worten, du willst sagen, dass man hier in diesem Knast schwul werden muss? Das kann doch nicht dein Ernst sein?«, regte ich mich auf.

»Warum sollst du es nicht gleich erfahren? Die Langstrafer sind alle schwul, wenn auch nicht von Hause aus. Nein, sie sind es durch das Leben hier in dieser fragwürdigen Gemeinschaft geworden. Du wirst zu sehen bekommen, was ich gesehen habe. Die ziehen sich in ihrer Freizeit Kleider und Röcke an. Sie buhlen um die Gunst eines anderen, wie du in deinen besten Jahren um dein Mädchen geworben hast. Ich bin immer wieder Zeuge heftiger Eifersuchtsszenen geworden, die nicht selten mit ernsten Verletzungen endeten. Diese riefen mich dann auf den Plan. In manchen Zellen stinkt es wie im Puff. Weiß der Himmel, woher die das Parfüm, die Haarwässerchen, Pomaden und anderen Kosmetika bekommen. Jedenfalls kommt man angesichts der Allgegenwärtigkeit des Problems ›Homosexualität‹ nicht daran vorbei, sich mit ihm auseinanderzusetzen.«

Wenn man das rechtzeitig tut, kann einem durch Arglosigkeit in dieser Hinsicht nicht so viel passieren.«

»Jedenfalls bin ich nicht schwul und kann für mich generell ausschließen, dafür anfällig zu sein«, begehrte ich empört auf und fügte hinzu: »Ich habe zwei Kinder und bin fast 13 Jahre verheiratet.«

»So war das auch nicht gemeint«, lenkte Albert ein, »aber du bist groß, schlank, siehst ganz passabel aus und stellst als Arzt für diese Leute etwas ganz besonderes dar, solange du dich nicht mit ihnen auf eine Stufe, auf das gleiche Gefangenenniveau begibst. Die Chance liegt in einer bestimmten Distanz. Halte den gewissen Abstand zu allen und gib ihnen so viel, wie du medizinisch verantworten kannst. Gib niemals persönliche Informationen preis und verbrüdere dich nicht mit anderen Strafgefangenen. Dann kann dir nicht viel passieren. Ich weiß selbst nicht, wie man allen Anfechtungen und Auseinandersetzungen begegnen muss, um eines Tages ungeschoren hier herauszukommen.«

Das Gespräch drohte in philosophische Gefilde abzugleiten. Doch mir lagen noch wichtige Sachfragen am Herzen, über die ich morgen, wenn ich ganz auf mich allein gestellt sein würde, mit Albert nicht mehr reden konnte. Niemand könnte mir dann so wertvolle Tipps geben. Deshalb gab ich dem Gespräch noch einmal eine Wende:

»Weißt du, Albert, was passiert eigentlich mit den vielen Gefangenen, die ich für nicht arbeitsfähig befinde?«

»Das stimmt, darüber haben wir noch gar nicht gesprochen«, nahm er meine Frage bereitwillig auf und kramte weiter in seiner reichhaltigen Erfahrungskiste:

»Nachdem du die Freitaler Stahlwerker vorsortiert hast, kommst du zu denen, die täglich nach Hoyerswerda gefahren werden. Die armen Kerle arbeiten im Braunkohletagebau. Ist dir klar, was das heißt? Sicher nicht, woher auch. Die fördern die Braunkohle nicht mit modernen Geräten, nein, die machen die schwerste aller Arbeiten. Sie verlegen die Gleise für die Kleinbahn, die zum Abtransport der Kohle benötigt wird, mit ihren bloßen Händen. Auch bei denen wirst du Drückeberger finden. Doch vergiss bei der Einschätzung ihrer Arbeitsfähigkeit nie, dass sie anders zu beurteilen sind als die Leute bei Markant, die den ganzen Tag nur Kugelschreiber zusammenschrauben müssen.

Ich verspreche dir, du wirst nach kurzer Zeit begriffen haben, dass diese Menschen nicht bereit sind, solche Sklavenarbeit für einen Hungerlohn zu verrichten.«

Und wieder entstand eine Pause von beklemmender Stille.

»Dann ist unsere Arbeit ja zum größten Teil Psychologie und nicht Medizin, wenn man das überhaupt trennen kann. An den objektiven Arbeitsbedingungen können wir ja ohnehin nichts ändern. Aber ich bin doch kein Psychiater! Diesen Spagat kann ich nicht leisten!«, empörte ich mich.

So ging das Gespräch hin und her. Wir waren uns darin einig, dass es für diese Tätigkeit keine Patentlösung geben konnte, und wahrscheinlich war dieser Konflikt, in den man zwangsläufig geraten musste, vorprogrammiert und sogar gewollt. Deshalb konnte es für mich vornehmlich nur darum gehen, mich mental bestmöglich auf alle denkbaren Situationen einzustellen.

»Was passiert, wenn dann endlich alle Kommandos zur Arbeit ausgerückt sind?«, wollte ich wissen.

»Bis 10 Uhr vormittags bist du auf diese Weise mit der Vorsortierung beschäftigt und musst dabei einen genauen Stundenplan einhalten, hetzt im 30-Minuten-Takt von Kommando zu Kommando. Das Gefängnispersonal ist hektisch damit beschäftigt, die Busse zur pünktlichen Abfahrt auf den Weg zu bringen. Jede Verzögerung wird man dir anlasten. Das ist Stress«, berichtete Albert.

Er fügte hinzu: »Eigentlich ist dann ein normaler Arbeitstag zu Ende. Diejenigen aber, die du für arbeitsunfähig befunden hast – das sind täglich ungefähr vierhundert – bekommst du in der Poliklinik alle noch einmal zu sehen.«

»Wieso ich?«, fragte ich empört und ungläubig zugleich.

»Weil du als Arzt vom Dienst diese Leute dann auch primär behandelst. Du musst entscheiden, wen du wegen einer schwerwiegenden Erkrankung stationär aufnehmen willst, weil eine ambulante Therapie nicht zu verantworten ist.«

Mein Atem ging schwer, mir dröhnte der Kopf und ich konnte mir einfach nicht vorstellen, dass ein einzelner Mensch solch ein Pensum bewältigen kann.

Um seinen Überlegungen Nachdruck zu verleihen, sagte Albert weiter: »Eine Lungenentzündung würde ich im Knast zum Beispiel immer stationär behandeln, anders als draußen, wo innerhalb der Familie eine zuverlässige Betreuung gewährleistet ist.

Auch ein unklarer Bauchbefund gehört unter stationäre Überwachung. Ich habe natürlich sehr viele Hautkrankheiten im Krankenrevier aufgenommen, um sie optimal behandeln zu können, und natürlich auch, um in Übung zu bleiben, denn ich möchte später im Westen eine eigene Hautarztpraxis eröffnen. Das ist mein Ziel.«

»Was geschieht mit all den anderen, die nicht im Krankenrevier behandelt werden, das ist doch die weitaus größere Zahl?«, fragte ich weiter.

»Die werden im Prinzip alle von dir behandelt. Abszesse, Infektionen aller Art, Verstauchungen, Fremdkörper in den Augen – das kommt in der Metallverarbeitung täglich vor, und da ist man hier sehr gut mit mehreren Spaltlampen ausgerüstet – frische Verletzungen, Hautpilzerkrankungen, Magen-Darm-Beschwerden und die ganze Palette der Inneren Medizin füllen deinen weitere Tagesablauf aus. Für die Bewältigung dieser Pflichten stehen dir allerdings all die Hilfskräfte zur Verfügung, die zum ambulanten Bereich gehören. Natürlich sind das keine ausgebildeten Pfleger und Krankenschwestern. Nein, von einigen Polizeiangestellten abgesehen, unter denen sich auch die einzige Frau, eine etwas ältere, aber sehr einfühlsame, nette Obermeisterin befindet, werden die Hilfsdienstfunktionen von Gefangenen wahrgenommen, die man selbst ausbildet. Die haben zunächst keine Ahnung von medizinischen Dingen. Du musst ihnen zeigen, wie man Verbände anlegt, Instrumente sterilisiert, Vorbereitungen für kleinere Operationen trifft und all das erklären, was noch zu den selbstverständlichen Abläufen unseres Berufsalltages gehört.

Vor allem müssen sie dazu angehalten werden, alles, was am Patienten geschieht, exakt zu dokumentieren. Für deine Arbeiten im Krankenrevier stehen dir auch eine Röntgenabteilung und ein kleines Labor zur Verfügung. Nachmittags kommen dann nach einem genauen Wochenstundenplan einige Fachärzte aus der Stadt und machen Sprechstunden für Fälle, bei denen du Hilfe brauchst. Der Psychiater hat am meisten zu tun. Überhaupt ist der Anteil an Nervenkranken erschreckend hoch. Die anderen Zivilärzte beschäftigen sich vornehmlich mit Anträgen auf irgendwelche Vergünstigungen, die nicht in deinen Kompetenzbereich fallen und von dir nicht entschieden werden können.«

»Dann muss ich ja von nachts bis abends arbeiten?«, stöhnte ich und sah Albert ungläubig an, weil ich mir nicht vorstellen konnte, dass ein Einzelner solch ein Arbeitsprogramm auch nur ansatzweise gewissenhaft erfüllen kann.

»Das stimmt«, bestätigte er mir, »nur ist deine Arbeit auch dann noch nicht beendet, wenn die Kollegen von draußen mit ihren Sprechstunden fertig sind. Vergiss nicht, du hast noch die zwei Stationen. Zumindest die Visite, die Krankengeschichten und einige Therapiemaßnahmen wie Injektionen, Infusionen, spezielle Verbände, EKG-Auswertungen – wenn du das gelernt hast –, Röntgenfilmbeurteilungen und viele Dinge mehr müssen noch erledigt werden. Auch auf den Stationen mangelt es dir nicht an Hilfskräften. Aber es sind auch hier alles ungelernte, verurteilte Straftäter, die mit der Medizin nie zuvor etwas zu tun gehabt haben, also von Keimfreiheit, Verbandstechniken oder Pflege überhaupt nichts verstehen. Die Facharbeit lastet auch dort auf deinen Schultern.«

Resigniert und deprimiert von der Art und Weise meines bevorstehenden beruflichen Einsatzes fragte ich zum Abschluss: »Aber dann darf ich doch schlafen?«

»Dann darfst du schlafen«, sagte Albert mit einem gewissen Spott in der Stimme und ergänzte, »du wirst niemals vor 22 Uhr im Bett sein. Aber bedenke bitte, du hast Rufbereitschaft für 5000 Strafgefangene. Sie holen dich natürlich nicht bei jedem quer sitzenden Furz, man ist hier nicht zimperlich. Doch in keiner Gemeinde mit einer solchen Einwohnerzahl gibt es so viele Selbstmordversuche, so häufig perforierte Magen-Darm-Geschwüre und schwerwiegende Infektionen wie in einer solchen Strafvollzugsanstalt unter diesen Arbeits- und Lebensbedingungen. Hier hängt sich jede Woche mindestens einer auf. Entweder wegen einer anhaltenden Depression, die nicht erkannt und behandelt werden kann, oder aus Verzweiflung, aber auch aus Eifersucht. Du glaubst nicht, was sich in dieser Hinsicht hier abspielt, die schneiden sich reihenweise die Pulsadern auf. Zum Glück machen es die wenigsten richtig, und wenn es erst blutet, bekommen sie es mit der Angst zu tun. Du darfst sie dann wieder zusammenflicken. Und immer holen sie *dich*.«

Als ich morgens aufwachte, dröhnte mein Kopf. Mir war in der Diskussion mit Albert klar geworden, dass ich mich ständig auf Glatteis bewegen würde, dass dieses Zuchthaus in Bautzen eine gefährliche Herausforderung darstellte. Ich ahnte die unbekannten Gefahren, die von den hinterlistigen, brutalen Kriminellen ausgingen, die es ihr ganzes Leben nur darauf abgesehen hatten, mit geringem Aufwand alles zu bekommen, was sie sich in den Kopf gesetzt hatten, und die auf dem Weg dorthin vor nichts zurückschreckten.

Der Dicke

Zunächst hatte ich noch einen Tag Schonzeit. Der Oberstleutnant, ein Chirurg, mit fundierter Ausbildung und Chef der Krankenhausabteilung, ließ mich zu sich bringen. Sein Oberarzt im Dienstrang eines Majors war wie ich Allgemeinmediziner.

Beide wiesen mich mit knappen Worten in den Routinearbeitstag ein. Ich erfuhr im Telegrammstil all das, was Albert mir zuvor viel praxisnäher und mit mehr Kompetenz beigebracht hatte. Dann zeigte man mir die Krankenstationen und vor allem die Poliklinik. Hier wimmelte es von dienstbaren Geistern. Außer einigen Polizisten, im Rang eines Meisters oder Obermeisters mit Sanitätsausbildung, traf ich nun auch die einzige Frau der Anstalt, die legendäre Obermeisterin. Sie war eine Frau von zierlicher Gestalt. Ihr blondes, mittellanges Haar ließ an der Wurzel erkennen, dass die nächste Färbung längst überfällig war. Unzählige Falten prägten das schmale Gesicht, das runzelig und alt aussah. Ich wunderte mich darüber, dass sie noch nicht im Ruhestand war. Doch ihre Augen strahlten jugendliche Fröhlichkeit und Optimismus aus. Sie war die gute Seele der Abteilung.

Außerdem gehörten zur medizinischen Abteilung etliche zum Schreiber oder Hilfspfleger angelernte Strafgefangene. Dabei handelte es sich zumeist um Rückfalltäter, ohne deren Hilfe eine auch nur leidliche Betreuung der Kranken gänzlich unmöglich gewesen wäre.

Als Albert am späten Nachmittag zu mir kam, um sich zu verabschieden, sah er hohläugig und übernächtigt aus. Er hatte in der vergangenen Nacht so gut wie nicht geschlafen, weil auf der VZA 2 der Teufel los war. Die Traurigkeit in seinen Augen rührte aber von etwas anderem her. Er hatte mir in der Nacht gestanden, aus persönlichen Gründen keinen Ausweisungsantrag gestellt zu haben. Das bedeutete, dass er jetzt, nach Verbüßung seiner Haftstrafe von drei Jahren, wieder in die »Zone« zurück entlassen wurde. Der Gedanke »zurück in den Osten« war für mich der Inbegriff eines Alptraumes. Das hieße, die ganze Leidenszeit wäre umsonst gewesen.

So manche Nacht beschäftigten mich solche Zwangsvorstellungen und raubten mir den Schlaf.

Albert kam in Begleitung eines neuen Zellengenossen. Er war jedoch kein Kollege, sondern ein krimineller Häftling, der mein »Adjutant« werden sollte. Wenn wir von Abteilung zu Abteilung zogen, schleppten wir eine Unmenge Zeugs mit uns herum. Außer Verbandsstoffen und Ampullen, Spritzen, Kanülen und Medikamenten mussten wir ja auch alles für eine vernünftige Dokumentation dabei haben. Den Koffer mit all diesen Sachen trug mein Handlanger.

Der Neue hieß Udo und war unheimlich dick, dabei aber kein Zwerg. Er brachte ungefähr 135 Kilo auf die Waage. Kein Wunder, dass er Platt-, Senk- und Spreizfüße hatte. Seinen bulligen Körper zierte der Schädel eines Ochsen mit groben, ausdruckslosen Zügen. Dazu erhöhte ein Stiernacken nicht gerade seinen Reiz. Zur Krönung hatte er sein pechschwarzes, strähniges Haar mit reichlich Pomade zu einer Stirntolle zusammengerafft, die bei jedem seiner gewichtigen Schritte federnd über seiner flachen Stirn tanzte. Mit einer dunklen Hornbrille versuchte er sich den Anschein von Intellektualität zu geben. Doch dem aalglatten Gesicht fehlte jedwede differenzierte Strukturierung.

Als Wiederholungstäter war er in der Anstalt gut bekannt, und viele der Insassen waren hocherfreut ihn wiederzusehen. Die meisten riefen ihn »Dicker«. Also sagte ich auch »Dicker« zu ihm. Und er ließ es zu. Einige wenige nannten ihn »Professor«. Bei solcher Anrede hielt er seinen gewaltigen Körper ganz ruhig und zog seine linke Augenbraue genüsslich nach oben.

Der Dicke konnte kräftig zupacken, wenn es darauf ankam. Doch er war unberechenbar, wie alle kriminellen Strafgefangenen.

Ich hatte immer das Gefühl, er wolle mich aushorchen, und so hütete ich mich vor allzu persönlichen Gesprächen.

»Weshalb bist du denn eigentlich hier?«, fragte ich ihn, nachdem wir die erste Phase des scheuen Abtastens hinter uns hatten, und ich ihm bereits erzählt hatte, weshalb ich eingesperrt worden war.

»Bei mir ist es eigentlich immer das gleiche«, entgegnete er mir, »meine Spezialität ist Scheckbetrug. Da war ich schon ziemlich erfolgreich. Bloß irgendwann schnappen sie einen ja doch. Dabei habe ich mein System schon so verfeinert. Das nächste Mal, denke ich, kriegen sie mich nicht, jetzt habe ich garantiert die hundertprozentige Methode.«

»Hast du es in deinem Leben auch schon einmal mit richtiger Arbeit versucht?«, lockte ich ihn aus der Reserve.

»Das sagt sich so leicht. Was soll man machen, wenn man nichts Richtiges gelernt hat? Meine Eltern sind gestorben, als ich noch klein war. Also bin ich bei meiner Oma aufgewachsen. Die war froh, dass sie mich satt kriegte und schickte mich aus dem Haus, als ich 16 Jahre alt war. Da musste ich Geld verdienen. Vernünftige Arbeit fand ich nicht, und mein Abgangszeugnis von der Grundschule konnte man auch vergessen. Für einen Lehrberuf hatte ich kein Geld, denn ich hatte ja kein Zuhause mehr, und so fing ich früh an, mir Geld über krumme Touren zu besorgen. Dabei wäre ich so gerne Konditor geworden!« Nach kurzer Pause fügte er hinzu: »Es dauerte nicht lange, bis ich bei meiner ersten Straftat, einem größeren Ladendiebstahl, ertappt wurde. Sie steckten mich damals in ein Jugendgefängnis. Spätestens da lernt man alle Tricks, die man braucht, um eine schnelle Mark zu machen, und so habe ich dann meinen Lebensunterhalt mit Scheckbetrügereien bestritten.

Aber dieses Mal war alles ganz anders. Ein Kumpel von mir hatte mir einen Spezialauftrag besorgt, für den er selbst zu feige war. Er hatte einen ›Kunden‹ in Rostock, der unbedingt ein Bärenjunges haben wollte.«

»Was meinst du mit einem Bärenjungen, doch wohl nicht einen echten, kleinen Bären aus dem Zoologischen Garten?«, erkundigte ich mich ungläubig.

»Ja, genau, einen Baby-Waschbären wollte der haben. Ich wohnte in Grimma. Da war Leipzig für mich der nächstgelegene Zoo. Also wurde ich Stammgast dort. Ich habe mich direkt in die Bärenfamilie verliebt. Bestimmt drei Mal in der Woche habe ich sie besucht, manchmal auch noch öfter. Und als sich bei der Bärenfamilie Nachwuchs eingestellt hatte, habe ich in einem günstigen Moment zugeschlagen.

Über Mittag, als wenige Besucher im Zoo waren und die Wärter in der Kantine ihr Mittag aßen, setzte ich meinen Plan in die Tat um. Blitzschnell hievte ich mich über das Absperrgitter, lief, als die Mutter mit einem der Jungtiere etwas weiter abseits beschäftigt war, ins Gehege und schnappte mir eines von den kleinen Fellknäueln.

Ich steckte es in meinen Campingbeutel und rannte, was das Zeug hielt.«

Bei der Geschichte bekam ich Herzklopfen und am ganzen Körper eine Gänsehaut und fragte: »Hat dich denn keiner gesehen oder verfolgt? Du kannst doch nicht einfach so in den Bärenzwinger klettern, ein Bärenjunges klauen und damit durchbrennen. Das braucht doch auch Milch von der Mutter und muss richtig behandelt werden.«

»Das Personal hatte nichts gemerkt. Den Zeitpunkt hatte ich schon richtig gewählt. Gefährlich waren nur die Bäreneltern. Die können ja so schnell laufen, das glaubst du gar nicht. Da habe ich einen Moment gedacht, ich packe es nicht. Mit letzter Kraft habe ich es gerade noch über den Gitterzaun geschafft. Mit dem kleinen Bären in meinem Campingbeutel auf dem Rücken marschierte ich dann in aller Ruhe durch den Hauptausgang und suchte mir ein Taxi. Der Fahrer hat nicht schlecht gestaunt, als ich sagte, ›nach Rostock bitte‹. Er wollte vor allem wissen, ob ich auch bezahlen kann. Deshalb gab ich ihm als Anzahlung erst einmal einen Barscheck über 600 Mark, den er zum Glück nicht gleich unterwegs einlöste.«

»Wie geht diese Geschichte denn nun weiter. Das hört sich alles an, wie aus ›Tausend und eine Nacht‹«, bohrte ich neugierig nach.

»Das Taxi fuhr mich tatsächlich anstandslos nach Rostock«, berichtete er weiter, »nur war mein Bärenbaby in dem Campingbeutel nicht die ganze Zeit so still, wie ein blinder Passagier sein muss, um unbemerkt zu bleiben. Außerdem tat mir der kleine Kerl leid, der während der ganzen Fahrt in dem dunklen, engen Beutel eingesperrt war. Ich ließ ihn zwischendurch mal raus, kuschelte mit ihm und fragte den Fahrer, der den kleinen Meister Petz natürlich auch ganz süß fand, ob wir ihn nicht auf einem Parkplatz einmal laufen lassen wollen. Gesagt getan. Es war niedlich anzusehen, wie das kleine Bündel aus weichstem Babyfell über die Erde rollte, sich die putzigen, kleinen Tatzen leckte und beim Stolpern überschlug. Ich hätte ihm stundenlang zusehen können. Alles ging gut, es waren keine anderen Fahrzeuge da, die uns hätten beobachten können. An einer Raststätte bekamen wir ein bisschen warme Milch, die er gierig verschlang, und so kamen wir tatsächlich unbeschadet in Rostock an.

In einer Villa in der Nähe der Irrenanstalt fanden wir dann endlich die Adresse. Ich wurde schon erwartet. Der Handel war sehr schnell getätigt. Ein elegant aussehender Herr gab mir 5000 Mark, cash. Nach fünf Minuten war ich wieder draußen. Mit so viel Geld in der Tasche fuhr ich natürlich auch mit der Taxe nach Leipzig zurück. Der Fahrer ließ mit sich handeln und machte die Rückfahrt für den halben Preis.«

»Bis dahin hört sich die Geschichte doch perfekt an, was hast du denn falsch gemacht?«, wollte ich wissen.

»Nachdem mein Fahrer den Betrug entdeckt hatte, denn der Scheck war natürlich nicht gedeckt, meldete er die ganze Geschichte der Polizei. Die wussten längst darüber Bescheid, dass ein kleiner Bär aus dem Zoo geklaut worden war. Über die Adresse in Rostock bekamen sie sowohl das Bärenbaby zurück als auch die

Anschrift meines Freundes. Mit einer Großfahndung haben sie mich gefunden. Und so bin ich wieder hier gelandet, zum achten Mal. Aber nach einem Jahr werde ich sowieso wegen guter Führung vorzeitig entlassen, und dann kriegen die mich nie wieder. So einfache Fehler mache ich nicht mehr. Man lernt ja schließlich dazu«, fügte er beiläufig hinzu, nicht ohne in der für ihn typischen Weise die linke Augenbraue bedeutsam hochzuziehen, als wolle er sich ein Monokel einsetzen. Diese Geschichte ging mir lange nicht aus dem Kopf.

In keinem Moment ließ der Dicke einen Zweifel an sich aufkommen. Aus seinen Worten sprachen ausschließlich Stolz und Überheblichkeit. Einsicht, Mitgefühl für andere Menschen, Fehler an sich selbst oder gar Reue kannte er nicht. Es ging stets nur darum: »Wie mache ich es das nächste Mal besser, damit wirklich alles glatt geht, wie lande ich den absolut sicheren Coup?«

Die meisten der kriminellen Wiederholungstäter in Bautzen waren Psychopathen wie der Dicke, immer auf der Suche nach dem todsicheren Rezept, dem »perfekten Verbrechen«, ohne jemals die eigene Denk- und Handlungsweise in Frage zu stellen.

Arzt in Bautzen

Mit dem Dicken zog ich am nächsten Morgen das erste Mal in aller Herrgottsfrühe los. Zu früh für meine Begriffe, denn ich war eigentlich ein Langschläfer. Im September, morgens um drei Uhr, ist es noch stockdunkel. Wir schlichen über den Hof, der das Krankenrevier vom Haupttrakt des Zuchthauses trennte. Die Pflastersteine glitzerten feucht im Schein des fahlen Lichtes, das aus unregelmäßig im Gelände aufgestellten Laternen auf den Boden fiel. Je näher wir dem Haupthaus kamen, umso mulmiger wurde mir. Mich begleitete seit dem Vorabend ein merkwürdiges Gefühl in der Magengegend. Der zuständige Obermeister, ein Eierkopf mit Glatze und Segelohren wie eine Fledermaus, musterte mich argwöhnisch mit seinen winzigen Augen. An seinem Körper baumelten viel zu lange Arme schlaksig herunter. Sein Gang ähnelte dem eines Matrosen auf Deck eines Schiffes bei kräftigem Wind. Mit seinen ledernen Knobelbechern, die seine dünnen O-Beine einschlossen, trat er fest auf. Die harten Schritte hallten durch die Nacht.

Niemand kannte mich, doch jeder wusste, dass ich der »Neue« war. Kein Angehöriger der Wachmannschaft wechselte ein Wort mit mir.

Während wir uns auf dem Weg zu meiner ersten »Vorsortierung« dem Portal des Hauptgebäudes näherten, dachte ich darüber nach, was wohl in dem Kopf des schweigsamen Obermeisters vorgehen mochte. Er hatte sicherlich schon viele von meiner Sorte diesen Weg gehen sehen und dachte gewiss: »Wie macht der diesen Scheißjob wohl?«

Mich hingegen plagte der Gedanke: »Wie viele vor mir haben die hier mit dieser Tätigkeit wohl schon verschlissen? Albert jedenfalls war fertig, er kroch auf dem Zahnfleisch, den hatten sie geschafft.«

Es rieselte mir kalt den Rücken herunter, als ich das erste Mal den Fuß über die Schwelle des gewaltigen Backsteinquaders, des Hauptgebäudes im Zuchthaus Bautzen, setzte, in dem 5000 Strafgefangene lebten.

Der Zentralflur hatte gigantische Ausmaße, ich schätzte ihn auf mindestens 300 Meter Länge. Jede der Zellen, die von diesen Fluren abging, war mit etwa dreißig, manchmal sogar vierzig Gefangenen belegt. Der Dienst habende Polizist nahm uns in Empfang und führte uns durch die riesige Halle. Ein beklemmendes Gefühl beschlich mich. Unsere Schritte knallten auf den eisernen Böden und fanden sich im Widerhall dieses monströsen Gebäudes irgendwo in den oberen Etagen als Echo wieder. Ich sah in die Höhe und erblickte Stockwerk über Stockwerk gestapelt und stellte mir die kubischen großen Zellen von innen vor, die wie Riesenwürfel mit lebendigem Inhalt über einander lagen. Ich empfand es als angenehm, dass die Wachmannschaft nicht so brüllte wie in Cottbus oder in der Stasi-Untersuchungshaft. Was sie äußerten, sprachen sie ruhig und sachlich aus. »Hier entlang«, sagte der Hauptwachtmeister, der uns auf der VZA 4 übernahm. Er ging vor uns her, hielt nach etwa 100 Metern an und schloss eine kleine Tür auf.

Ich erschrak, denn in dem engen, schmalen Raum befanden sich mehr Menschen, als in solch einem Kabuff zu vermuten waren. Es fiel mir schwer, die Orientierung zu finden und mich an die Enge zu gewöhnen. Doch schnell wurde mir klar, wo ich mich befand. Ich war im Duschraum der Vollzugsabteilung 4, kurz, der »VZA 4«.

Nach einer kleinen Besinnungspause konnte ich meine Arbeit aufnehmen. Ich nahm mir vor, niemals auf Bestechungsangebote einzugehen und hatte die feste Absicht, den wirklich Kranken unter den vielen Elenden zu helfen. Nur so gab ich mir eine kleine Chance bei dieser Tätigkeit, und dafür wollte ich meine Energie verwenden.

Die miserablen Arbeits- und Lebensbedingungen der vielen Gefangenen waren sicher ein riesiges Problem, doch dafür war ich nicht zuständig. Deshalb konnte es auch nicht meine Aufgabe sein, durch fingierte Arbeitsbefreiungen für Erleichterungen zu sorgen.

Alle Augen schauten auf mich. Was erwartete man von mir?

Diese ersten Minuten waren schrecklich. Jeder stöhnte mir etwas vor. Einer sagte: »Ich habe die ganze Nacht nicht geschlafen, Doc, gib mir 'ne Pille, dann geh ich morgen wieder mit raus.«

»Ich schlafe hier auch nicht gut«, war meine Antwort, »der Nächste.« Dieser zeigte mir an seinem Arm eine frische Tätowierung, deren Einstiche sich durch unsterile Arbeitsweise entzündet hatten. Da sich dieser Prozess jedoch auf die obersten Hautschichten beschränkte und keine geschwollenen Lymphknoten oder verdächtigen Hautverfärbungen zu erkennen waren, die als Zeichen einer Blutvergiftung hätten gedeutet werden müssen, sagte ich: »Rausrücken zur Arbeit, der Nächste.«

Man muss sich das mal vorstellen: Ich sollte im Sekundentakt hier in diesem kombinierten Funktionsraum, der Dusche und Klosett zugleich war, in dem der Wrasen aus dem Schweiß und Dreck der letzten Schicht noch in der Luft hing, sachgerechte medizinische Entscheidungen treffen und diese mit meinem Gewissen verantworten.

Etliche derjenigen, die sich in diesem provisorischen Untersuchungsraum befanden, kamen mit der Bitte um irgendwelche Vergünstigungen zu mir. Sie haderten mit dem Essen, wollten eine Liegeerlaubnis haben oder gar eine Befreiung von schweren, körperlichen Arbeiten. Solche Entscheidungen durfte ich nicht treffen. Zu meinem Glück war das Sache der Polizeiärzte.

Es gab eine Menge Erkältungskrankheiten, Mandelentzündungen und Atemwegsinfekte. Doch erinnere ich mich noch genau an den ersten Tag meiner Vorsortierung. Ein kleiner, schmaler Mann stand in der Reihe, unauffällig und still. Er klagte darüber, dass er seit Monaten Bauchschmerzen habe und nicht mehr essen könne, ohne danach gleich wieder zu erbrechen. Auf meine Frage, warum er das noch nicht eher gemeldet habe, sagte er:

»Ich war jede Woche mindestens einmal hier, doch ich bin immer als Simulant abgestempelt worden.«

Er war 38 Jahre alt, sah aus wie 70. Seine Körpersprache signalisierte Resignation. Die blasse Haut, seine eingefallenen Wangen unter den schmalen Schläfen und die gebeugte Haltung passten zu dem gesenkten Blick.

»Ich habe in den letzten zwei Monaten 25 Pfund abgenommen, kann nichts mehr essen«, sagte er mir. Ich sah nur, dass er krank war und vergeudete zu dieser Stunde keine Zeit mit ihm:

»Du bleibst drin«, war meine Entscheidung.

Viele der Inhaftierten hatten Probleme mit ihren Knochen. Manche von ihnen waren völlig schief. Verformte Wirbelsäulen, geschwollene, verschlissene Gelenke, wie ich sie bei meiner früheren ärztlichen Tätigkeit bei jungen Leuten nur selten gesehen hatte, waren hier in Bautzen nichts Besonderes. Doch solche Beschwerden reichten für eine Arbeitsunfähigkeit nicht aus. Diese Menschen musste man zur Arbeit schicken. Für solche Gefangenen bedeutete diese Umgebung mit ihren extremen Arbeits- und Lebensbedingungen eine regelrechte Folter. Die Entscheidung über eine Arbeitsunfähigkeit unterlag hier anderen Gesetzen als unter normalen Bedingungen des zivilen Alltagslebens.

Während der ersten Tage steuerte ich bei der Auslese zwischen »gesund« und »krank« einen besonders harten Kurs. Das zahlte sich prompt aus. Die Zahl der Simulanten unter dem Pulk der sich arbeitsunfähig Meldenden sank rapide.

So blieb mehr Zeit für die dringend Behandlungsbedürftigen.

Neben Bagatellverletzungen, Erkältungen, Fieber, mehr oder weniger schweren Entzündungen wie Blutvergiftungen, Abszessen, Nagelbettvereiterungen, hatten wir in einer Woche mehrere Magen- bzw. Zwölffingerdarmgeschwüre herausgefischt,

Lungenentzündungen, zwei akute Blinddarmentzündungen, die noch am gleichen Tage operiert werden mussten, und viele andere Krankheiten, die einer ordentlichen Behandlung bedurften. Es sprach sich schnell herum, dass man bei mir keine Tabletten kaufen und mit dem profanen Wunsch nach Vergünstigungen nicht landen konnte. Nach einigen Tagen hatten auch die Begriffsstutzigen gemerkt, dass ich nicht bestechlich war und ohne triftigen Grund niemanden von der Arbeit befreite. Meine Art des Vorgehens, die sich ausschließlich an der Schwere der Symptome einer Krankheit orientierte, verschaffte mir ganz bestimmt nicht nur Freunde, doch sah ich darin die einzige Möglichkeit, mit dieser wahnwitzigen Aufgabe einigermaßen fertig zu werden.

Die geringer werdende Zahl an Neukrankmeldungen in den frühen Morgenstunden bestätigte die Richtigkeit meiner Taktik und sorgte für etwas Entlastung unseres straffen Zeitplans. Trotzdem fanden sich jeden Morgen etliche ein, die versuchten, über die Krankenstation mit Gefangenen von einer anderen VZA Kontakt aufzunehmen. Die Gründe dafür waren sehr unterschiedlich. Einige wollten sich nur mit Männern treffen, in die sie gerade verliebt waren, andere wiederum verfolgten Tauschgeschäfte, wobei man sich nur schwer vorstellen kann, was tatsächlich in einem solchen Gefängnis alles verhökert wird. Uhren und Duftwässerchen aller Art standen ganz hoch im Kurs. Aber auch alkoholische Getränke, Schmuck, Kämme, Hemden, Kugelschreiber, natürlich Zigaretten und Tabak, aber auch Dinge, die man nicht erwartet hatte, wie Damenunterwäsche und Büstenhalter, wechselten den Besitzer.

Die »gelbe Flagge«

Eines Tages wurde von der Anstaltsleitung eine gehörige Verschärfung der Arbeitsbedingungen bei gleichzeitiger Kürzung des Einkaufsgeldes beschlossen. Alle Insassen waren empört und wollten nicht mehr zur Arbeit ausrücken. Das führte zu einem abrupten Anstieg der Neuerkrankungen in der morgendlichen Vorsortierung. Nur mit allergrößter Mühe konnte ich meinen ohnehin engen Zeitplan einhalten.

Als ich einige Tage später zur gewohnten frühen Stunde meine Routinearbeit aufnahm, war im gesamten Zuchthaus der Teufel los. Die »Schließer« liefen in ungewohnter Hektik aufgeregt hin und her. Alles war in Aufruhr. Lange Schlangen stauten sich vor allen Toiletten, die es in dem großen Haus gab.

Es musste die »gelbe Flagge« gehisst werden. Mehr als 50 % aller Strafgefangenen hatten plötzlich Durchfall.

Das war ein objektiver Tatbestand, daran gab es nichts zu rütteln. Um dafür den Beweis anzutreten, reichte eine einfache Befragung nicht aus. Unter den raffinierten Bedingungen im Knast, wo jeder jedem misstraute, wurden konsequent rektale Untersuchungen vorgenommen. Erst wenn am Gummihandschuh eine dünn-flüssige, braune Soße sichtbar wurde, galten die Symptome als gesichert. Simulanten waren dieses Mal nicht dabei. In einer solch großen Einrichtung mit einer Gemeinschaftsküche ist eine Lebensmittelvergiftung durch Salmonellen, Ruhrbazillen oder andere Keime natürlich der absolute Alptraum.

Ich sperrte alle Kommandos. Niemand durfte zur Arbeit ausrücken. Dann ließ ich über den OvD, den Offizier vom Dienst, mitten in der Nacht den Oberstleutnant, Chefarzt der Medizinischen Abteilung, verständigen und ihm die Nachricht von der Massendurchfallerkrankung zukommen.

Er schickte seinen Oberarzt, den Polizeiarzt im Range eines Majors. Der sprach mit mir kein Wort, nahm Informationen von seinen Untergebenen aus dem Heer der Laienmediziner, den Sanitätern, entgegen und traf dann seine Entscheidung. Die gesamte Einrichtung wurde mehrere Tage hermetisch abgesperrt und für weitere diagnostische Maßnahmen das zuständige Bezirkshygieneinstitut eingeschaltet.

Mir war aufgefallen, dass keiner von denen, die ich gesehen und untersucht hatte, richtig krank aussah. Alle schauten gelassen um sich und warteten, was geschehen würde. Niemand musste sich erbrechen, hatte Fieber oder auch nur erhöhte Temperatur.

Eine Lawine an Diagnostik wurde angestoßen. Ich strich tausende von Rektalabstrichen auf Nährmedien aus. Diese wurden im bakteriologischen Labor auf spezifische Krankheitserreger untersucht.

Ein gewaltiger Apparat war in Gange gekommen, und ich konnte mich des Eindrucks nicht erwehren, dass die gesunden ebenso wie die an Durchfall erkrankten Häftlinge sich über die Aufgeregtheit und die hektischen Maßnahmen amüsierten.

Ich jedenfalls war aus der Angelegenheit heraus, die jetzt einen ganz offiziellen Charakter angenommen hatte und ausschließlich im Verantwortungsbereich von Polizei- und Zivilärzten lag.

Durch einen Zufall wurde mir der ganze Schwindel aufgedeckt, und ich hatte reichlich Grund zum Schmunzeln:

Es gibt Gefangene, so genannte VZA-Älteste, die aufgrund ihrer Vertrauensstellung auch bestimmte Privilegien genießen. Ein solcher Häftling kam mit Verdacht auf akuten Bandscheibenvorfall in meine Behandlung. Er litt unter stärksten Schmerzen, wusste nicht, wie er liegen oder sitzen sollte. Glücklicherweise handelte es sich lediglich um ein akutes Wirbelkompressionssyndrom bei Blockade im Kreuzbeingelenk, eine dankbare Aufgabe für jemand, der Erfahrung in der Chirotherapie hat. Mit einigen gezielten Handgriffen gelang es mir, ihn von seinen rasenden Schmerzen zu befreien, und ich behielt ihn zur Kontrolle noch einige Tage auf unserer Krankenstation. Er hatte Vertrauen zu mir gefasst und weihte mich in das Geheimnis der mysteriösen Magen-Darm-Infektion ein.

Es handelte sich um ein gut organisiertes Komplott, das als Protest gegen die verschärften Arbeitsbedingungen und die schlechtere Entlohnung in Szene gesetzt worden war. Die Strafgefangenen hatten sich während der Freistunde in den letzten Tagen reichlich mit Kastanien eingedeckt, die frisch von den zahlreichen Bäumen auf den Hof gefallen waren und diese gegessen. Irgendjemandem war bekannt gewesen, dass der Körper darauf mit heftigem Durchfall reagiert. Natürlich gab ich dieses Geheimnis niemals Preis und missbrauchte das Vertrauen nicht, das mir entgegengebracht worden war. Hinzu kam, dass ich die Burschen mit ihrem Protest verstehen konnte.

Tausende Analabstriche und hunderte von Blutanalysen waren im Eilverfahren aufwendig untersucht worden und hatten eine Menge Geld verschlungen. Natürlich war nichts dabei herausgekommen. Dafür hatten sich die Gefangenen ein paar Tage auf die faule Haut legen können.

Die ganze Sache verlief daraufhin im Sande. Alle Betroffenen durften nach einer Woche wieder zur Arbeit ausrücken. Die gelbe Fahne wurde eingeholt.

Der denkbar schlechteste Ort

Zwei Kategorien von Kranken machten mir bei dem weit gefächerten Spektrum meines Arbeitsalltags gehörig zu schaffen, und ich hatte große Probleme, sie zu verstehen und zu bewältigen. Zum einen gab es Menschen, die sich selbst verletzten.

Mit Selbstverstümmelung hatte ich vor meiner Inhaftierung nichts zu tun gehabt. Die Gefangenen schlugen sich mit gepolsterten Hämmern gegenseitig auf Hände und Füße und brachen sich so die Knochen. Sie quetschten sich gegenseitig die Luft ab, um bewusstlos zu werden und Aufmerksamkeit auf sich zu lenken und nach Möglichkeit auf diese Weise einige Tage ins Gefängniskrankenhaus zu kommen. Auch größere Schnittwunden brachten sie sich selber bei.

All dies hat sicher mit den schweren Haftbedingungen zu tun, doch war ich angesichts solcher Geschehnisse ratlos und stieß bei den Versuchen, in langen Gesprächen mit den Verletzten an die Wurzel des Übels zu kommen, an meine Grenzen.

Die zweite Patientengruppe war jene mit psychischen Störungen. Diese Kranken führen schon in der normalen Zivilgesellschaft ein Nischendasein. Sie werden von ihren Mitmenschen gehänselt und als Sonderlinge abgestempelt. Hinter Gittern ist das nicht anders. Diese Menschen preschen niemals nach vorne und wollen auch von niemandem wahrgenommen werden. Sie haben Angst, man werde sich über sie lustig machen. Diese einsamen Menschen waren im Gefängnis stark suizidgefährdet.

Mit Psychopharmaka ging man verständlicherweise im Strafvollzug sehr zurückhaltend um. Der Missbrauch mit diesen Substanzen war bekannt. Es war ein regelrechter Markt vorhanden. Mit solchen Medikamenten hätte man einen ganz bestimmten

Kundenstamm bedienen können. Ich fragte mich oft, wie die Burschen an das Zeug herankamen. Da ich selbst nicht eine einzige Tablette dieser als Tranquilizer bekannten Substanzen abgegeben hatte, vermutete ich, dass der »Dicke«, mein Adjutant, seine Hände im Spiel hatte.

Obwohl ich ihn argwöhnisch beobachtete und die Anzahl der betreffenden Pillen genau kontrollierte, konnte ich ihm zu keinem Zeitpunkt etwas nachweisen. Entweder hat er es so geschickt angestellt, dass wirklich niemand auf seine Schliche kommen konnte, oder ich tat ihm Unrecht. Es fiel mir allerdings auf, dass er niemals selbstgedrehte Zigaretten rauchte, und er rauchte viel. Er trug nur nagelneue Hemden, die er direkt aus der Wäscherei bekam und verfügte über schier unerschöpfliche Reserven an Süßigkeiten, ohne dass er ein Paket bekommen hatte. In seinem Besitz befand sich stets wohlriechende Seife, und er benutzte aufwendige Rasierwässer und Parfüms, die sich wie von selbst erneuerten. In regelmäßigen Abständen präsentierte er sich mit neuen, blank geputzten Schuhen und besaß zur Pflege seiner Haarpracht eine ganze Batterie von Pomaden und Wässerchen. Die Herkunft all dieser Dinge sollte mir ein Rätsel bleiben. Mein Ehrgeiz, hinter die Geheimnisse dieser exzentrischen Person zu kommen, hielt sich allerdings auch in Grenzen.

Für mich waren alle kriminellen Wiederholungstäter abnorme Persönlichkeiten. Deshalb waren sie noch längst nicht psychisch krank im Sinne der Definition. Sie setzten in der Werte-Skala andere Akzente. In den meisten Fällen lag die Ursache für das Fehlverhalten in der eigenen Biographie. Oft waren sie ohne Elternhaus aufgewachsen, in einem Heim untergebracht gewesen und lernten so sehr früh, den Weg des geringsten Widerstandes zu suchen. Wer Hunger hatte, musste sich etwas zu essen besorgen. Nach diesem Prinzip der Befriedigung der Bedürfnisse wurden auch alle anderen Wünsche erfüllt. Da die meisten dieser Menschen keinen vernünftigen Schulabschluss und so auch keinen Beruf gelernt hatten, existierte nie eine solide wirtschaftliche Basis für ein normales, bürgerliches Leben. Ein solches Dasein war geradezu darauf angelegt, mit dem Gesetz in Konflikt zu geraten. Wer dann einmal in einem Gefängnis gelandet war und zwangsläufig mit Menschen ähnlicher Denkweise zusammenleben musste, war für den Rest seines Lebens auf der schiefen Bahn. Er wurde mit immer neuen Ideen infiziert, die den scheinbar sicheren und bequemen Weg zum schnellen Geld aufzeigten. So erklärte es sich, dass immer wieder die gleichen Gestalten hinter den dicken Mauern landeten, ja, dass bei Entlassung eines kriminellen Strafgefangenen nach Verbüßung seiner Haftzeit der Gruß nicht »Adieu« oder »Tschüß« lautete, sondern, »bis demnächst« oder »bin bald zurück«.

Es gab aber auch sensible, still und zurückhaltend lebende Mitgefangene, die sich um Pflichterfüllung bemühten und am liebsten in Ruhe gelassen werden wollten. Sie waren die Zielscheibe der anderen, der Lauten und Vordergründigen. Dieser Konflikt schwelte auf allen Stationen, genährt durch Neid und Missgunst, Eifersucht und Frustration.

Wer schwach war, psychisch instabil oder gar depressiv, hatte von niemandem Hilfe zu erwarten. Diese Menschen konnten ihren Zustand nur bestimmte Zeit aushalten und waren irgendwann am Ende. Für psychisch Kranke war das Zuchthaus der denkbar schlechteste Platz. Für sie gab es dort kein Konzept. Sie mussten sehen, wie sie zurecht kamen. Das System »Strafvollzug DDR« machte sich keine Gedanken um diesen Personenkreis. Man überließ sie sich selbst, bis sie irgendwann aufgaben.

Ich erinnere mich an ein Schlüsselerlebnis auf der VZA 4. Ich kam auf meiner zweiten Runde um sieben Uhr zur Vorsortierung zum 2. Kommando des Edelstahlwerks Freital. Wie immer sollte ich von den sich krank Meldenden die wirklich Kranken herausfiltern und möglichst viele von ihnen für tauglich befinden, damit sie zur Arbeit ausrücken. Und ich wiederhole mich, wenn ich betone, dass es sich dabei um die dreckigsten, körperlich schwersten und nicht immer ungefährlichen Arbeiten handelte, deren Lohn am Monatsende einem Taschengeld gleichkam.

Als ich an jenem Morgen den düsteren, trüben Waschraum betrat, fühlte ich mich erdrückt von den vielen Menschen. Überall, wohin ich sah, drängten sich unrasierte, finstere Gestalten um mich herum. Ich sah in verschiedene Gesichter. Alle drückten die gleiche Erwartung aus. Sie hofften von mir für diesen einen Tag von der verhassten Arbeit befreit zu werden. Die Zeit drohte mir davonzulaufen. Ich war spät dran. Wie immer machte ich mich daran, jeden einzelnen nach seinen Beschwerden zu befragen und traf dann meine Entscheidung. Alles musste noch schneller gehen als sonst, denn für mehr als 40 Menschen hatte ich weniger als 25 Minuten Zeit. Wenn nicht objektive Hinderungsgründe zu erkennen waren, musste ich jeden zur Arbeit schicken.

Ich saß an meinem kleinen Tisch zwischen Dusche und Kleiderschrank und machte mir Notizen, als mir ein kräftiger, bulliger Typ gegenübertrat und sagte: »Ich kann nicht zur Arbeit.« Auf meine Rückfrage: »Warum kannst du nicht arbeiten«, fügte er eintönig hinzu: »Ich bin fertig, ich kann nicht mehr.«

Locker ging ich darüber hinweg und sagte zu ihm:

»Fertig sind wir hier alle, ich, die anderen, guck dich doch mal um, wie wir aussehen!«

Bei diesen Worten machte ich mir eine Notiz in meine Kartei. Doch es war so merkwürdig still. Ich spürte ein Unbehagen, als läge etwas in der Luft. Die unheimliche Stille ließ mich aufblicken, gerade noch rechtzeitig, um im Bruchteil einer Sekunde durch das Herumreißen meines Kopfes einem zerschmetternden Schlag zu entgehen.

Stattdessen zerschlug seine Faust mit verheerender Wucht die Schrankwand zu meiner Rechten. Geistesgegenwärtig befreite ich seinen Arm aus dem zersplitterten Holz und sagte: »Jetzt bleibst du drin, du bist arbeitsunfähig, und das sicher für längere Zeit.«

Er hatte sich mehrere Mittelhandknochen gebrochen.

Der Oberstleutnant, ein geschickter Chirurg, richtete das operativ sehr gut mit Kirschnerdrähten und stabilisierte den ganzen Arm in einem Polstergipsverband. Das Endergebnis der Behandlung war äußerst befriedigend. Ich durfte ihn viele Wochen auf der Station betreuen. Wie »fertig« er wirklich war, erfuhr ich in zahllosen Gesprächen, die ich vornehmlich an den Wochenenden mit ihm führte, wenn ich mehr Zeit für die stationäre Arbeit hatte. Ich saß dann oft auf dem Rand seines Bettes und hörte mir die traurige Biografie an. Er war in einem Waisenhaus aufgewachsen, nachdem seine Adoptiveltern, von denen er regelmäßig geprügelt worden war, ihn dorthin gebracht hatten. Seine leiblichen Eltern hatte er nie kennen gelernt. Als er zwölf Jahre alt war, starb einer seiner besten Freunde infolge eines unglücklichen Sturzes bei einer Schlägerei. Er bekam die Schuld und musste in ein Jugendstraflager. Dort waren ausschließlich kriminelle Jugendliche. Hier konnte man sich nur durch brutale Gewalt behaupten und lernte das gesamte Einmaleins der Verbrechensskala kennen.

Ich war ihm dankbar dafür, dass er mir Vertrauen schenkte und einen kleinen Einblick in seine Lebensgeschichte gewährte. Mir wurde wieder einmal bewusst, wie privilegiert ich war, so behütet in wohlgeordneten Verhältnissen aufgewachsen zu sein. Natürlich nahm ich seine Entschuldigung an.

Er war für meine verbleibende Zeit in Bautzen ein guter Kamerad, um dessen Seelenfrieden ich mich kümmerte, so gut es ging.

Besinnungszeiten

Abgesehen von den üblichen Unterbrechungen verliefen die Wochenenden geruhsam. Ein bisschen Entspannung war auch dringend notwendig, denn die Wochenarbeitstage mit ihren 16 bis 20 Arbeitsstunden fraßen mich auf. Wir konnten uns im Haus des Krankenreviers frei bewegen, Tischtennis, Schach und Karten spielen. Ich setzte in einem Antrag an die Anstaltsleitung für mich durch, dass ich eine medizinische Fachzeitschrift erhalten durfte. Ohne Weiterbildung könne ich meinen Beruf nicht nach bestem Wissen und Gewissen in der Form ausüben, wie das hier von mir verlangt würde, schrieb ich in der Begründung. Dem wurde stattgegeben, und ich erhielt die Zeitschrift »Ärztliche Fortbildung der DDR«. Damit war mir sehr geholfen.

Bei dem immensen Arbeitspensum verging die Zeit viel schneller als anderswo. Ehe ich mich versah, kam Weihnachten in Sicht. Wir schrieben zwar noch Oktober, aber die Tage waren schon sehr viel kürzer geworden. Die ersten kalten Nächte lagen hinter uns. Mir graute jetzt schon vor der Feiertagsstimmung. Das zweite Weihnachten ohne meine Familie, ohne die Kinder.

Der Dicke sagte eines Tages zu mir: »Wir müssen uns auf die Feiertage, auf Silvester und Neujahr vorbereiten.«

»Was willst du damit sagen«, versuchte ich vorsichtig aus ihm herauszulocken, denn bei ihm war immer eine krumme Sache zu vermuten.

»Lass mich mal machen«, wiegelte er ab und ging nicht näher darauf ein. Vom nächsten Einkauf brachte er vier Flaschen Apfelsaft mit. Aus der Bäckerei organisierte er frische Hefe, die er über seine Gewährsmänner herausschmuggeln ließ.

»Hier sind noch ein Pfund Zucker, einige Meter steriler Mull – den habe ich aus unserem OP besorgt – und ein Paar Gummifingerlinge. Damit sind die Zutaten und das Handwerkszeug für einen Silvestertrunk komplett«, erklärte mir der Dicke stolz und ergänzte mit dem schlitzäugigsten Gesicht, das er aufsetzen konnte, »dann haben wir ein Paar Flaschen ›Knallfimmel‹ der allerbesten Sorte, worum uns die ganze Anstalt beneiden wird.«

Nach diesen Worten machte er sich daran und setzte die Gärung an. Das ging ruck, zuck. In den Apfelsaft bröselte er etwas Hefe hinein und reicherte den ohnehin süßen Saft mit Zucker an. Anstelle des Drehverschlusses stülpte er auf jede Flasche sorgfältig geschnittene Mulllagen und darüber einen Gummifingerling, in den er allerdings vorher ein kleines Loch gestochen hatte, »damit die bei der Gärung entstehenden Gase entweichen können«, wie er mit wichtiger Miene verkündete. An einem langen Band zugfester dünner chirurgischer Seide der »Stärke 4« befestigten wir die Flaschen geschickt untereinander und ließen sie im Lüftungsschacht der Toiletten verschwinden. Auf diese Weise entgingen sie den Routinefilzungen der Polizei und gärten in den folgenden Wochen bis Weihnachten vor sich hin.

Unsere Verpflegung war ausreichend. Das große Interesse der Anstaltsleitung an unserer kontinuierlichen Arbeit war wohl der Grund dafür, dass wir die höchste Stufe der Nahrungszuweisung erhielten, so genannte »TBC-Kost«. Dazu gehörte täglich ein halber Liter Milch, außerdem Extrazulagen an Käse, Wurst und Obst. Meine Hungerleidenszeit hatte ein Ende.

Erst im Nachhinein wurde mir bewusst, wie sich länger andauernder Hunger auf die physische Kondition auswirkt. Im Gegensatz zum Durst, der in kürzester Zeit verheerende Folgen für unseren Organismus hat, macht Hunger mürbe. Man könnte es auf die Formel bringen: »Hunger lähmt, Durst tötet.«

Das Jahr schritt fort. An den Wochenenden wurde es kaum noch hell. Durch die kleinen Fenster in unserer Mansardenzelle fiel ohnehin nicht viel Licht, so dass mir das Lesen schwer fiel und die Augen anstrengte. Ich beschäftigte mich vornehmlich mit den

Arbeiten auf den Stationen, die in der Woche liegen geblieben waren. Inzwischen ging es meinem untergewichtigen Patienten vom allerersten Tag viel besser. Er lag mir besonders am Herzen, und ich versuchte, ihn so lange auf unserer Station zu behalten, wie es möglich war. Er litt an mehreren Magen- und Zwölffingerdarmgeschwüren. Eines davon hatte stark geblutet und war für die Anämie verantwortlich, mit der wir ihn in lebensgefährlichem Zustand stationär aufgenommen hatten. Inzwischen wog er wieder 72 Kilogramm, was annähernd seinem Normalgewicht entsprach.

Erst nachdem ich ihn vier Wochen lang täglich gesehen hatte, fiel es mir wie Schuppen von den Augen. Ich kannte ihn und das schon seit mehr als 20 Jahren. Wir hatten vor etwa zwei Jahrzehnten in Schwerin zusammen die Grundschule besucht. Er hatte sich durch die schwere Krankheit und den damit verbunden Gewichtsverlust so sehr verändert, dass er nicht mehr viel Ähnlichkeit mit seinem Jugendbild hatte. Nachdem ich ihn bei unserer ungefähr zwanzigsten Begegnung endlich identifiziert hatte, sagte er zu mir: »Dich habe ich auch nur an deinem Namen wieder erkannt. Der Zahn der Zeit hat auch an dir genagt.«

Auf meine Frage, warum er denn im Gefängnis gelandet sei, sagte er kurz und bescheiden: »Sie haben mich eines Tages abgeholt, weil ich nicht mehr zur Arbeit gegangen war. Nach dem Tod meines Vaters lebte ich mit meiner Mutter alleine in unserer Wohnung. Sie wurde schwer krank und musste gepflegt werden. Da sie genau wie mein Vater an Krebs litt, bestand keine Aussicht auf Besserung. Ich wollte wenigstens alles das für sie tun, was in der verbleibenden Zeit noch möglich war. Deshalb gab ich die Arbeit auf. Wir hatten Ersparnisse, um davon einige Zeit leben zu können. Aber so etwas nennt man in der DDR Arbeitsverweigerung, und das ist gesetzlich verboten. Neben dem Recht auf Arbeit wird auch die Pflicht zur Arbeit wörtlich genommen. Deshalb bin ich hier.«

Resigniert sah er nach unten, die Tränen liefen in Strömen über sein Gesicht, als er von seiner Mutter sprach, und traurig fügte er hinzu: »Vor acht Wochen ist sie gestorben. Ich habe sie nicht wiedergesehen.«

Weihnachten war vorbei, und ich war froh darüber. Solche Besinnungszeiten, in denen die Gedanken um die Familie kreisen, machen wehmütig und sind im Zuchthaus besonders schwer zu ertragen. Außerdem unterschieden sich solche Festtage von normalen Gefängnistagen dadurch, dass nicht gearbeitet wurde. Die Zeit verging noch langsamer als sonst, und das ganze Elend des Knastlebens wurde umso bewusster wahrgenommen.

Silvester rückte näher und damit auch der große Einsatz für meinen Adlatus, den Dicken. In der Zwischenzeit hatten wir den Gärungssaft zweimal gefiltert und mit Gummikorken verschlossen. Unser Festtagsgetränk, »Bautzen-Cuvée«, perlte schon kräftig und war äußerlich von Champagner nicht zu unterscheiden. Jetzt, weitere drei Wochen später, zeigte das Gebräu noch mehr Kohlensäure. Wir waren sehr gespannt.

Ich war wirklich überrascht. Selten hatte mir ein alkoholisches Getränk so gut geschmeckt. Diese prickelnde Frische, dazu der Geschmack! So skeptisch ich vorher gewesen war, so sehr begeisterte mich nun dieses einfache Verfahren. Die alkoholische Gärung war mir zwar aus dem Chemieunterricht bekannt, doch hatte ich selbst noch nie ein alkoholisches Getränk selber hergestellt. Jeder von uns trank eine ganze Flasche leer.

Es ist wohl nicht übertrieben, wenn ich behaupte, in dieser Nacht angetrunken gewesen zu sein. Glücklicherweise bewahrte mich ein Schutzengel vor einem medizinischen Einsatz.

Am nächsten Tag wollten wir dann die beiden anderen Flaschen köpfen. Dabei passierte uns ein unverzeihliches Missgeschick. Beim Versuch, die Flaschen aus dem Rohrschacht zu ziehen, gingen wir in unserer Gier wohl ein bisschen zu forsch vor. Die Chirurgenseide riss, und unter lautem Getöse stürzten beide Flaschen in die Tiefe und zerschellten irgendwo im Grund des Hauses.

Alles wie ein Traum

Anfang Februar, an einem Wochenende, wurde ich plötzlich gerufen, um einen akuten Krankheitsfall im Lager »Bautzen II« zu versorgen. Es war kein Arzt zu erreichen, der für diese Sonderabteilung zuständig war.

Gleich vier Leute begleiteten mich. Zwei von ihnen trugen Zivilkleidung, offensichtlich waren sie Mitarbeiter der hauseignen STASI-Abteilung, die sich vorwiegend mit dem Lager »Bautzen II« zu beschäftigen hatten. Hier waren Bundesbürger eingesperrt, die verurteilt waren, weil sie Menschen wie mich aus der DDR in den Westen schleusten und dabei geschnappt worden waren. Zu ihnen bestand für uns Gefangene des großen Zuchthauses »Bautzen I« strenge Kontaktsperre. Zu fünft gelangten wir auf Irrwegen unter Benutzung verschiedener Schleusen in diese hermetisch abgeschlossene Abteilung. Es war mir vorher eingeschärft worden, ich dürfe ausschließlich medizinische Probleme erörtern.

So lernte ich ein Gefängnis ganz anderer Art kennen. Wären nicht die schweren Gitter vor den Fenstern gewesen, hätte man sich in den großen, freundlichen, hellen Räumen richtig wohl fühlen können.

Im Bett lag ein einsamer Mann. Er wurde mir nicht mit seinem Namen vorgestellt. Mit einer dreistelligen Nummer sprach man ihn an. Ich hatte überhaupt keine Chance zu einem persönlichen Gespräch, zumal meine Begleiter sich im Halbkreis um mich herum aufgebaut hatten.

Untersuchung und Behandlung waren unkompliziert. »Wie schön, dass Krankheiten auf der ganzen Welt gleich sind«, dachte ich und war einigermaßen erleichtert, dass ich dem Mann, der statt mit einem Namen, mit einer dreistelligen Dorftelefonnummer angesprochen wurde, wenigstens medizinisch helfen konnte.

»Vielleicht war er sogar einer von den Schleusern, die uns damals in Leipzig treffen und über die Grenze bringen sollten und deren Gruppe dann aufgeflogen ist«, phantasierte ich in meinem Hirn. Zu gerne hätte ich den Mann ausgefragt. Doch dann war dieser Spuk genau so schnell vorbei, wie er begonnen hatte. Man brachte mich auf Umwegen zurück in mein Megazuchthaus, und einen Tag danach erschien mir alles wie ein Traum.

Niemand erwähnte je, dass ich in der anderen Abteilung gewesen war, keiner berichtete mir, wie es meinem Patienten vom Vortage ging, ob meine Diagnose richtig und vor allem meine Therapie erfolgreich gewesen waren.

Folterungen

Ab und zu kam es zu schrecklichen Gewaltakten in dieser riesigen Anstalt. Bei den Auseinandersetzungen war immer der Schwächere unterlegen. Es lag in der Natur der Sache, dass ich meistens irgendwann mit den Folgen konfrontiert wurde.

Schlägereien, Kämpfe mit Messern, Knüppeln, hinterhältigste Methoden wurden angewendet und hinterließen Spuren.

Nicht immer waren ausschließlich Gefangene beteiligt. Es kamen auch Übergriffe auf das Gefängnispersonal vor. Umgekehrt waren die Beamten nicht gerade zimperlich, wenn es darauf ankam, Aufmüpfigen zu zeigen, wer im Hause das Sagen hatte.

Einmal wurde ich unfreiwillig Zeuge eines brutalen Zwischenfalls, der mich schockierte und den ich nicht auf sich beruhen lassen wollte. Ich kann nicht sagen, was vorausgegangen war. Es geschah, als ich von einer VZA zur nächsten eilte, wobei ich mich inzwischen im Haupthaus völlig frei bewegen durfte. Jeder Wärter kannte mich und wusste, welche Aufgabe ich versah.

Da vernahm ich plötzlich vom anderen Ende des Flures ein jämmerliches Stöhnen. Ich folgte dem Geräusch, das in der entgegen gesetzten Richtung meines Einsatzortes lag und traute meinen Augen nicht. Vor mir hing, die Arme hoch über dem Kopf mit seinen Händen an eiserne Handfesseln angeschlossen, ein Strafgefangener in einem Eisenfensterrahmen.

Er sah unheimlich lang aus. Seine Beine baumelten 20 cm über dem Boden. Ich sah ihm ins Gesicht. Schweißperlen standen auf seiner unruhigen, faltigen Stirn, die Lippen waren ängstlich zusammen gepresst, die Wangen hohl nach innen eingezogen. Er winselte um Hilfe. Ich wusste nicht, wie lange der arme Kerl dort schon ausgeharrt hatte. Seine Handgelenke zumindest sahen weiß und abgestorben aus, während die Hände dunkel-bläulich verfärbt waren.

Der zuständige Stationsmeister erschrak, als er sah, dass ich mich an den Ort der Quälerei gewagt hatte und wollte mich davonjagen. Ich war jedoch so erregt und empört über die Foltermaßnahme, dass ich den Wachmann laut anschrie, den Platz des Geschehnisses nicht verließ und verlangte, den Offizier vom Dienst zu verständigen. Daraufhin ist der Sträfling sehr schnell aus seiner misslichen Lage befreit worden.

Dieses Ereignis beschäftigte mich noch lange danach. Hatte ich bis zu diesem Zeitpunkt im innersten meines Herzens noch an ein Fünkchen Humanität und Gerechtigkeit in der DDR geglaubt, daran, dass mitten in Europa, im Zentrum der Zivilisation unabhängig von der vorherrschenden Gesellschaftsordnung die Grundprinzipien der Menschenrechte eingehalten und respektiert würden, so war diese Wunschvorstellung in mir erloschen, verpufft, wie eine Fata Morgana. Die sozialistische DDR war eine Diktatur, die ihre Macht mit allen physischen und psychischen Mitteln gegen jeden ausübte, der sich ihr widersetzte.

Mein beherzter Einsatz sprach sich natürlich auf den Kommandos und unter den Gefangenen herum und trug zur Festigung meiner Position bei. Ich genoss die kleinen Vorteile, die dieses elende Gefangenenleben für mich etwas erträglicher machten und freute mich darüber, wenn mir der für die Häftlingsbibliothek zuständige Sträfling alle Bücher besorgte, die ich gerne lesen wollte.

Unfreiwillig wurde ich Zeuge einer weiteren Folterung. Ein an die »Acht« gefesselter Strafgefangener wurde unter einer Dusche aus zwei Wasserschläuchen mit einem kalten, scharfen Strahl bespritzt. Auch als er zusammengebrochen am Boden lag scheute man sich nicht, seinen Körper weiter zu traktieren. Der Pressstrahl grub sich tief in die Haut ein und machte auch vor den Genitalien nicht halt. Der Gequälte schrie erbärmlich, fluchte, schrie und flehte die Akteure an, von ihm abzulassen. Angeblich hatte dieser Gefangene seinen Besuch in der Poliklinik missbraucht und mit einem Tätowierbesteck Geschäfte gemacht. So etwas fand dort täglich statt. War das ein Grund dafür, Menschen derart zu foltern?

Über beide Vorfälle machte ich schriftliche Eingaben an die Anstaltsleitung und forderte die Unterlassung solcher Gewalttätigkeiten. Ich habe nie eine Antwort erhalten. Die Angelegenheit verlief im Sande.

Nach allem, was ich in der kurzen Zeit während der Untersuchungshaft und der Strafverbüßung in Cottbus und Bautzen gesehen und erlebt hatte, stellte ich alles in Frage, was die DDR an internationalen Vereinbarungen zur Wahrung der Menschenrechte unterschrieben hatte.

Tiefe Hoffnungslosigkeit

An manchen Tagen resignierte ich. Dabei konnte ich mich über die Menschen um mich herum im Großen und Ganzen nicht beklagen. Sowohl im Krankenhausbereich, als auch auf den großen Stationen in den VZA behandelte man mich sachlich und korrekt und ließ mir völlig freie Hand. Die Aufseher hatten begriffen, dass ich keine krummen Touren machte und ließen mich während meiner hektischen Arbeit unbeaufsichtigt durch das große Zuchthaus laufen. Es fehlte nur noch, dass sie mir einen eigenen Schlüssel gegeben hätten.

Doch diese Art Burgfrieden war trügerisch. Die vielen schlaflosen Nächte, das kaum zu bewältigende Arbeitspensum und die hohe Verantwortung hatten mich ausgezehrt und an meinen Kräften genagt. Ein Übriges taten persönliche Defizite, die entstanden, wenn längere Zeit keine Nachrichten von den Kindern oder von Heide aus dem Frauengefängnis »Hoheneck« gekommen waren. Dann konnte ich manchmal nicht mehr klar denken. Ich fühlte mich leer und ausgebrannt – und hoffnungslos allein.

Je weiter die Zeit fortschritt, desto mehr zog ich mich an den Wochenenden zurück, um Ruhe zu haben, auszuschlafen und meine Kräfte zu erneuern. Wegen des anstrengenden Arbeitsrhythmus hatte ich die Erlaubnis erhalten, mich hinzulegen, wann immer meine Zeit es erlaubte. Das war durchaus nicht selbstverständlich.

So verstrichen die Wochen, bis zu jenem Sonnabend im April 1977, der zu einem der schwärzesten Tage in meinem Leben werden sollte.

Hinter mir lag eine außergewöhnlich arbeitsreiche Nacht: Ein Häftling hatte seinem Leben durch Erhängen ein Ende gesetzt, ein zweiter durch den erfolglosen Versuch, sich die Halsschlagader zu durchtrennen, ein wahres Blutbad angerichtet. Nachdem ich ihn wieder zusammengeflickt hatte, verbrachte ich noch etliche Stunden mit ihm. »Regine« nannte sich der Unglückliche. Er war homosexuell und wollte sich das Leben nehmen, weil sein Freund, ein Mithäftling, eine neue Beziehung eingegangen war. Mein Vorgänger in dieser fragwürdigen Tätigkeit, Albert, hatte mich seinerzeit bereits auf Beziehungskrisen unter den homosexuellen Gefangenen aufmerksam gemacht.

Nachdem ich den Frischoperierten auf unserer Krankenstation aufgenommen hatte, führte ich mit ihm noch ein langes, sehr ernstes Gespräch in der Hoffnung, ihn auch psychisch stabilisieren zu können. Das kostete Zeit und Kraft.

Fortan sah ich derlei Beziehungsprobleme mit anderen Augen an und nahm sie noch ernster.

Diese Nacht hatte mir viel abverlangt. Entsprechend ausgelaugt und erschöpft war ich eingeschlafen, als das Unglück über mich hereinbrach. Ich lag an diesem Sonnabend noch gegen Mittag im Bett, als mich lautes Gepolter hochschrecken ließ. Ehe ich mich recht besinnen konnte, hatten sich in meiner beengten Unterkunft 15 Männer um mich herum aufgestellt.

Vor mir stand bedrohlich ein großer, schlanker Offizier in betresster Uniform, umgeben vom Anstaltsleiter, dem Chefarzt der Krankenhausabteilung, dessen Oberarzt, zwei »Schlapphüten« in zivil und etlichen anderen mir bekannten Leutnants, Obermeistern und Meistern aus der großen Zahl des einfachen Gefängnispersonals.

Was nun folgte, stürzte mich in tiefe Hoffnungslosigkeit und hat mir sehr viel Energie und Selbstbeherrschung abverlangt. Wenn ich bisher davon überzeugt war, keine noch so prekäre Situation könne mich völlig verzweifeln lassen, so geriet ich an diesem Tag an den Rand einer Lebenskrise. Sie wurde durch eine teuflische Mischung aus Erschöpfung, Angst, Gemeinheit und Böswilligkeit hervorgerufen.

»Wie kommt es, dass Sie um diese Zeit noch im Bett liegen?«, polterte der mit Orden und Ehrenzeichen reichlich ausstaffierte Offizier los.

»Ich darf das, weil ich 16 bis 20 Stunden pro Tag arbeiten muss, sonst halte ich das nicht durch«, erwiderte ich kurz.

»Solche Ausnahmen gibt es überhaupt nicht«, schnauzte er mich an. »Weshalb sind Sie hier in Bautzen, welches Verbrechen haben Sie begangen?«, bohrte er weiter.

»Ich bin nicht bereit, mich unter diesen Bedingungen mit Ihnen darüber zu unterhalten, das brauche ich auch nicht, so bin ich von der Untersuchungsbehörde vor meiner Überführung in den Strafvollzug informiert worden«, gab ich zurück.

»Sie wollen mir nicht antworten? Mir nicht sagen, welche Strafe Sie hier verbüßen und auch nicht, weshalb man Sie verurteilt hat? Das werden Sie noch bereuen«, stieß er wütend heraus und fügte hinzu:

»Glauben Sie nur nicht, ich wüsste nicht wer Sie sind, Strafgefangener Maltzahn, Sie sitzen wegen missglückter Republikflucht hier und hoffen, irgendwann nach Westdeutschland abgeschoben zu werden. Ich bin der höchste Beamte des Strafvollzugs in der DDR (dabei tippte er mit dem Zeigefinger der linken Hand auf eines seiner gewaltigen Schulterstücke, um seinen Worten Nachdruck zu verleihen), und – hören Sie mir jetzt genau zu – ich werde mich persönlich dafür stark machen, dass Sie dieses Land, unsere DDR, niemals verlassen werden. Haben Sie das verstanden?«

Und ob ich ihn verstanden hatte. Nur war ich in diesem Moment nicht in der Lage, ihm zu antworten.

Mit hochrotem Kopf, als platze er gleich, verließ der arrogante Bonze aus dem Ministerium mein Zimmer. Das ganze Geschwader folgte ihm. Ich blieb alleine zurück. Ein Häuflein Unglück.

Dann überkam mich das heulende Elend. Hatte mir mein verdammter Stolz wieder einmal einen bösen Streich gespielt? Hatte ich mir nicht fest vorgenommen, mich niemals aus der Ruhe bringen oder zu unbedachten Aussagen hinreißen zu lassen? Und nun passierte mir das. Ich resignierte total und war einem Zusammenbruch nahe.

Schweißdurchnässt, zitternd und bebend am ganzen Körper, voller Unruhe saß ich deprimiert auf meiner Bettkante. Ich konnte keinen klaren Gedanken mehr fassen und ließ meinen Tränen freien Lauf. Meine Augen nahmen die Umgebung nur noch verschwommen wahr, als sich plötzlich, fast geräuschlos die Tür öffnete. Behutsam und leise kam jemand zu mir ins Zimmer. Zunächst schemenhaft, dann deutlicher, wie durch eine Mattglasscheibe, nahm ich den Wachtmeister unserer Abteilung wahr, den am niedrigsten dekorierten Beamten im Gefängniskrankenhaus. Man hatte ihn bereits zweimal wegen »Kontaktaufnahme zu Strafgefangenen« degradiert.

Er hatte während der ganzen Prozedur hinten im letzten Winkel gestanden und alles mit angehört. Jetzt blieb er an meinem Bett stehen, legte mir die Hand auf die Schulter und sagte mit fester, ruhiger Stimme:

»Denken Sie sich um Gottes Willen nichts dabei. Der musste nur sein Gesicht wahren vor all den anderen, weil Sie ihm Kontra geboten haben. Das ist er nicht gewohnt. Und das war ausgezeichnet wie Sie das gemacht haben, sachlich und gut. Sie haben nichts falsch gemacht. Im Ernstfall hat der gar nichts gegen Sie in der Hand. In Wirklichkeit ist der viel zu bequem, um etwas zu unternehmen. Der hat das morgen schon wieder vergessen. Machen Sie sich also nicht so viel aus dem Theater, die Show hat der für all die anderen abgezogen, Sie werden sehen, ich behalte Recht.«

Es ist außerordentlich schwer zu vermitteln, was diese schlichte, bescheidene Aussage eines einfachen Gefängnisaufsehers zum damaligen Zeitpunkt für mich bedeutete. Nie zuvor in meinem Leben war ich so verzweifelt und uneins mit mir gewesen wie an diesem Tage, in dieser Situation, die ich im Augenblick des Geschehens völlig überbewertete und die mich durch ihre Eigendynamik und die vermeintliche Tragweite dessen, was in einem erregten Wortgefecht ausgesprochen worden war, an den Rand einer schweren Depression brachte.

36 Stunden später, Montag in aller Frühe, ging der alte Trott wieder los. Mir fiel es schwer, erneut Tritt zu fassen und diese üble Pflichtarbeit zu verrichten, bei der ich immer mehr zwischen die Puffer einer doppelten Moral geriet – einerseits medizinisch nützliche Arbeit für kranke Strafgefangene zu verrichten, andererseits Hilfsdiener eines perfiden, menschenverachtenden Systems und somit Handlanger des verhassten Regimes zu sein. Dieser Konflikt quälte mich in zunehmendem Maße.

Trotzdem erlebte ich an diesem Montagmorgen schon in aller Herrgottsfrühe, um zwei Uhr, eine angenehme Überraschung. Mein Freund, Retter in größter Not, der Wachtmeister, der mich vor einem moralischen Tiefflug ohnegleichen bewahrt hatte, weckte uns mit frischen, warmen Brötchen und stellte eine Thermoskanne mit heißem Bohnenkaffee auf den Tisch. Mir wurde ganz warm ums Herz, und ich dachte bei mir:

»Wenn ich das später einmal jemandem erzähle, glaubt mir das sowieso keiner.«

Von dieser Woche an brachten drei Polizisten aus der Riege der Gefängnisaufseher dem Dicken und mir regelmäßig morgens warmen, frisch gebrühten Bohnenkaffee und backwarme Brötchen.

Ich zerbrach mir damals den Kopf darüber, warum wir so bevorzugt behandelt wurden. Die vielen Monate des Neben- und Miteinander, der offene und ehrliche Umgang ohne Beurteilung der Person hatten Vorurteile abgebaut. Hinzu kam vielleicht bei dem einen oder anderen der Wachmannschaft eine stille Solidarisierung mit meiner Person. In jedem Falle aber war es eine großartige und mutige menschliche Geste jedes einzelnen Beamten. Wäre je herausgekommen, wie man uns den frühen Morgen versüßt hatte, wäre sicher für den einen oder anderen eine Strafversetzung oder anders geartete disziplinarische Maßnahme die unausweichliche Folge gewesen.

Auch ein Gefangener hat Rechte

Wieder gingen Wochen ins Land, und ich wurde nervös, weil nichts, aber auch gar nichts passierte. Nicht einmal einen Brief hatte ich in den letzten Wochen von Heide erhalten.

Immerhin durfte jeder Gefangene einmal im Monat einen Brief schreiben und einen empfangen. Dabei war es streng untersagt, über Erlebnisse im Gefängnis zu berichten oder gar kritische Anmerkungen zu Arbeitsprozessen, Gefängnispersonal, Verpflegung oder irgendwelchen Vorkommnissen zu machen. So war das Geschriebene dürftig. Es spiegelte lediglich die eigene Befindlichkeit wider. Alles, was über eine neutrale Berichterstattung hinausging, wurde gestrichen bzw. geschwärzt, so dass es nicht mehr zu lesen war.

Das Jahr schritt zügig voran. Inzwischen schrieben wir Juni 1977. Die Anstaltsleitung hielt es nicht einmal für nötig mir auf meinen schriftlichen Antrag zu antworten, in dem ich um eine Besuchserlaubnis meiner Frau gebeten hatte. Solche Sprechtermine gehörten zu den wenigen Rechten der Strafgefangenen und mussten in bestimmten zeitlichen Abständen genehmigt werden.

Aus diesem Grunde berief ich mich in einem zweiten Brief auf dieses Recht und drohte damit, meinen Pflichten als Arzt im Gefängnis nur dann weiter nachzukommen, wenn mir der Besuch meiner Ehefrau genehmigt würde.

Dabei setzte ich einen Termin von acht Tagen und schrieb sinngemäß:

»Wenn mir bis zum kommenden Montag kein exakter Termin zum Besuch meiner Ehefrau übermittelt wird, werde ich die Arbeit verweigern, bis mir dieses Recht gewährt worden ist oder bis mir plausible Gründe für die Unmöglichkeit eines solchen Besuches benannt worden sind. Dies ist keine pauschale Arbeitsverweigerung«, fügte ich hinzu, »dieser Brief soll nur unterstreichen, wie überaus wichtig dieses Treffen mit meiner Frau für mich ist.«

Mir war klar, dass ich mich mit dieser Ankündigung auf sehr dünnem Eis bewegte. Auch in Bautzen gab es eine Mumpe, und die unterschied sich nicht wesentlich von der in Cottbus, Brandenburg oder Bützow.

Auf jeden Fall würde eine Arbeitsverweigerung unter den Bedingungen dieser unnachgiebigen Haftanstalt, wo es auf ein Paar Menschenleben mehr oder weniger wirklich nicht ankam, für mich und meine Gesundheit ein Risiko bedeuten. Dies nahm ich in Kauf. Im Stillen spekulierte ich natürlich darauf, dass ich mit dem verbrieften Anspruch auf Besuchsrecht einen wichtigen Trumpf in der Hand hatte, und dass man im Moment wohl nicht auf meine Arbeitskraft verzichten konnte.

Die Woche verging wie im Fluge, und es geschah gar nichts. Täglich hatte ich auf Nachricht oder zumindest einen Vorstellungstermin bei der Anstaltsleitung gehofft. Ich wollte meinen Ausführungen Nachdruck verleihen. Bei den Offizieren in meinem Umfeld konnte ich trotz aufmerksamer Beobachtung beim besten Willen keine Veränderungen im Umgang mit mir erkennen.

Der besagte Montag kam. Ich wurde wie üblich um zwei Uhr früh geweckt. An diesem Morgen hatte der nette Wachtmeister Dienst. Er kam mit Brötchen und Kaffee, schloss auf und rief: »Aufstehen, meine Herren, es ist wieder so weit.«

Bei diesen Worten stellte er die Mitbringsel auf den Tisch und wollte wieder gehen.

Ich sagte kurz: »Heute bleibe ich liegen, Herr Wachtmeister, ich gehe nicht zur Arbeit. Die Anstaltsleitung ist darüber schriftlich informiert. Die wissen Bescheid.«

»Das können Sie doch nicht machen, Maltzahn, das ist Arbeitsverweigerung. Sie wissen ja gar nicht, was Sie sich damit antun«, brachte er schnell und erschrocken über seine Lippen.

»Doch, ich weiß«, gab ich seelenruhig zurück, »aber auch ein Gefangener hat Rechte, nicht nur Pflichten. Ich habe mir erlaubt, auf diese Rechte in aller Form aufmerksam zu machen. Viel wichtiger als mein Recht ist mir allerdings, dass man sich und seinem eigenen Anspruch an allgemeingültige Moralvorstellungen auch unter schwierigen Bedingungen genügt und sich selbst treu bleibt.«

Nach einer kurzen Pause fügte ich hinzu: »Nun, da nichts geschehen ist, ich weder den mir zustehenden Termin für ein Treffen mit meiner Frau erhalten habe, noch eine Erklärung dafür erhielt, warum ich sie nicht sehen und von ihr keine Post bekommen kann, weigere ich mich bis auf weiteres zur Arbeit zu gehen.«

»Hoffentlich haben Sie sich das alles wirklich gut und reiflich überlegt«, versuchte der Wachtmeister mich noch einmal vorsichtig umzustimmen und ergänzte: »Sie wissen, dass ich jetzt dem OvD eine dringliche Meldung machen muss, denn da drüben auf den Stationen wird der Teufel los sein, wenn plötzlich kein Arzt kommt, um die Kranken aus dem Topf der Simulanten herauszufiltern.«

»Das ist mir klar«, erwiderte ich gelassen und sah zu, wie er mit sorgenvoller Miene, etwas verstört und hektisch unseren Raum verließ, nicht ohne vorher die versöhnlichen Spuren, seine Beigaben zu unserm morgendlichen Frühstück, zu beseitigen.

Kaum eine Viertelstunde war vergangen, als die Tür erneut aufgeschlossen wurde. Wutschnaubend trat der Offizier vom Dienst ein: »Aufstehen«, befahl er erregt.

Der Dicke hatte sich längst erhoben, war angezogen und beobachtete das Schauspiel sichtlich zufrieden von der anderen Seite des Zimmers. Er war offensichtlich begeistert darüber, dass endlich mal wieder etwas passierte.

»Ich stehe nicht auf, Herr Leutnant, die Gründe dafür sind der Anstaltsleitung bekannt«, entgegnete ich. Mit hochrotem Kopf verließ der Leutnant den Raum, schnappte noch einmal nach Luft und drohte: »Sie sind sich hoffentlich darüber im klaren, was das für Sie bedeutet, welche Konsequenzen das haben wird!«

»Gar keine, denke ich. Ich habe nichts Unrechtmäßiges getan«, erwiderte ich. Trotzdem wurde mir bei meinen kernigen Worten ein wenig mulmig zumute, und ich begann an der Richtigkeit meiner Entscheidung zu zweifeln. Sollte ich die Situation wieder einmal nicht richtig eingeschätzt und den Bogen überspannt haben? War ich leichtsinnig gewesen? Riskierte ich zu viel, oder machte ich den entscheidenden Fehler und glaubte noch immer an Recht und Gesetz in diesem Staat?

Doch ich behielt einen klaren Kopf. Ein wenig schmunzeln musste ich dennoch, als ich daran dachte, was drüben im Haupthaus an diesem Morgen los sein würde. Jedoch ein Zurück gab es nun nicht mehr.

»Wer sollte die ›Vorsortierung‹ auch machen?«, fragte ich mich. Um uns herum war es still, verdächtig still sogar. Niemand schien sich um uns zu kümmern. Wäre ich nicht innerlich so zappelig, so voller Spannung gewesen, ich hätte in aller Ruhe in »Dichtung und Wahrheit« weiter lesen können. Nur fehlte mir dafür die nötige Gelassenheit. Ich versuchte zwar zu lesen, ertappte mich jedoch immer wieder dabei, dass meine Gedanken abwichen, und ich nicht ein Wort von dem Gelesenen in mich aufgenommen hatte. Dann war es endlich so weit.

Kurz nach 11 Uhr vormittags rührte sich auf dem Flur etwas. Der Dienst habende Polizeimeister – die Schicht hatte inzwischen wieder gewechselt – schloss unseren Raum auf, sah zu mir herüber und sagte nur kurz: »Kommen Sie mit!«

Wortlos stand ich auf, folgte ihm blindlings, ohne zu ahnen, wohin er mich brachte. Für mich war die wichtige Frage: Steuerten wir eine Arrestzelle an oder würde ich zu einem Termin in die Anstaltsleitung gebracht.

Beide Vermutungen waren falsch, wie sich in den nächsten Minuten herausstellen sollte.

Wir rannten über das ganze Gelände, kamen an mir unbekannten Ecken vorbei und betraten ein äußerlich unscheinbar wirkendes Verwaltungsgebäude. Im zweiten Stock machten wir vor einer großen, hellen Tür halt. Mein wortkarger Begleiter sagte: »Sie warten hier.«

Er klopfte an, trat ein und ließ mich einen Moment alleine auf dem Flur stehen. Automatisch verfingen sich meine Gedanken im Dickicht der Warteschleifen während meiner Untersuchungshaftzeit. Damals stand ich fast täglich stundenlang vor irgendwelchen Türen, allerdings streng mit dem Gesicht zur Wand, ohne mich rühren zu dürfen. Solche Regeln gab es hier nicht.

Von draußen vernahm man keinen Laut, kein einziges Wort von dem, was im Innern des Raums gesprochen wurde. Es dauerte nicht lange, dann durfte ich eintreten. Ein hoch aufgeschossener Mann in ziviler Kleidung kam auf mich zu, gab mir die Hand und sprach auffallend freundlich zu mir: »Bitte, nehmen Sie Platz. Möchten Sie eine Tasse Kaffee, eine Zigarette?« »Nein Danke«, erwiderte ich ein wenig überrascht und verwundert über diese ungewohnte Art der Behandlung und setzte mich in den Sessel, den er mir zurechtgerückt hatte.

Wer mich gut kannte, hätte mir die Erleichterung gewiss angesehen, die ich angesichts dieses ungewöhnlichen Empfangs verspürte. Ganz schlimm konnte die Reaktion auf meine Arbeitsverweigerung jetzt nicht mehr ausfallen, sonst wäre man anders mit mir umgesprungen.

Mein Gesprächspartner auf der anderen Seite des Tisches war einer der beiden Zivilisten, die vor ungefähr sieben Wochen mit dem Generalmajor aus Berlin in mein Zimmer eingedrungen waren, einer aus der Truppe der »Schlapphüte«, die speziell für diese Gefängniseinrichtung zuständig zu sein schien. Er war auch dabei, als ich in dem anderen hermetisch abgeschotteten Gefängnistrakt den bundesdeutschen Häftling untersuchen und behandeln musste.

»Sie sind also heute morgen einfach nicht zur Arbeit gegangen«, eröffnete er das Gespräch unvermittelt, indem er das brisante Thema direkt ansprach.

»Es ist richtig, dass ich nicht zur Arbeit ausgerückt bin, nur ich habe mir das nicht so ›einfach‹ gemacht, wie Sie das formuliert haben«, entgegnete ich. »In zwei Anschreiben an die Anstaltsleitung habe ich auf mein Recht hingewiesen, die lange überfällige

Besuchs- und Sprecherlaubnis mit meiner Frau zu erhalten. Ich habe bis heute weder eine Antwort auf mein Schreiben erhalten noch den Termin für einen Besuch übermittelt bekommen. Und so habe ich mich entschlossen solange nicht zur Arbeit zu gehen, bis eine befriedigende Entscheidung in dieser Angelegenheit gefallen ist, wie ich das geschrieben habe.«

»Ja, ja, das wissen wir alles, das habe ich Ihrem Brief entnommen«, setzte er das Gespräch fort und fügte hinzu, »dabei gibt es nur ein Problem.«

Während einer kleinen Kunstpause sah er mich merkwürdig von der Seite an, so dass mir ganz blümerant wurde. Ich wusste nicht, wie ich diesen Blick deuten sollte, ahnte nur, dass etwas passiert sein musste.

»Was gibt es für ein Problem? Ist meine Frau krank, oder warum kann ich sie nicht sehen? Ist etwas mit unseren Kindern nicht in Ordnung?«, setzte ich erregt nach.

»Doch es ist alles in Ordnung, nur ich weiß nicht recht, wie ich Ihnen das beibringen soll«, druckste er herum.

Ich verstand kein Wort. Obwohl ich durch seine Bemerkungen hell wach geworden war und mich innerlich in höchster Alarmbereitschaft befand, wusste ich in diesem Moment nicht, wie ich die Situation deuten sollte. Ich musste mich sehr zusammenreißen, um meine Erregung zu verbergen, und so griff ich das Gespräch wieder auf und fragte: »Wenn wirklich alles in Ordnung ist, wie Sie sagen, wo ist dann der Grund dafür, dass meine berechtigte Forderung nicht erfüllt werden kann?«

»Das ist ja alles gut und schön«, reagierte mein Gegenüber unsicher und gereizt, »nur es geht eben nicht. Das habe ich Ihnen doch schon erklärt. Ich bin nicht befugt, Ihnen Details mitzuteilen. Sie müssen schon damit zufrieden sein, wenn ich Ihnen versichere, dass es Ihrer Frau gut, sogar sehr gut geht, wenn Sie wissen, was ich damit meine.«

Jetzt dämmerte es mir und fiel mir wie Schuppen von den Augen. Heide war vielleicht schon in die Bundesrepublik ausgewiesen worden und deshalb konnte kein Sprechtermin arrangiert werden.

Ich tat völlig begriffsstutzig und bemühte mich, nach außen möglichst ruhig zu bleiben, während mein ganzer Körper in Aufruhr geriet. Das Herz raste, schlug von innen mit solcher Gewalt gegen meinen Brustkasten, dass ich glaubte, man müsse sehen können, wie es freudig hämmerte. Trotz aller Anstrengung konnte ich meine Hibbeligkeit nicht ganz verbergen. Doch zum Glück kannte mich der Stasi-Mann nicht gut genug, um aus meinen veränderten Reaktionen Rückschlüsse auf meine Gedanken abzuleiten.

Ich schwitzte und verhaspelte mich beim Sprechen, weil die Worte viel zu schnell aus mir heraus sprudelten: »Ist sie denn schon im Westen?«, wollte ich jetzt genau wissen und fixierte den bei dieser Frage hilflos wirkenden Mann wie eine Schlange das Kaninchen.

Der Stasi-Fritze stand schweigend da. Seine schlaksigen Arme baumelten spannungslos aus den Ärmeln seines Sakkos heraus. Doch er nickte unmissverständlich mit dem Kopf. Offensichtlich durfte er in seinen eigenen vier Wänden nicht frei sprechen und sagte gleichzeitig:

»Das haben Sie gesagt. Ich bin nicht berechtigt, solche Auskünfte zu geben.«

Dabei schaute er mich so vielsagend an, dass ich aufstand, ihm fest ins Gesicht sah und flüsterte: »Wenn das der Grund dafür ist, dass ich meine Frau nicht sehen und sprechen kann, gehe ich ab sofort wieder zur Arbeit.«

Nach diesem Satz von mir nahm der Geheimdienstmann meine rechte Hand, drückte sie kräftig und nickte noch einmal bejahend mit dem Kopf. Dann ordnete er an, mich zurück zu bringen.

Erleichtert und beschwingt kam ich im Gefängniskrankenhaus an. Der ganze Druck, eine zentnerschwere Last fiel auf einmal von mir ab, denn ich wusste, der Countdown hatte auch für mich begonnen.

Auf die vielen Fragen aus meinem Umfeld, was meinen Stimmungswandel bewirkt habe und mich so fröhlich sein ließe, schwieg ich beharrlich. Ich hatte gelernt, meine Gedanken für mich zu behalten, obwohl ich gerade jetzt meine Freude gerne hinausposaunt hätte.

Im Laufe des Tages erfuhr ich, was sich in der Nacht abgespielt hatte. Man hatte den Major aus dem Bett geholt. Er musste unvorbereitet die Vorsortierung unter den Bedingungen durchführen, wie ich es seit Monaten tat. Das Chaos muss grenzenlos gewesen sein. Die neue Situation hatte sich wie ein Lauffeuer herumgesprochen. Über 800 Strafgefangene blieben an diesem Tag der Arbeit fern. Alle Zivilärzte mussten eher kommen, als es ihr Stundenplan vorsah, sonst wäre der Arbeitsanfall nicht zu bewältigen gewesen. Der Major meldete sich für den Rest der Woche krank und wurde nicht mehr gesehen.

Mich hingegen beherrschte das Gefühl, dass meine Tage in Bautzen gezählt waren, und ich hoffte auf eine baldige Entlassung und Ausreise in den Westen. Alle Erfahrungen aus der Vergangenheit hatten uns gelehrt, dass bei Ehepaaren die Entlassung eines Partners in den Westen die des anderen sehr bald nachzog. Ich vermutete, dass bei den Verhandlungen der DDR und der Bundesrepublik der Kaufpreis für die Transaktion von Ost nach West für Paare ausgehandelt wurde und nicht für Einzelpersonen. Ich glaubte fest daran, dass auch in unserem Fall diese Spielregeln galten und verhielt mich entsprechend.

Immer, wenn ich dienstlich mit der Aufnahmestation zu tun hatte, versuchte ich unauffällig herauszubekommen, ob dort vielleicht mein Nachfolger unter den Neulingen war, der dort – wie ich damals vor meiner Verlegung ins Gefängniskrankenhaus – Kugelschreiber zusammenschrauben musste. Aber es gab sich dort kein Häftling als Arzt zu erkennen.

Ein Offizier mit Herz

Ganz besonders in der letzten Zeit meines Einsatzes bemühte ich mich darum, meine Arbeit so korrekt und fehlerfrei zu erledigen wie es mir möglich war.

In der Poliklinik, wo nach der schweren Frühschicht der zweite Teil meines langen Arbeitstages auf mich wartete, herrschte trotz des Überangebots an Patienten, deren Behandlung bis in den späten Abend dauerte, eigentlich immer eine lockere, entspannte Atmosphäre. So arbeitete ich nach meinem jüngsten Schlüsselerlebnis in der STASI-Abteilung etwa weitere drei Wochen, ohne dass sich am Rhythmus meines Tagesablaufs etwas änderte. Immer, wenn man wartet, wird die Zeit besonders lang. In meinem Fall vermischte sich die Wartezeit mit der bangen Frage nach meiner weiteren Zukunft. Durfte ich überhaupt schon auf ein Ende meiner Leidenszeit hoffen? Ich hatte noch nicht einmal die Hälfte meiner Strafe abgesessen. Irgendwie drehte ich mich mit meinen Gedanken im Kreis, bis ganz unvermittelt erneut etwas Ungewöhnliches geschah.

Auf dem Wege von der Ambulanz zur Krankenstation musste man eine Unterführung, eine Art Tunnel, passieren. In diesem Bereich des Hauses durfte ich mich völlig frei und selbständig bewegen. So kam es, dass ich eines Tages in dem Gewölbegang den Chefarzt traf. Der Oberstleutnant, der mich bisher außerhalb unserer seltenen gemeinsamen beruflichen Arbeiten noch nie eines Blickes gewürdigt hatte, blieb stehen und sprach mich an:

»Gut, dass wir uns hier unter vier Augen treffen, Herr Kollege. Es ist mir ein Bedürfnis, Ihnen für die konsequente und gute Arbeit zu danken, die Sie hier geleistet haben. Gehen Sie davon aus, dass Ihre Tage hier gezählt sind. Ihr Nachfolger ist schon in der zentralen Aufnahme. Ich meine, Sie sollten das wissen, damit Sie sich innerlich darauf einstellen können.«

»Danke für diese gute Nachricht«, war das einzige, was ich in meiner Aufregung hervorstottern konnte. Mein Herz galoppierte in schnellem Dreivierteltakt, ich fühlte, wie ein heißer Strom meinen Körper passierte und in meinem Kopf landete. Ich glaubte zu platzen. Mein Gegenüber muss mir das ganz sicher angesehen haben.

Anschließend ertappte ich mich dabei, dass ich mir mehrfach in den Oberschenkel kniff, damit blaue Stellen zurückblieben, nur um ganz sicher zu sein, dass alles kein Traum, sondern Wirklichkeit war. Wunschträume von plötzlicher Entlassung oder Amnestie hatte ich oft genug geträumt.

»Sprechen Sie aber um Gottes Willen mit niemandem darüber. Unser kleines Gespräch hat nie stattgefunden«, fügte er hastig hinzu.

»Sie können sich darauf verlassen, das ist auch in meinem Interesse«, versicherte ich ihm, nachdem ich langsam meine Kontrolle wiedergefunden hatte. Daraufhin streckte er mir die rechte Hand entgegen und verabschiedete sich von mir mit den Worten: »Ich wünsche Ihnen und Ihrer Familie für die Zukunft alles Gute und hoffe, dass sich Ihre Wünsche erfüllen werden.« Der Händedruck war kräftig und kam von Herzen, das spürte ich.

»Das ist wieder so eine Geschichte, die ich später keinem erzählen kann, weil sie mir niemand glauben wird«, dachte ich für mich, als ich den Händedruck erwiderte und dem Blick des Chirurgen standhielt.

Dann drehte er sich rasch um, wandte sich ab und verschwand genau so schnell, wie er gekommen war.

In den kommenden Tagen musste ich mich bemühen, mir mein überschwängliches Glücksgefühl nicht anmerken zu lassen. Ich versuchte, mich möglichst unauffällig zu verhalten. Auf keinen Fall durfte ich einem inneren Gefühlsausbruch folgen und jemanden in mein Geheimnis einweihen. Insbesondere vor dem Dicken musste ich mich hüten. Der hatte mich schon recht gut kennen gelernt und wusste mein Verhalten einzuordnen. Er ahnte, dass mit mir etwas passiert war und versuchte hartnäckig herauszufinden, was meinen Stimmungswandel bewirkt hatte. Allein der Gedanke an eine mögliche Gefährdung meiner bevorstehenden Entlassung ließ mich hartnäckig schweigen.

Entlassung in den Westen

Die letzten Tage vergingen sehr zäh. Sie wollten einfach kein Ende nehmen. Dabei arbeiteten wir Tag und Nacht fast ohne eine Pause. Ich musste noch einmal zwei Wochen ausharren. Doch dann, als wolle mir jemand zum Abschied eine besondere Freude machen, kam ausgerechnet der Wachtmeister meiner bittersten Stunden und verkündete mir: »Sie können Ihre Sachen packen, es geht los.«

Dabei strahlte er über das ganze Gesicht, als ginge er selbst auf Transport. Zunächst konnte ich darauf gar nicht reagieren. Ich war paralysiert. Nachdem ich mich von der ersten Erregung erholt hatte begriff ich, dass offensichtlich meine letzte Reise durch die DDR unmittelbar bevorstand. Ich stand auf und ging auf ihn zu. Voll ehrlicher Überzeugung und Dankbarkeit sagte ich: »Ich werde nie vergessen, wie Sie sich während der ganzen Zeit meiner Unterbringung hier in Bautzen verhalten haben. Sie haben mir gezeigt, dass es auch hinter den hohen Mauern Menschen gibt, die ihr Herz am rechten Fleck haben, mitfühlen und Verständnis haben. Danke für alles!«

Innerhalb weniger Minuten hatte ich meine Habseligkeiten gepackt und stand zum Abmarsch bereit. Es fiel mir leicht, das unfreiwillig zur vertrauten Umgebung gewordene Mansardenzimmer mit den vergitterten Fenstern im Obergeschoß des Gefängniskrankenhauses zu verlassen. Ein kurzes »Mach's gut« und ein Händedruck besiegelten die Trennung vom Dicken. Dieser Abschied fiel mir wahrlich nicht schwer.

»Keinen Blick zurück«, dachte ich und ging, ohne mich auch nur ein einziges Mal umzusehen hinter meinem Wachtmeister her. Er brachte mich zu allen notwendigen Stationen, bis ich, zur Abfahrt bereit, dort landete, wo ich angekommen war, in der zentralen Aufnahmestation. Hier wurden auch die Abgänge gesammelt. Ein paar Tage durfte ich noch einmal Kugelschreiber zusammenbasteln, dann kam ein Kleintransporter für mich ganz allein und fuhr mit mir nach Karl-Marx-Stadt in die Untersuchungshaftanstalt der Staatssicherheit. Ich war in Bautzen und Umgebung also tatsächlich der einzige politische Häftling, der zu diesem Zeitpunkt in den Westen ausgewiesen wurde.

Mir war bekannt, dass vor jeder endgültigen Entlassung in die Bundesrepublik noch einmal ein Aufenthalt in der STASI-Untersuchungshaftanstalt Karl-Marx-Stadt bevorstand. Das hatte sich bereits in Cottbus unter den politischen Gefangenen herumgesprochen.

Diese letzte Station – sie dauerte drei Wochen – war noch einmal dazu angetan, den Abschied von diesem unredlichen, ungeliebten Staat und seinen Gefolgsleuten leicht zu machen. Die STASI-Mitarbeiter erzwangen von uns alle möglichen Unterschriften. Damit erklärten wir einen generellen Verzicht auf alle möglichen verbliebenen Ansprüche.

Wir unterschrieben alles, nur um herauszukommen aus diesem elenden, verlogenen Staat. Natürlich mussten Eigentumsverhältnisse, Alimente und ähnliche Dinge hinreichend geklärt werden, bevor es diese wunderbare Urkunde gab, eine Urkunde, die aussieht, wie der 1. Preis bei einem Sportwettkampf. Nur war es kein sportlich erkämpfter Preis, der einem da überreicht wurde, sondern es handelt sich um das wichtigste Dokument in meiner Urkundensammlung, die Beurkundung der

ENTLASSUNG AUS DER STAATSBÜRGERSCHAFT DER DDR.

Ein MAGIRUS-DEUTZ-Bus hielt im Innenhof der Untersuchungshaftanstalt der Staatssicherheit in Karl-Marx-Stadt. Wir bestiegen in euphorischer Stimmung das Fahrzeug.

Wie die Menschen alle aussahen! Ich war erschüttert angesichts des erbärmlichen Zustandes, in dem sich die meisten meiner Leidensgenossen befanden. Ihr Anblick machte mich nachdenklich und traurig. Abgemagerte, krank aussehende Figuren, zum Teil in tief gebeugter Haltung, blass, mit eingefallenen Wangen, hängenden, rot unterlaufenen Augensäcken, die Haare ungepflegt und schütter ins Gesicht fallend, mit glanzlosen Augen bewegten sich vor mir auf der Freifläche und kletterten die Stufen in den Bus empor. Diese Menschen waren durch die Qualen der langen Haftzeit auf die unterste Sprosse ihrer Lebensleiter zurückgefallen. Alle versprachen sich von diesem Tag, dem Tag »Null«, einen starken Impuls für den Neubeginn, den Start in »das zweite Leben«. Ich hatte Zeit genug, alle genau zu betrachten, denn ich war allein.

Wie ich selbst wohl aussah? Nur gut, dass die tägliche Auseinandersetzung mit dem eigenen Spiegelbild die objektive Beantwortung dieser Frage nicht zuließ.

Im Gegensatz zu mir waren etliche Ehepaare unter den Mitreisenden, die sich nach langer Zeit wieder sahen und von der zufälligen Begegnung total überrascht und überwältigt waren. Weinkrämpfe, Zusammenbrüche, Wutschreie und üble Schimpfeskapaden gegen das politische System, aber auch exstatische Glücksausbrüche, kurzum erschütternde Szenen auf der gesamten, breiten Gefühlsskala spielten sich im offenen Bereich der Anstalt ab.

Nachdem sich die Emotionen gelegt und alle im Bus Platz genommen hatten, öffnete sich das riesige, zweiflüglige Stasi-Tor, und der Bus konnte seine Fahrt antreten.

Rechtsanwalt Dr. Vogel, der offizielle Mittler zwischen Ost und West, war mit an Bord. Er klärte uns über die notwendigen Formalitäten im Aufnahmelager Gießen auf. Kurz vor der Grenze auf freier Strecke verließ er den Bus und stieg in einen PKW der Marke Mercedes um. Niemand von uns hatte diesen juristischen Unterhändler zwischen den deutschen Staaten je zuvor gesehen, aber es gab keinen, der seinen Namen nicht kannte und der seine Dienste nicht über Dritte in irgendeiner Weise in Anspruch genommen hatte. Seine Rolle war schon ein bisschen pervers und seine Einstellung zum System nicht eindeutig zuzuordnen. Trotzdem waren wir froh, dass es diese Anlaufadresse für politisch

Andersdenkende in der DDR gab, egal, ob er oder eine ganze Gruppe von Menschen sich an diesem Geschäft bereichert hatten, das durch zähe Verhandlungen zwischen der DDR und der Bundesrepublik Deutschland mühsam zustande gekommen war. Die Hauptsache war, das Verfahren funktionierte. Letztlich kommt es auf das Ergebnis an, und dieses sah uns jetzt am Ziel unserer Wünsche.

Seine Ansprache war sachlich, emotionslos und die Sprache ungekünstelt und prägnant. Wir erfuhren von ihm alles Notwendige über die erste Zeit im Aufnahmelager Gießen und wichtige Formalien, die in den ersten Tagen zu erledigen waren.

Nachdem er uns verlassen hatte, gab der Fahrer Gas und chauffierte den Bus auf einer extra für diese Ausschleusungsfahrten geschaffenen Spur über die deutsch-deutsche Grenze. Dabei bemerkte er kurz und trocken: »Wenn die Straße jetzt besser wird, sind wir im Westen.«

Und wir fuhren mit einer vernünftigen Reisegeschwindigkeit an der Kontrollstelle Herleshausen über die Demarkationslinie, ohne dass der Bus noch einmal anhielt.

Und wirklich, die Straße wurde besser. In meinem Kopf sortierte ich ein ganzes Bündel von Fragen. Hoffnung und Angst kämpften in meiner Brust. Würde ich die Freiheit finden, von der ich solange geträumt hatte? Nun sollte ich es erfahren.

Heute, viele Jahre später, nachdem ich meine beschriebene Vergangenheit gut bewältigt habe und den Westen mit seinen Stärken und Schwächen erleben durfte, kann ich sagen:

Freiheit zu besitzen ist nicht nur ein großes Glück. Sie bedeutet auch ein hohes Maß an Verantwortung. Eine Verantwortung, die wir den nachfolgenden Generationen schuldig sind. Wenn sich eine so große, gewachsene Kulturzone ihrer Kraft und ihres gemeinsamen Potentials bewusst wird, mag die Dimension erreicht sein, die notwendig ist, die antidemokratischen Strömungen zu besiegen, die in hohem Maße unsere Freiheit gefährden, die Freiheit, die keine Selbstverständlichkeit ist, die Freiheit, die immer neu erobert werden will, die sich unauffällig gibt, solange man sie sein eigen nennen darf, welche aber – geht sie verloren – die ganze Trostlosigkeit des menschlichen Daseins offenbart.

Epilog

Diese Erinnerungen habe ich für alle aufgeschrieben, die unter dem »Vierten Reich« leiden mussten, für die politisch Verfolgten, die zu Tode Gequälten und für jene, die an der Mauer erschossen wurden.

Ich habe diesen Erlebnisbericht aber in erster Linie für meine liebe Frau niedergelegt, der ich in der Zeit unserer Fluchtversuche Unmenschliches zugemutet habe, für unsere beiden Kinder, die in einer sehr wichtigen Phase ihres Lebens alleine gelassen wurden und für meine Schwiegereltern, die aufopferungsvoll und uneigennützig unsere Rolle als Eltern in dieser schweren Zeit übernommen haben.

Ich gebe meine Erinnerungen und Gedanken preis in der Hoffnung, dass das Geschehene niemals vergessen wird und sich ein solches Unrecht in Deutschland nie mehr wiederholen möge.

- Dietrich von Maltzahn arbeitet seit 1978 als niedergelassener Arzt in Lübeck und betreibt eine Praxis für Allgemeinmedizin.
- Heide von Maltzahn, seine Ehefrau, ist bei ihm als Arzthelferin beschäftigt.
- Katrin von Maltzahn, die älteste Zwillingstochter, lebt als freie Künstlerin in Berlin, ist seit April 2009 Professorin an der Hochschule für Grafik und Buchkunst in Leipzig. Sie ist verheiratet und hat einen Sohn.
- Heide von Maltzahn, zweiter Zwilling, ist Kauffrau, lebt verheiratet in Hamburg und hat drei Kinder.

- Jürgen Borchert – alias Shakes – lebte nach seiner Flucht in Westberlin und arbeitete erfolgreich als Bauingenieur bis er im August 2000 auf dem Grundstück seines geliebten Hauses in Hohen-Wieschendorf an der Ostsee tot umfiel.

Inhalt

Zum Geleit 5
Auf der Flucht 7
Erster Kontakt zur Staatssicherheit 12
Untersuchungshaft in Rostock 17
Kampagne gegen den sozialistischen Staat 22
Jetzt sollst du erschossen werden… 32
Der Denunziant 38
Der 35. Geburtstag hinter Gittern 45
Zweiter Kontakt zur Staatssicherheit 50
Warum hast du nicht auf Shakes gehört? 56
Fluchtpläne 63
Verhör in Leipzig 70
Die schlimmste Autofahrt meines Lebens 73
Stolz und Erniedrigung 77
Erstes Verhör in Rostock 80
»Bett eins«, mein erster Zellenkumpan 87
Wehmütige Erinnerung an den Tag unserer Flucht 96
Alltag in der U-Haft 100
Wehe, man wird krank… 112
Mein zweiter Zellenkumpan 114
Die Gerichtsverhandlung 120
Im Grotewohl-Express 125

»Drehscheibe« Brandenburg ... 133
Im Zuchthaus Cottbus ... 138
Brutalität im Vollzug ... 149
Die Mumpe ... 152
Sozialistischer Strafvollzug ... 155
Höhepunkte im Gefängnisalltag ... 158
Entlassung oder Verlegung? ... 160
Das »gelbe Elend« ... 162
Irrwitzige Schnellsprechstunde ... 169
Der Dicke ... 180
Arzt in Bautzen ... 186
Die »gelbe Flagge« ... 191
Der denkbar schlechteste Ort ... 194
Besinnungszeiten ... 199
Alles wie ein Traum ... 203
Folterungen ... 205
Tiefe Hoffnungslosigkeit ... 208
Auch ein Gefangener hat Rechte ... 213
Ein Offizier mit Herz ... 221
Entlassung in den Westen ... 224
Epilog ... 229